Armin Krenz

# Konzeptionsentwicklung in Kindertagesstätten

## – professionell, konkret, qualitätsorientiert –

1. Auflage

Bestellnummer 40101

Haben Sie Anregungen oder Kritikpunkte zu diesem Buch?
Dann senden Sie eine E-Mail an 40101@bv-1.de
Autoren und Verlag freuen sich auf Ihre Rückmeldung.

Dr. Armin Krenz arbeitet als Wissenschaftsdozent am außeruniversitären *Institut für angewandte Psychologie und Pädagogik* in Kiel (mit vielen Lehraufträgen im In- und Ausland), bietet europaweit Seminare für Einrichtungen und Verbände an und forscht seit 30 Jahren zu besonderen Fragestellungen der Elementarpädagogik (Zusammenhänge zwischen entwicklungspsychologischen Gesetzmäßigkeiten, Qualitätsmanagement und Personalqualität elementarpädagogischer Fachkräfte). Das *Institut für angewandte Psychologie und Pädagogik*, IFAP, ist Mitglied der „Deutschen Gesellschaft für Qualität, DGQ".

Institut für angewandte Psychologie und Pädagogik (IFAP)
Legienstraße 16, D-24103 Kiel. info@ifap-kiel.de/www.ifap-kiel.de

Sie finden uns im Internet unter:
**www.bildungsverlag1.de**
**www.bildung-von-anfang-an.de**

Bildungsverlag EINS GmbH
Sieglarer Straße 2, 53842 Troisdorf
ISBN 978-3-427-**40101**-8

Umschlagfoto: Bildungsverlag EINS

# Inhaltsverzeichnis

Ich widme dieses Buch allen elementarpädagogischen Fachkräften, die sich mit Neugierde, Engagement, Zielorientierungen, Fleiß, Ausdauer, Anstrengungsbereitschaft und Aufgeschlossenheit auf das notwendige und zugleich spannende Abenteuer einer Konzeptionserarbeitung/-überarbeitung wagen.

*Wenn du begeisterungsfähig bist,*
*kannst du alles schaffen.*

*Begeisterung ist die Hefe,*
*die deine Hoffnungen himmelwärts treibt.*

*Begeisterung ist das Blitzen in deinen Augen,*
*der Schwung deines Schrittes,*
*der Griff deiner Hand,*
*die unwiderstehliche Willenskraft und Energie*
*zur Ausführung deiner Ideen.*

*Begeisterte sind Kämpfer.*
*Sie haben Seelenkräfte.*
*Sie besitzen Standfestigkeit.*

*Begeisterung ist die Grundlage allen Fortschritts.*
*Mit ihr gelingen Leistungen,*
*ohne sie höchstens Ausreden.*

(Henry Ford)

# Vorwort

Während einer ganzen Reihe unterschiedlicher Seminare, an denen Erzieherinnen und Erzieher, Sozialassistenten und -assistentinnen, Kinderpfleger/-innen, Sozialpädagogen und -pädagoginnen teilgenommen haben, kamen immer wieder Fragen zur Notwendigkeit, Bedeutung und auch zur möglichen Gefahr einer Festlegung durch Konzeptionen zur Sprache. Zwar wurde auf der einen Seite betont, dass Konzeptionen dabei helfen können, einen gemeinsamen Weg in der Kindertagesstättenpädagogik zu bestreiten, auf der anderen Seite wurden aber auch Bedenken geäußert, dass Konzeptionen zu einer Starrheit in der Arbeit führen können und Spontaneitätswünsche unterdrücken. Beispielhaft seien daher an dieser Stelle einige Aussagen wiedergegeben:

- „Wir arbeiten nun schon seit über einem Jahr an unserer Konzeption, und letztlich kommen wir nicht weiter. Alles wird problematisiert und dadurch beißen wir uns immer wieder an denselben Punkten fest. Das macht keinen Spaß."

- „Wenn ich daran denke, mit wie viel Eifer und Sorgfalt wir in unserem Team an eine Konzeptionserarbeitung gegangen sind und versucht haben, auf einen gemeinsamen Nenner zu kommen, dann kann ich es im Nachhinein nur bewundern. Wir wussten, dass es schwer wird, aber in dieser harten Konsequenz haben wir es uns nicht vorgestellt."

- „Konzeptionen sind für alle Einrichtungen notwendig. Da gibt es gar keine zwei Meinungen. Die Schwierigkeit bei uns im Team lag daran, dass wir zwei Gruppen in unserem Team bildeten. Und da geschah es des Öfteren, dass weniger die Inhalte im Vordergrund standen sondern vielmehr ein kleiner „Beziehungskrieg". Einige der Mitarbeiter/-innen wollten anderen Kolleginnen eins auswischen und so gab es häufig Ärger. Fast hätten wir die Konzeptionserarbeitung abgebrochen, aber mit viel Mühe gelang es uns doch, unsere angefangene Arbeit zum Wohle aller zu beenden."

- „Jeder Betrieb hat eine klare Zielrichtung, warum er bestimmte Aufgaben erfüllt und mit welchem Aufwand er zum Ziel kommen möchte. Was für einen Handwerksbetrieb oder auch für größere Unternehmen gilt, hat sicherlich in gleichem Maße für Kindertagesstätten Gültigkeit. Ich finde es daher gut, dass wir in unserem Bundesland (Niedersachsen) durch das Kindertagesstättengesetz die rechtliche Verpflichtung haben, eine Konzeption für die Einrichtung zu schreiben."

- „Das Wort „Konzeption" kann und will ich wirklich nicht mehr hören. Wenn ich heute daran zurückdenke, bekomme ich sofort Magenschmerzen. Sicherlich – Konzeptionen müssen vorhanden sein, damit jeder weiß, wo der Weg langgeht. Aber bei uns war es so, dass viel schmutzige Wäsche aus der Vergangenheit gewaschen wurde. Da kamen Ereignisse und Erlebnisse Einzelner zum Vorschein, die schon über Jahre zurücklagen und an die wir uns kaum erinnern konnten. Gleichzeitig waren manche Vorfälle wohl so eindrucksvoll und schmerzhaft für bestimmte Kollegen und Kolleginnen, dass es ihnen jetzt bei der Konzeptionserarbeitung darum ging, ihren Ärger oder ihre Traurigkeit zu thematisieren und zu bearbeiten. Sicherlich hat es was gebracht, doch so richtig hätten wir an Klärungen noch länger arbeiten müssen. Das wollte aber kaum einer von uns."

- „Ich würde *jederzeit* wieder eine Konzeption erarbeiten. Dadurch haben wir sehr viel Klarheit für uns selber, für unseren Umgang miteinander und für die Gestaltung der Arbeit gefunden. Wir sind nicht zuletzt *durch* die Konzeptionserarbeitung zu einem „richtigen Team" zusammengewachsen. Bis heute profitieren wir *alle* davon."

- „Eigentlich brauchen wir keine Konzeption. In unseren Teamtreffen sprechen wir alles Wesentliche an und dann arbeitet jeder in seiner Gruppe weiter. Natürlich fällt uns auf, dass bestimmte Absprachen nicht immer von allen eingehalten werden, aber das kriegen wir auch irgendwie hin."

- „Eine Konzeption lehne ich grundsätzlich ab. Das bedeutet doch, dass wir alle nach einem gleichen Schema arbeiten müssen, und dabei gehen Flexibilität und Spontaneität verloren. Das ganze Menschliche bleibt auf der Strecke und da wir Individuen sind, hat nach meinem Verständnis jeder das Recht, nach eigenen Überzeugungen zu arbeiten. Ich lasse mich nicht durch eine Konzeption einschränken. Lieber würde ich kündigen und mir einen anderen Arbeitsplatz suchen."

- „Die Erarbeitung einer Konzeption war und ist bis heute für mich die *wichtigste* Fortbildung überhaupt, die ich mir vorstellen kann. Endlich haben wir als Team einen Weg gefunden, offene Fragen zu klären, Begriffe in der Pädagogik mit Inhalten zu füllen und genauer zu wissen, welche Ziele wir haben und was jeder von uns dafür machen muss. Ich wünsche allen pädagogischen Fachkräften in Kindertagesstätten eine ähnliche gute Erfahrung wie wir sie gemacht haben."

- „Das Wichtigste bei einer Konzeptionserarbeitung war für uns als Team nicht so sehr der inhaltliche Aspekt. Natürlich spielte der auch eine Rolle. Wesentlicher war dagegen der Punkt, dass *wir als Team* zusammengefunden haben. Erst jetzt betrachten wir uns nicht nur als eine Einheit; wir fühlen uns so. Daraus leiten wir ganz viel Kraft für unsere Arbeit ab und müssen nicht mehr darauf achten, wer in bestimmter Art was zu wem sagt, wer vielleicht besser oder schlechter mit bestimmten Mitarbeitern oder Mitarbeiterinnen umgeht oder wieso bestimmte Dinge nicht klappen konnten, weil u. U. Beziehungsstörungen vorlagen. Die Konzeptionserarbeitung hat uns von vielen Spannungen befreit und deshalb können wir auch inhaltlich gut arbeiten."

Diese Beispiele mögen genügen, um einiges zu verdeutlichen:

a) Offensichtlich löst der Begriff „Konzeption" sehr unterschiedliche Reaktionen aus.

b) Es gibt pädagogische Fachkräfte, die sich sehr zufrieden, glücklich, ja fast euphorisch über die „Erarbeitung einer Konzeption" äußern, und andere wieder stehen vorsichtig, auch skeptisch einer Konzeptionserarbeitung gegenüber.

c) Konzeptionserarbeitungen berühren *immer* den ganzen Menschen – als Person und Fachfrau/Fachmann, auf der Inhalts- und Beziehungsebene. Dasselbe gilt für die unterschiedlichen Zeitdimensionen der „Vergangenheit", „Gegenwart" und „Zukunft".

d) Die Erarbeitung einer Konzeption hat *immer* eine emotionale Auswirkung. Sie kann die Person befreien, indem eine neue Klarheit, eine festere Sicherheit entsteht. Sie kann aber auch als eine emotionale Einengung erlebt werden, *wenn* Vorurteile oder Abwehrmechanismen zum Tragen kommen. Dabei hat es allerdings nichts mit dem Thema „Konzeptionserarbeitung" zu tun; vielmehr handelt es sich bei den auftretenden Schwierigkeiten entweder um Schwierigkeiten aufseiten der Person *oder* um Unzulänglichkeiten bei der gewählten Form des Vorgehens bzw. um falsch gesetzte (Teil-)Ziele.

Dieses Buch möchte allen (sozial)pädagogischen Fachkräften in Kindertagesstätten und vergleichbaren Einrichtungen deutliche Hilfestellungen dabei geben, eine individuelle, qualitätsgeprägte Einrichtungskonzeption zu erarbeiten. Damit wird das Ziel verfolgt, denjenigen Fachkräften zur Seite zu stehen, die

- eine Entscheidung für eine Konzeptionserarbeitung treffen möchten,
- eine qualitätsgeprägte Einrichtungskonzeption planen und schriftlich fixieren wollen,
- eine schon bestehende Konzeption reflektieren und überarbeiten möchten.

Es kann nicht ausgeschlossen werden, dass bei dem Bearbeiten des Buches wesentliche Fragen auftreten, die weder in der Mitarbeiter- und Mitarbeiterinnenrunde noch in einem Arbeitskreis beantwortet werden können. Der Autor erklärt daher gerne seine Bereitschaft, in besonderen Angelegenheiten bei Bedarf kurz schriftlich zu antworten.

Möge das Buch entschieden dazu beitragen, dass sich immer mehr (sozial)pädagogische Fachkräfte dafür entscheiden, eine fachkompetente und unverwechselbare Einrichtungskonzeption zu verfassen – im Interesse aller Mitarbeiterinnen und Mitarbeiter, der Kinder und Eltern, des Trägers und einer großen Öffentlichkeit.

Dr. Armin Krenz

# Kapitel 1

## Konzeption – Bestimmung eines vielschichtigen Begriffs

*Wer nicht weiß, wohin er will,*
*darf sich nicht wundern,*
*dort zu landen,*
*wohin er in keinem Fall wollte.*

(Mager)

Eine Befragung von Mitarbeitern und Mitarbeiterinnen aus Kindertagesstätten, was sie unter dem Begriff „Konzeption" verstehen, brachte ebenso viele Erläuterungen zutage, wie sich Personen geäußert haben. So hieß es z. B.:

- „In unserer Konzeption haben wir festgehalten, welche Ziele unsere Arbeit verfolgt und wo der Schwerpunkt unseres Kindergartens liegt."
- „Im Grunde genommen haben wir in unserem Konzept alles das aufgeschrieben, was uns wichtig war und wie wir gerne arbeiten möchten. Sicherlich kann man nicht alles erreichen, aber vieles wird doch deutlich gemacht."
- „Unser Konzept, das von der Leiterin geschrieben wurde, legt offen, wie wir arbeiten sollen. Es ist eine Art Absichtserklärung, an die wir uns als Mitarbeiter/-innen halten müssen."
- „Eine Konzeption ist so etwas wie ein Wegweiser. Dabei werden zwar allgemeine Grundsätze erklärt, doch haben wir Mitarbeiter/-innen dabei auch die Möglichkeit, unsere eigenen Schwerpunkte zu setzen. Eine Konzeption ist kein Korsett, durch das man eingeengt wird. Dabei würde nämlich alle Lebendigkeit verloren gehen."
- „Konzeptionen sind die Zusammenfassungen von Wünschen der Mitarbeiter/-innen, welchen pädagogischen Ansatz man im Kindergarten umsetzen möchte. Daran können sich alle orientieren, die sich mit der Pädagogik näher beschäftigen möchten."
- „Eine Konzeption will beschreiben, wozu die Kinder den Kindergarten besuchen. Wir Mitarbeiter/-innen erhalten dadurch eine Richtschnur, die uns Orientierung gibt. Das ist auch notwendig, um zu einem gemeinsamen Arbeitsverständnis zu finden und damit nicht jeder das machen kann, was er will."

- „Konzeptionen sind inhaltliche Gefängnisse. Sie schreiben die Arbeitsweisen vor und sorgen für eine Gleichschaltung der Unterschiedlichkeiten von Sichtweisen. Unsere Einrichtung lehnt daher eine Konzeption rundherum ab."

Diese kleine Auswahl von Beschreibungen mag genügen, um aus den Antworten grundsätzliche Aussagen zu ziehen:

1. Eine allgemeine Definition des Begriffes ist bei diesen Antworten nicht zu finden.
2. Konzeptionen umfassen für die einen die Nennung von Zielen und Aufgaben, für die anderen beinhalten sie die Aufführung von Arbeitsschwerpunkten.
3. Konzeptionen dienen den einen Mitarbeitern und Mitarbeiterinnen dazu, ihr Selbstverständnis zu verdeutlichen, andere nennen das primäre Ziel, sich von Erwartungen abzugrenzen.
4. Eine Konzeption will das Gesamtfeld der Elementarpädagogik umfassend erklären.
5. Konzeptionen dienen als Arbeitsanweisung (durch die Leiterin) für die Mitarbeiter/-innen.
6. Die Begriffe „Konzeption" und „Konzept" werden als gleichwertig angesehen.
7. Eine Konzeption geht näher auf den pädagogischen Ansatz ein, der im Kindergarten realisiert werden soll.
8. Für die einen ist eine Konzeption eine Absichtserklärung, für die anderen eine inhaltliche Verpflichtung.
9. Konzeptionen werden aus dem Grunde abgelehnt, weil die Sorge besteht, dass eine festgesetzte Verpflichtung persönliche Freiräume ausgrenzt.
10. Konzeptionen werden als Richtschnur, Orientierungspunkte oder Wegweiser verstanden, die den Mitarbeitern und Mitarbeiterinnen eine individuelle Entfaltung zugestehen.

Aufgrund der Vielfalt der Aussagen und einem damit verbundenen Missverständnis des Begriffes „Konzeption" soll an dieser Stelle der Versuch unternommen werden, eine allgemeingültige Definition zu treffen.

Zunächst geht es *nur* um die Definition, danach um die Ausführung der einzelnen Aussagen, damit nicht der Eindruck entstehen kann, es handele sich um eine willkürliche Beschreibung oder Festsetzung von eigenen Maßstäben.

Eine **Konzeption** ist eine schriftliche Ausführung aller inhaltlichen Schwerpunkte, die in der betreffenden Kindertagesstätte für Kinder, Eltern, die Mitarbeiter/-innen selbst, den Träger und die Öffentlichkeit bedeutsam sind und wirksam werden. Dabei spiegelt die Konzeption die Realität wider und verzichtet auf bloße Absichtserklärungen. Jede Konzeption ist damit individuell und trifft in ihrer Besonderheit nur für diese spezifische Einrichtung zu, um das besondere Profil zu verdeutlichen und unverwechselbar mit anderen Institutionen zu sein. Ihre Aussagen sind für Mitarbeiter/-innen verbindlich und stellen in ihrer Gesamtheit einen festen Bestandteil des Dienstvertrages dar.

Was bedeutet das nun im Einzelnen?

a) Zunächst geht es um den Begriff „**Konzeption**" im Unterschied zu dem Wort „Konzept". Letzteres ist ein offener Entwurf bzw. angedachter Plan, der eine Richtschnur für diejenigen sein kann, die ihm eine Bedeutung geben. Eine Konzeption hingegen ist ein fester Entwurf eines Werkes, der darüber Auskunft gibt, wie **tatsächlich** gearbeitet wird.

b) Eine Konzeption ist immer eine **schriftliche** Fassung der Gedanken und Absichten, wie nach dem Inkrafttreten dieser Konzeption die Gestaltung der Pädagogik vorgesehen ist.

c) Dabei umfasst eine Konzeption **alle inhaltlichen Schwerpunkte,** die sowohl im Innenverhältnis als auch im Außenverhältnis von Bedeutung sind. Die Konzeption ist daher ein **umfangreiches** Werk, das allen Beteiligten Auskunft über die Besonderheiten dieser Einrichtung gibt.

d) Die Konzeption erfasst Realitäten, das, was ist/sein wird, und nicht, was sein soll(te) oder muss/müsste. Anders ausgedrückt heißt das, dass eine außenstehende Person eine Konzeption lesen könnte und beim Eintritt in die Einrichtung genau das vorfindet, was verständlich und ausführlich sehr differenziert beschrieben wurde.

e) Da eine Konzeption von **allen Mitarbeitern und Mitarbeiterinnen** in einer gemeinsamen Arbeit erstellt wird, ist das Ergebnis immer ein **individueller Prozess** dieses Teams. Die Konzeption trägt gleichsam die individuelle Handschrift aller Beteiligten. Alle Inhalte wurden weder aus irgendwelchen Büchern abgeschrieben noch von anderen Konzeptionen übernommen, sondern sorgsam erarbeitet.

f) Dadurch hat sich die Einrichtung ein **unverwechselbares Profil** geschaffen, das nur für diese Institution zutrifft und damit in ihrer Besonderheit ihre Arbeit spezifisch gestaltet.

g) Konzeptionen haben für alle Mitarbeiter/-innen einen **verbindlichen Wert,** bei dem es darum geht, dass Mitarbeiter/-innen sich an die getroffenen Aussagen halten müssen.

h) Eine Konzeption unterliegt daher nicht der Beliebigkeit oder der Willkür Einzelner; sie verpflichtet zur Realisierung der getroffenen Aussagen.

i) Da eine Konzeption ein **Spiegelbild der Realität** ist, versteht es sich von selbst, dass bei der Veränderung von Realitäten auch eine Überarbeitung der Konzeption nötig wird. Sie trägt daher nur eine **zeitbegrenzte Gültigkeit**, nämlich so lange, wie Realitäten mit den Formulierungen deckungsgleich sind. Im Falle von Veränderungen ist auch der Teil der Konzeption zu überabeiten, der unzutreffend geworden ist.

j) Die Verbindlichkeit der Konzeptionsaussagen wird durch die **Unterschriften** der Mitarbeiter/-innen, des Elternbeirates und des Trägers dokumentiert, sodass konzeptionelle Aussagen keiner willkürlichen oder spontanen Veränderung unterliegen können/dürfen.

k) Die Konzeption dient damit sowohl der **Verpflichtung** zur Umsetzung der getroffenen Aussagen als auch der **Möglichkeit zur Kontrolle**, um Pädagogik fassbar, greifbar und transparent zu machen.

## 1.1 Unterscheidung der Begriffe „Konzeption" und „Konzept"

Wie schon im vorigen Kapitel erwähnt, werden die Begriffe „Konzeption" und „Konzept" häufig verwechselt.

Im Gegensatz zu einer Konzeption kann das Wort „Konzept" mit der Beschreibung eines ersten Entwurfes, einer offenen Planung von möglichen Zielen und/oder Schwerpunkten erfasst werden. So verwundert es auch nicht, dass viele **Konzepte** eher sehr undifferenzierten Absichtserklärungen ohne erklärende Beispiele nahe kommen.

Einerseits werden von Mitarbeitern und Mitarbeiterinnen Ziele für die Arbeit formuliert, die sich zwar in den Ohren vieler Menschen „gut" anhören bzw. gut zu lesen sind, andererseits halten deutliche Zielüberprüfungen der Praxis den gesetzten Zielen dann aber leider nicht stand. (Beispiele: So heißt es z. B., dass „Kinder in ihrer Autonomie und Selbstständigkeit gefördert werden", und gleichzeitig ist in der Praxis zu beobachten, dass viele Aktivitäten von den Mitarbeitern und Mitarbeiterinnen ausgehen und eine Mitbestimmung der Kinder stark eingeschränkt wird. Oder: Einerseits wird der „situationsorientierte Ansatz im Kindergarten" als Grundlage für die Arbeit genannt, andererseits sind viele Merkmale im Tagesablauf festzustellen, die deutlich einem „Funktionsansatz" entsprechen. Oder: Einerseits wird der *leider* zum Modebegriff gewordene und inzwischen völlig abgenutzte Aussagewert „Arbeit auf der Grundlage einer ganzheitlichen Entwicklungsunterstützung" zum Inbegriff einer fortschrittlichen Kindergartenpädagogik erhoben, andererseits wird in der Praxis des Kindergartens auf vielen Ebenen eine teilheitliche, isolierte Förderung von einzelnen Entwicklungsbereichen vorgenommen, etwa i. S. einer Sprachförderung, eines Turntages, schulvorgezogener Arbeiten oder gezielter Konzentrationsübungen. In diesem Fall kann weder von einer ganzheitlichen Pädagogik noch von einer begleitenden Unterstützung der Entwicklung gesprochen werden. Zu oft geht es um die Schwierigkeit, dass zwar mit Worten wohlformulierte Aussagen getroffen werden, gleichzeitig aber die Praxis diese Formulierungen deutlich widerlegt).

In der Kindergartenpädagogik – wie selbstverständlich auch in anderen (sozial)pädagogischen Arbeitsfeldern – fällt es schwer, Begriffe und Formulierungen fassbar zu machen. Aussagen in Konzepten tragen dazu bei, dass

- unklare Formulierungen die Chance bieten, sich mit individuellen Begründungen zu rechtfertigen,
- offene Beschreibungen dienlich sind, sich bei Schwierigkeiten selber aus der Verantwortung zu nehmen,
- vielschichtige Begriffe je nach Absicht der Sprecherinnen subjektiv interpretierbar sind und daher nach eigenen Auslegungen für eine Stimmigkeit zusammengesetzt werden,
- ungenaue Aussagen schnell korrigiert werden können („So meine ich das aber nicht") oder sogar aufgehoben werden (z. B.: „In diesem Fall war es unmöglich, das zu beachten."),
- bestimmte Zeitströmungen ihren Niederschlag finden, sodass aktuelle Tendenzen blitzschnell integriert werden können, ohne ihre eigentliche Bedeutung/ihren besonderen Wert sorgsam(!) und fachspezifisch zu überprüfen.

Die Kindergartenpädagogik hat sich zu allen Zeiten häufig zu schnell und zu unreflektiert bestimmten (neuen) Zeitströmungen unterworfen bzw. angehängt, ohne diese genau im Kollegium gemeinsam und mit Zeit zu reflektieren, ob diese oder jene Richtung überhaupt zur eigenen, aktuellen Konzeption passt – wohl eher zu einem Konzept!

Deshalb konnte die Elementarpädagogik schnell zu einem Spielball unterschiedlicher Interessenvertreter werden, *weil* sie keine Konzeption, sondern ein wie immer geartetes „Konzept" hatte. Zusätzlich war/ist es den Mitarbeiterinnen des Öfteren schwergefallen, ihr eigenes Einrichtungsprofil zu dokumentieren, weil es in der Einrichtung keine eckwertorientierte Konzeption gab, sondern nur ein Konzept, das i. S. einer offenen Richtschnur für alle möglichen Tendenzen offen war.

Das wiederum heißt nichts anderes, als dass die reale Misere vieler Kindergärten darin zu finden ist, dass zu wenige elementarpädagogische Einrichtungen **ihr Profil, ihre Bedeutung, ihre Wertigkeit, ihren Stellenwert mit einer qualifizierten Konzeption belegen** konnten/können. Konzepte (und ihre inhaltlichen Spannbreiten) kamen damit einer Nichtexistenz von Konzeptionen gleich. Denn was nützt es, wenn Inhalte gedehnt oder Aussagen jederzeit relativiert werden können – die Wirkung ist gleichsam schädlich. Mit einem Beispiel kann an dieser Stelle ein Vergleich herangezogen werden: Wenn Mitarbeiterinnen auf der einen Seite in einem Konzept geschrieben haben, dass „vorgezogene schulische Arbeiten nicht grundsätzlich zur Kindergartenarbeit gehören" und dann doch aufgrund des Anforderungsdrucks der Eltern an einem Tag in der Woche mit den Kindern Arbeitsblätter bearbeiten, dann ist eine solche Aussage in einem Konzept bedeutungslos.

**Konzepte**

- schaffen inhaltliche Nischen,
- ermöglichen Widersprüche,
- provozieren Abweichung,
- bringen Uneindeutigkeiten hervor,
- beinhalten Unklarheiten,
- unterstützen Wort- und Aussagebeugungen,
- lassen deutliche Standpunkte vermissen,
- gehen an inhaltlichen Eckwerten vorbei,
- sind offene Entwürfe,
- rufen Missverständnisse hervor und
- gehen einer klaren Transparenz aus dem Weg.

Selbstverständlich *kann* der eine oder andere Punkt auch auf bisherige Konzeptionen übertragen werden, doch ist eine solche Konzeption dann ein „Konzept". Es wird deutlich, dass lediglich eine Begriffsnutzung *nicht* alleine dafür ausreichend ist, was inhaltlich an entsprechenden Formulierungen vorgefunden werden kann/wird. Ein weiteres Beispiel möge dies verdeutlichen: Ein Blick auf eine Speisekarte eines sehr noblen Hotels gibt zunächst nur einen Eindruck wieder, dass der Gast voraussichtlich etwas besonders Gutes erwarten kann. Gleichzeitig ist es in der Überprüfung „Speise-karte – Speiseankündigung – Preis – Speise" durchaus möglich, dass ein Preis-Leis-tungs-Verhältnis einen großen Widerspruch offenbart. Auf der anderen Seite kann eine einfache Speisekarte eines kleinen Gasthofes durchaus eine einfache Speise erwarten lassen und beim Auftragen stellt der Gast fest, dass alle seine Erwartungen weit übertroffen werden. So ist *nicht* der ausgedruckte Schein einer Ankündigung ent-scheidend, sondern vielmehr die erlebte Realität. Dasselbe gilt für „Konzeption und Konzepte".

---

**Auf den Punkt gebracht:**

| Merkmale einer Konzeption | Merkmale eines Konzepts |
|---|---|
| • wurde durch alle Mitarbeiterinnen erstellt | • wurde von Einzelnen für Mitarbeiterinnen erstellt |
| • ist ein Spiegelbild der realen Arbeit | • ist eine Absichtserklärung für eine vorgesehene Arbeit/Tätigkeit |
| • ist verbindlich für alle | • ist eine Empfehlung für die Beschäftigten |
| • enthält Beispiele aus der eigenen Praxis | • nennt Standardbeispiele, die übertragen werden können |

- beinhaltet eindeutige Aussagen

- entspricht der Aktualität

- enthält einen hohen Wert an Transparenz

- hat durch die eigene Erarbeitung durch alle Beteiligten zur Teamfindung beigetragen

- die Aussagen in einer Konzeption haben so lange Gültigkeit, wie diese der Praxis entsprechen

- eine Konzeption fordert direkt zur Einhaltung der Aussagen auf

- die Konzeption ist Teil des gültigen Dienstvertrages

- schafft grundsätzliche Aussagen mit offenen Modellen

- wird zwar aktuell erstellt, lässt aber spezifische Bedingungen vor Ort außer Betracht

- ist in seiner Formulierung undifferenziert bezüglich eines Anspruchs auf Transparenz

- kann durch Fremderarbeitung oder Einzelerstellung nicht zur Teamfindung entscheidend beitragen

- die Aussagen sind Entwürfe und können durch ihre abstrakten Begriffe auch dann noch gültig sein, wenn Realitäten verändert sind

- ein Konzept bekundet lediglich den Anspruch, genannte Ziele zu verwirklichen

- ein Konzept ist als Empfehlung ohne rechtliche Bedeutung

# Kapitel 2

## Zur Notwendigkeit der Erarbeitung und regelmäßigen Überarbeitung einer Konzeption

*Lernen heißt
alte Erfahrungen neu durchdenken.*

(Willy Möbius)

*Das Außerordentliche geschieht nicht
auf glattem, gewöhnlichem Wege.*

(Johann Wolfgang von Goethe)

Kindertagesstätten und vergleichbare Einrichtungen haben in Deutschland trotz bestehender Bildungsrichtlinien und Orientierungsplänen ein relativ hohes Maß an Freiheiten, die Arbeit mit Kindern in Deutschland selbstständig zu gestalten. Zwar bietet das am 1. Januar 1991 nach verschiedenen gescheiterten Anläufen und schließlich in Kraft getretene „Gesetz zur Neuordnung des Kinder- und Jugendhilferechts" (SGB, VIII. Buch: Kinder- und Jugendhilfe – KJHG) Anhaltspunkte für den Rahmen der pädagogischen Arbeit. Doch dabei sind die inhaltlichen Erwähnungen sehr offen und grundsätzlich gehalten. Ein Blick in den § 22 gibt z. B. folgende Auskunft:

- Die Entwicklung der Kinder soll zu einer eigenverantwortlichen und gemeinschaftsfähigen Persönlichkeit gefördert werden;
- Das Angebot soll sich pädagogisch und organisatorisch an den Bedürfnissen der Kinder und ihrer Familien orientieren.

Nähere Ausführungen sind dann in den Kindertagesstättengesetzen und Verordnungen der einzelnen Länder genannt, in denen z. B. folgende Ziele formuliert sind:

- Die Erziehung der Kinder soll zur Achtung der Würde des Menschen und zur Bewahrung der Natur ausgerichtet sein.
- Das leibliche, seelische und geistige Wohl des Kindes ist zu fördern.

- Diejenigen Fähigkeiten sind insbesondere entsprechend dem jeweiligen Alter und Entwicklungsstand zu unterstützen und weiterzuentwickeln, die die Kinder im täglichen Leben benötigen.
- Die Kinder sollen entsprechend ihrem Entwicklungsstand und unter dem Aspekt der Ganzheitlichkeit betreut, erzogen und gebildet werden.
- Einzelne pädagogische Maßnahmen sollen immer auf die Gesamtentwicklung des Kindes bezogen sein.
- Die Fachkräfte (...) unterstützen, ergänzen und erweitern die familiäre Erziehung.
- Fachkräfte orientieren sich an den Bedürfnissen der Kinder und Familien.
- Inhalte und Formen der pädagogischen Arbeit sollen dem Entwicklungsstand der Kinder entsprechen und sich an deren Lebenssituationen orientieren.
- Die Arbeit in den Kindertageseinrichtungen (...) soll die Gleichberechtigung von Mädchen und Jungen, von Kindern mit unterschiedlichen Fähigkeiten und von unterschiedlicher sozialer Herkunft sowie das Zusammenleben von Kindern unterschiedlicher nationaler und kultureller Herkunft fördern.
- Behinderte und nicht behinderte Kinder sollen in Tageseinrichtungen (...) gemeinsam gefördert werden.
- Erzieherische Maßnahmen, die das Kind entwürdigen, insbesondere körperliche Strafen, sind verboten.
- Kindertageseinrichtungen sollen Kinder insbesondere in sozial verantwortliches Handeln einführen.
- Der Auftrag der Kindertageseinrichtungen richtet sich auch auf die Vermittlung von Kenntnissen und Fähigkeiten, die eine eigenständige Lebensbewältigung im Rahmen der jeweiligen Möglichkeiten des einzelnen Kindes fördern.
- Der natürliche Wissensdrang und die Freude am Lernen sind ebenso zu pflegen wie die Erlebnisfähigkeit, Kreativität und Fantasie der Kinder.
- Bei der Wahrnehmung des Auftrages der Kindertageseinrichtungen ist auf die besondere soziale, religiöse und kulturelle Prägung der Familien der betreuenden Kinder Rücksicht zu nehmen.
- Zur Erfüllung des Bildungs- und Erziehungsauftrags sind die Tageseinrichtungen so zu gestalten, dass sie als anregender Lebensraum dem Bedürfnis der Kinder nach Begegnung mit anderen Kindern, Eigentätigkeit im Spiel, Bewegung, Ruhe, Geborgenheit, neue Erfahrungen und Erweiterung der eigenen Möglichkeiten gerecht werden können.
- Kinder mit sozialen und individuellen Benachteiligungen sollen pädagogisch besonders gefördert werden.
- Die Tageseinrichtung gibt den Kindern in einer ihrem Alter angemessenen Weise Gelegenheit zur Mitwirkung bei der Gestaltung der Arbeit.
- Die Tageseinrichtung bezieht das örtliche Gemeindeleben als Ort für lebensnahes Lernen in die Gestaltung der Arbeit mit ein.

(Diese Aussagen wurden beispielhaft dem „Gesetz zur Förderung von Kindern in Tageseinrichtungen und Tagespflegestellen" – Schleswig-Holstein – und dem Kindertagesstättengesetz des Landes Niedersachsen entnommen.)

Viele der eben erwähnten Ziele bzw. Aufgaben haben unzweifelhaft eine hohe Bedeutung für eine kompetente Entwicklungsunterstützung von Kindern. So wichtig deren Aussagen mit ihren bindenden Verpflichtungen für die Fachkräfte in Kindertagesstätten sind, so offen und interpretationswürdig sind allerdings auch ihre Bedeutungen für die Praxis. *Alle* Aussagen „hören sich gut an", wer mag da im Einzelnen schon „nein" sagen oder Begriffe/Forderungen grundsätzlich infrage stellen. Dennoch werfen die Sätze Fragen für die Praxis auf, wenn es um eine genauere *Präzisierung* geht.

**Frage 1:** Was wird im Einzelnen unter „Achtung der Würde des Menschen und Bewahrung der Natur" verstanden? Ist damit eine „Erziehung zum sozialen Umgang" und eine „Pädagogik der Ökologie" gemeint oder vielmehr eine Entwicklungsbegleitung in real-sozialen Zusammenhängen, bei der jeweilige „Sonderförderungsgebiete" *bewusst nicht* künstlich aufgebaut und vorbereitet werden?

**Frage 2:** Was soll unter einer Förderung des leiblichen, seelischen, geistigen Wohls des Kindes verstanden werden? Kann/darf es hier um eine bewusste Programmierung bestimmter Lernvorgänge gehen oder entwickeln sich Förderprogramme nicht vielmehr durch bestimmte Haltungseinstellungen aufseiten der Erzieher/-innen?

**Frage 3:** Was sind bestimmte Fähigkeiten, die die Kinder in ihrem täglichen Leben benötigen? Abwehrkräfte gegen Überforderungen? Empathie und Solidarität mit Schwächeren? Macht und Kampf zum Bestehen in einem von Konkurrenz geprägten Land? Eigensinn und Selbstsicherheit, wenn es darum geht, subjektiv erlebte Ungerechtigkeiten demonstrativ und lautstark zu verändern?

**Frage 4:** Was verbirgt sich hinter dem viel zitierten Begriff einer Ganzheitlichkeit? Wenn Körper, Geist und Seele eines Kindes in einer engen Verknüpfung stehen und kontinuierlich „miteinander korrespondieren", ist es dann nicht verständlich und zu unterstützen, dass Kinder, die nicht müde sind, den Schlaf zu Recht verweigern? Dass Kinder, die keinen Hunger haben, das Essen zu Recht verweigern oder dass Kinder, die sich im Kindergarten nicht wohlfühlen, mit Schimpfen, Schreien und Weinen zu Recht dagegen sperren, den Kindergarten zu besuchen? Ist es unter dem Aspekt einer „Ganzheitlichkeit" dann noch zu vertreten, dass Bewegungsbedürfnisse von Kindern auf bestimmte Turnstunden kanalisiert werden und ansonsten der Bewegungsdrang mit Einschränkungen unterdrückt wird?

**Frage 5:** Was ist eine „Gesamtpersönlichkeit" des Kindes? Wer kann schon behaupten, sie zu kennen und zu begreifen? Sind den Mitarbeitern und Mitarbeiterinnen Hintergründe für bestimmte Verhaltensweisen *wirklich* bekannt und wie können dann *einzelne* pädagogische Maßnahmen für ein Kind entwickelt und aufgebaut werden, wenn eher Vermutungen und Alltagstheorien ein subjektives Denken bestimmen? Hat eine Gesamtentwicklung eines Kindes nicht mehr mit biografischen Erlebnissen und Eindrücken zu tun als der (verzweifelte) Versuch, in Kindertagesstätten eine „kompensatorische" Erziehung mithilfe einzelner, isoliert kindorientierter Maßnahmen zu realisieren?

**Frage 6:** Wo liegt der genaue Unterschied zwischen einer „Unterstützung", „Ergänzung" und „Erweiterung" der familiären Erziehung? Können/dürfen/sollen etwa ungünstige Einflüsse durch Eltern unterstützt werden? Bringt eine „Ergänzung" nicht den Nachteil mit sich, dass der Kindergarten eine Verantwortung übernimmt, die den Eltern obliegt, und können/dürfen/sollen Eltern durch eine Ergänzungspädagogik von ihrer großen Verantwortung entlastet werden? Wo liegt dann eine Grenzüberschreitung zwischen einer „ergänzenden" und einer „familienersetzenden" Erziehung? Was bedeutet konkret eine „Erweiterung" der familiären Erziehung? Kommt der Kindergarten nicht dadurch in die Rolle, das an Aufgaben zu übernehmen, was eine Familie aus berechtigten (oder nachvollziehbaren) Gründen gerade *nicht* erweitert sehen möchte?

**Frage 7:** Wie ist es unter den derzeitigen Bedingungen und unter dem Aspekt der eigenen Persönlichkeit leistbar, Bedürfnisse der Kinder *wirklich* in Erfahrung zu bringen? Gibt es nicht auch Bedürfnisse der Kinder, die Erzieher/-innen ablehnen oder nicht berücksichtigen möchten/können, wenn es z. B. um das (berechtigte) Bedürfnis von Jungen geht, eine „Bande" zu bilden und in Gruppen gegeneinander zu kämpfen? Soll/muss z. B. das Bedürfnis der Eltern geachtet werden, wenn es darum geht, Kinder möglichst früh und intensiv zu fördern bzw. gezielt und regelmäßig auf die Schule vorzubereiten? Wo liegen die gravierenden Unterschiede zwischen den Begriffen „Wünsche" und „Bedürfnisse"?

**Frage 8:** Inwieweit ist es machbar, dass sich Inhalte und Formen der pädagogischen Arbeit auf die Orientierung der individuellen Entwicklungswege der Kinder orientieren und deren unterschiedliche Lebenssituationen zu berücksichtigen sind? Gehören dazu nicht ausreichende Kenntnisse der Individualbiografien und wie sind sie in Erfahrung zu bringen? Hat z. B. die Fachschulausbildung genau auf diesen Punkt ihren Stoffplan ausgerichtet, wenn es hier um ein grundlegendes Wissen aus der Entwicklungspädagogik/-psychologie auf der Grundlage sozialisationstheoretischer Verknüpfung geht?

**Frage 9:** Kann der Anspruch einer eigenständigen Integration von Personen in ihren besonderen Lebenslagen wirklich gelingen, wenn es zunächst darum gehen muss, selbst als Persönlichkeit eine eigene, integrative Akzeptanz zu finden? Können bestimmte soziale Herkünfte mit ihren eigenen Regeln und Ritualen tatsächlich akzeptiert werden als eine Voraussetzung für Veränderungen? Sind Frauen – gerade in der Pädagogik – gerne bereit, „Typisches Jungenverhalten" nicht zu bewerten und ihnen *auch* Identifikationshilfen zu geben?

**Frage 10:** Wenn als ein Auftrag von Kindertagesstätten die Aufgabe formuliert wird, behinderte und nicht behinderte Kinder gemeinsam zu fördern, stellt sich die Frage, ob für ein gemeinsames Leben und Lernen einerseits fundierte heilpädagogische Grundkenntnisse erforderlich sind, andererseits eine gemeinsame Förderung möglich sein wird, *wenn* spezifische Kompetenzen fehlen?

**Frage 11:** Das Verbot „entwürdigender Maßnahmen" ist selbstverständlich und dennoch notwendig, sind es doch in der Regel „kleinere" i. S. weniger auffällige Entscheidungen oder Handlungen, die einer Respektlosigkeit entsprechen. Nur bleibt die Frage offen, *was* im Einzelnen entwürdigende Maßnahmen sind: etwa die „geschlossene Aufforderung zu frühstücken" – trotz eines fehlenden Hungergefühls beim Kind? Oder der Abbruch von Spielsequenzen, obgleich das Kind mit hohem Eifer und unter Protest *sein* Spiel zu Ende bringen möchte? Ist es etwa der Vergleich von Kinderzeichnungen oder Produktergebnissen – trotz der erklärten Bereitschaft der Mitarbeiter/ -innen, Kinder in ihrer Individualität zu achten? Stellt die Zurechtweisung eines Kindes eine „entwürdigende Maßnahme" dar – nicht so laut herumtollen – trotz des ungebremsten Bewegungsdranges des Kindes? Ist es nicht auch eine „entwürdigende Maßnahme", wenn während eines Spiels der Erzieherin mit einer Kindergruppe diese auf Bitten der Leiterin den Raum verlässt (und damit die Kinder vor eine vollendete Tatsache stellt), um ein Elterngespräch zu führen?

**Frage 12:** Kann „sozial verantwortliches Handeln" in irgendeiner Art ein*geübt* werden oder ist es nicht im originären Sinne das Ergebnis eines deutlichen Modellverhaltens des Erwachsenen? Ist ein „sozial verantwortliches Handeln" in der heutigen Zeit nicht weitaus differenzierter zu sehen, sodass z. B. *auch* in bestimmten Situationen ein „unverantwortliches Handeln" lebensnotwendig sein kann?

**Frage 13:** Können „Kenntnisse und Fähigkeiten, die eine eigenständige Lebensbewältigung im Rahmen der jeweiligen Möglichkeiten des einzelnen Kindes" liegen, *vermittelt* werden oder muss es nicht um ein „programmierendes Lernen" im Sinne eines *erlebbaren* Handelns gehen? Wie verträgt sich eine eigenständige Lebensbewältigung mit den erklärten (offenen oder verdeckten) Zielen der elterlichen Pädagogik? Kommen Kinder durch verschiedene Zielsetzungen nicht in Konflikte, weil z. B. der Kindergarten andere Ziele als wichtig erachtet als Eltern? Was bedeutet es für die Praxis in der Einrichtung, wenn *jedes* Kind *seine* eigenständige Lebensbewältigung in den Tagesablauf integrieren will?

**Frage 14:** Erlebnisfähigkeit, Fantasie und Kreativität verlangen Tagesabläufe und Rahmenbedingungen, Erzieherinnenpersönlichkeiten und eine Einrichtungsatmosphäre, die diese Handlungskompetenzen deutlich unterstützen. Fantasievolle und kreative Kinder sind vor allem **eigenwillig**, neugierig und unangepasst, lebendig und voller Experimentierfreude, *weil* sie auf der Suche nach Antworten und Erfahrungen sind. Welche Persönlichkeitsmerkmale müssen Erwachsene zeigen, um diese kindgerechten Fähigkeiten zu unterstützen? Welche Regeln verstoßen im Kindergarten eindeutig *gegen* dieses Ziel und welche Rahmenbedingungen stellen geradezu gravierende Kontraindikationen für Erlebnisfähigkeit, Fantasie und Kreativität dar?

**Frage 15:** Die Rücksichtnahme – vor allem auf religiöse und kulturelle Prägungen – ist einerseits notwendig, um Kinder nicht in kognitive, emotionale oder soziale Irritationen zu bringen. Doch wie weit sind besondere Prägungen bekannt und mit einem eigenen fundierten Hintergrundwissen aufseiten der Erzieherinnen gefestigt, wenn es etwa um die Kenntnisse islamischer Werte oder russisch-orthodoxer Rituale geht, wenn Kinder deutschstämmiger Auswanderer bestimmte Gebräuche pflegen oder bestimmte Umgangsformen asylsuchener Menschen auf unsere Unkenntnis (und damit unser Unverständnis) treffen?

**Frage 16:** Wenn zur Erfüllung des Erziehungs-, Bildungs-(und Betreuungs-) Auftrags die Tageseinrichtungen so zu gestalten sind, dass sie als ein *anregender* Lebensraum dem Bedürfnis der Kinder gerecht werden können, tauchen neue Fragen auf:
Welche Ausstattungen der Räume und welche Tagesabläufe unterstützen oder hemmen eine Eigentätigkeit im Spiel? An welchen Orten ist für Kinder das Erlebnis von Ruhe *wirklich* möglich?
Wie können Kinder Geborgenheit erleben, wenn sie sich mit einer für sie unüberschaubaren Menge anderer Kinder kleine Räume teilen müssen bzw.

auch Erwachsene nur sehr zeitbegrenzt für sich beanspruchen können? Was verlangt es von den Erzieherinnen und einer lebendigen Tagesgestaltung, damit Kinder *wirklich neue* Erfahrungen machen können und nicht immer auf bekannte ritualisierte Umgangsformen (z. B. durch heimliche oder von Erwachsenen aufgestellte Regeln) zurückgeworfen werden? Wie werden Erweiterungen der eigenen Möglichkeiten zugelassen, unterstützt und begleitet *statt* in Grenzen gehalten, gebremst oder unterdrückt?

**Frage 17:** Beziehen sich „pädagogische Förderungen von Kindern mit sozialen und/ oder individuellen Benachteiligungen" nicht teilisoliert auf Kinder, sodass Vernetzungen zum Elternhaus zu schnell/leicht unberücksichtig bleiben (müssen)? Wie verhält es sich dann mit einer „Erziehung auf der Grundlage einer Ganzheitlichkeit"? Ist es nicht sogar eine Manifestation (= Festschreibung) ungünstiger Lebensverhältnisse von Kindern und ihren Familien, wenn es lediglich um „pädagogische Förderungen von Kindern" und *nicht* um gemeinwesenorientierte Aktivitäten gehen soll?

**Frage 18:** Eine „Mitwirkung bei der Gestaltung der Arbeit" setzt ein Person- und Rollenverständnis aufseiten der Mitarbeiter/-innen voraus, Kinder als handelnde, kompetente Akteure ihrer eigenen Lernorganisaton zu akzeptieren und sich selber immer mehr als Lernende zu begreifen.
Wie ist es aber möglich, dass sich diese Sichtweise von Entwicklungsbegleitung immer mehr durchsetzt und zum festen Bestandteil der pädagogischen Praxis wird?
Welche Rituale und Veränderungen hindern/fördern den Prozess der Mitsprache? Welche Konsequenzen kommen dann bei einer „Demokratie von unten" auf Erzieherinnen zu und wie wird dadurch ein bekannter Tagesablauf grundsätzlich verändert?

**Frage 19:** Wie können unter den gegebenen Bedingungen örtliche Strukturen berücksichtigt werden und was ist dazu notwendig, dass der Kindergarten sich immer mehr von innen nach außen öffnet? Welches Engagement von *allen* Erzieherinnen ist damit gefordert und was geschieht, wenn die Aktivitätsrate der einzelnen Fachfrauen in der Einrichtung sehr unterschiedlich stark ausgeprägt und verteilt ist?

Fragen über Fragen, die einer Antwort bedürfen und die *dann* entstehen, *wenn* gängige Aussagen oder Begriffe, akzeptable Forderungen oder übliche Worte *für die Praxis* eine Bedeutung erhalten (sollen/müssen).

Allzu schnell wurde in der Vergangenheit bzw. wird in der Gegenwart im Umgang mit Aussagen/Begriffen eine Akzeptanz verbunden. Das hat(te) sehr unterschiedliche Gründe:

- Um nicht als „Unwissende" vor allen anderen dazustehen, wurde/wird durch eine vermeintliche bestätigende Bejahung das Risiko minimiert, selber Stellung zu beziehen.
- Zeitabhängige Aussagen wie etwa „eine Pädagogik vom Kinde aus", „ganzheitliche Erziehung", „kindorientierte Pädagogik" oder Beachtung der Bedürfnisorientierung der Kinder" werden übernommen, *weil* sie modernistische Bedeutung haben. (Anmerkungen: Sie sind keinesfalls modern! Vielmehr stammen sie aus dem Mund engagierter Frauen und Männer der Vergangenheit, die sich auf der Grundlage eines humanistischen Menschenbildes um eine kindorientierte Entwicklungsbegleitung verdient gemacht haben!)
- Viele Begriffe wie z. B. „kindzentriert" oder „Öffnung der Arbeit" werden einfach nicht mehr hinterfragt, *weil* dies bedeuten würde, in fundamentale philosophische Diskussionen einzutreten. Dieses wiederum widerspräche dem schnelllebigen Zeitgeist und in vielen Fällen auch der eigenen Lebensplanung.
- Hinter vielen Aussagen wie etwa „Arbeit auf der Grundlage des situationsorientierten Ansatzes" oder „Beachtung einer Basisdemokratie in Kindergärten" steckt eine ganze Welt voller gedanklicher Verknüpfungen und Konsequenzen für die Arbeit vor Ort. Diese – und viele andere – Begriffs- und Satzzusammensetzungen provozieren lang anhaltende Diskussionen und führen dazu, Eckwerte der eigenen Arbeit klar und deutlich, manches Mal auch radikal zu reflektieren.
- Und schließlich fordern **Grundsatzgespräche** immer wieder **alle** Beteiligten in einem **Team** auf, sich zu öffnen, eine eigene Transparenz vorzunehmen und zuzulassen und damit **grundsätzliche Fragen, Einstellungen** und **Haltungen** zu offenbaren, etwa folgender Art:

1. Wo liegen *eigene* Wichtigkeiten der Arbeit und *wie* versuche ich, diese zu initiieren bzw. prozessorientiert zu erreichen?
2. *Wozu* habe *ich* diese Ziele und Prioritäten? Was haben sie mit mir und meiner Biografie zu tun?
3. *Welche* Haltung/Einstellung liegt meinen Zielen und Prioritäten zugrunde; was sage ich damit über *mich* und meine Einstellung zur Arbeit aus?
4. *Welche* Sichtweise offenbare ich damit über Kinder und Eltern; wie *hilfreich* sind sie, dass Kinder und Eltern sich durch meine Arbeit entwickeln (können)?
5. Wie *hoch/niedrig* ist meine Wertschätzung gegenüber dem eigenen Beruf und *welche* Zufriedenheit/Unzufriedenheit übertrage ich damit auf die Menschen, mit denen ich arbeite?
6. Inwieweit *stimmen* die Arbeitsinhalte und Methoden mit den gesetzten Zielen *überein* bzw. wo gibt es Widersprüche?

7. Gibt es *heimliche* oder *offene* Regeln, die einer Ziel- und Inhaltsorientierung entgegenlaufen und damit den offenen Erklärungen den Boden der Glaubwürdigkeit nehmen?

8. Inwieweit *entsprechen* bestimmte Absichtserklärungen für die Arbeit *auch* den eigenen Verhaltensweisen etwa in der Kommunikation im Team oder mit den Eltern?

9. *Welche* Basiskompetenzen sind für diese Arbeit erforderlich und wie stark/ schwach sind sie ausgeprägt?

10. *Wie* hoch ist der bisherige Einsatz (gewesen), wenn es etwa um die Durchsetzung berechtigter Aufgaben/Ziele ging/geht?

**Konzeptionserarbeitung oder -überarbeitung**

- zwingen zur inhaltlichen Auseinandersetzung,
- führen Mitarbeitern und Mitarbeiterinnen deutlich vor Augen, wo bestimmte Stärken und Schwächen der Arbeit liegen,
- decken Konflikte auf den Ebenen persönlicher Beziehungsstörungen/-schwierigkeiten auf,
- lassen Restkonflikte aus vergangenen Zeiten dann zum Vorschein kommen, wenn sie – gleich einem leisen Schwelbrand – noch immer eine Bedeutung besitzen,
- provozieren Stellungnahmen und Standpunktsetzungen,
- fordern Begründungen für Aussagen,
- schaffen Klarheiten in bestimmten Fragestellungen,
- helfen dabei, Entscheidungen zu treffen und deutliche Abgrenzungen vorzunehmen, wo sie notwendig erscheinen,
- unterstützen ein deutliches **Profil** der Mitarbeiter/-innen und damit des Kindergartens,
- heben die Bedeutung elementarpädagogischer Arbeit auf eine – berechtigterweise – hohe Ebene der Wertschätzung,
- stärken das Selbstwertgefühl der Mitarbeiter/-innen, weil Pädagogik **fassbar** gemacht wurde,
- sind einfach **notwendig** für eine qualifizierte Pädagogik.

Aus den genannten Beispielen wird deutlich, dass sich eine Konzeptions(über)arbeitung vor allem auf *zwei Ebenen* abspielt: Einerseits ist sie hilfreich für die Mitarbeiter/-innen selbst, andererseits für die Arbeit mit Kindern und mit den vielen Bezugspersonen. Konzeptions(über)arbeitungen haben also ihre Wirkung auf das Innenverhältnis (Person im Umgang mit sich bzw. in der Kommunikation mit den Kollegen und Kolleginnen im Team) *und* auf das gesamte Außenverhältnis (Gestaltung/ Auswirkung der Arbeit). Das soll im Folgenden beispielhaft grafisch dargestellt werden:

## Konzeptionserarbeitungen oder -überarbeitungen und ihre Wirkungen auf das
### Innenverhältnis:

- Finden einer deutlicheren Klarheit
- Auseinandersetzung mit eigenen Werten
- Verdeutlichung eigener Standpunkte
- Spüren eigener Sicherheiten
- Erhöhung der Berufszufriedenheit

- Konfliktaufdeckung und -bearbeitung
- Erleben von klaren Beziehungsqualitäten
- Verlässlichkeit bei Absprachen
- Realeinschätzungen statt Fehleinschätzungen
- Offenheit durch Kenntnisnahme

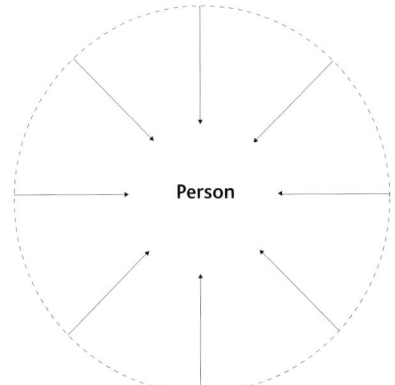

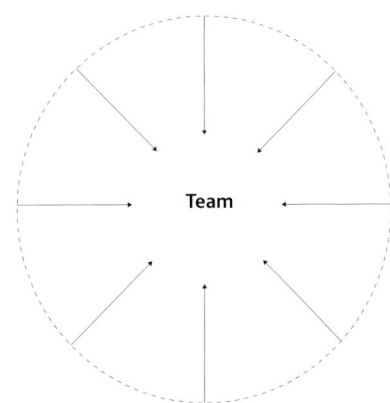

## Konzeptionserarbeitungen oder -überarbeitungen und ihre Wirkungen auf das

### Beziehungsverhältnis
- Verlässlichkeit in Beziehungen
- Reflexives Verhalten bei Entscheidungen
- Einhalten von Absprachen
- „Leben und Lernen" *mit* Kindern
- Glaubwürdigkeit als Bündnispartner/partnerin der Kinder

### Außenverhältnis
- Verdeutlichung eines pädagogischen Profils
- Entscheidungsorientiertes Verhalten
- Transparenz der Eigenständigkeit
- Fachkompetenz als greifbare Erfahrung
- Erhöhung des Stellenwertes der Elementarpädagogik

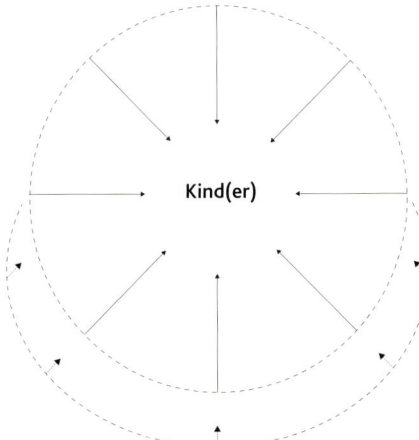

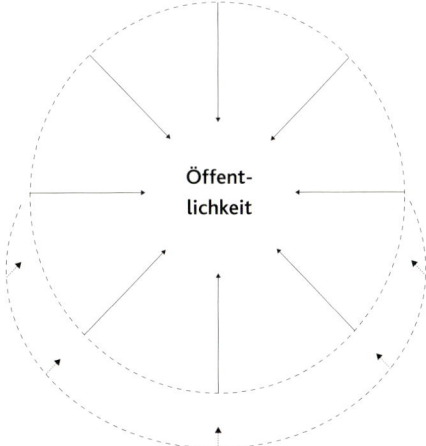

## 2.1 Auswirkungen auf das Innenverhältnis „Personen als Bindungs- und Bildungsträger"

Die Erarbeitung bzw. Überarbeitung einer Konzeption trägt zunächst dazu bei, dass jeder einzelne Mitarbeiter/jede einzelne Mitarbeiterin sich veranlasst fühlt, sich mit eigenen und fremden Zielen der Kindergartenarbeit auseinanderzusetzen. Dabei kommt es immer wieder vor, dass zwar Begriffe und bekannte Aussagen der Elementarpädagogik ausgesprochen werden, doch schon beim näheren Betrachten sehr unterschiedliche Auslegungen zu unterschiedlichen Sichtweisen führen. Konzeptionserarbeitungen oder -überarbeitungen führen gerade durch nähere Begriffsbestimmungen und Reflexionen gebräuchlicher Thesen zu genaueren Definitionen und damit zu eigener Klarheit.

Wenn beispielsweise der Begriff „Beobachtung von Kindern" als Grundlage benannt wird, um Kinder und ihre Verhaltensweisen zu verstehen, ergibt sich durch Nachfragen die Notwendigkeit, den Vorgang des Beobachtens zu präzisieren:

- Was genau soll/kann beobachtet werden?
- Welche Methoden der Beobachtung werden genutzt?
- Welche Methoden sind brauchbar, welche unwirksam?
- Wie können/sollen Beobachtungen schriftlich festgehalten werden?
- Wie werden Beobachtungen am besten ausgewertet?
- Wie genau kann beobachtet werden und welche didaktischen Hilfsmittel eignen sich für bestimmte Beobachtungsformen?

Ein derartiges „Auf-den-Punkt-Kommen" trägt entscheidend zu einer **deutlicheren Klarheit** bei.

Pädagogik ist in ihrer praktischen Umsetzung immer von den vielfältigen Wertvorstellungen der einzelnen Mitarbeiter/-innen durchsetzt und geprägt. Dabei kommen eigene biografische Erfahrungen und Erlebnisse zum Ausdruck, die das Leben der Mitarbeiter/-innen bewusst oder unbewusst beeinflusst haben. Keine Pädagogik ist völlig wertfrei. Würde dies behauptet werden, dann müssten die beteiligten Personen ihre Lebenserfahrungen ausblenden können und kämen damit roboterhaften Maschinen gleich, die auferlegte Sachbefehle ausführen. Insoweit ist die Welt der Pädagogik durchdrungen von erwachsenenorientierten Werten. Nun gibt es Werte, die einer kindorientierten Entwicklungsbegleitung dienlich sind, und demgegenüber werden auch Werte als gültig erklärt, die für die Entwicklung von Kindern hinderlich sind.

Wenn beispielsweise die Begriffe „Regeln" oder „Grenzen" in die Diskussion geworfen werden, so kann davon ausgegangen werden, dass sich alle Beteiligten darin einig sind, dass es in dem gemeinsamen Leben und Lernen mit Kindern Regeln geben muss, die ein konstruktives Zusammensein unterstützen.

- Welche Regeln haben einen Sinn für Kinder, welche nicht?
- Dienen bestimmte Regeln tatsächlich der Entwicklungsunterstützung von Kindern *oder* sind sie eher darauf ausgerichtet, den Ablauf einer „geregelten"Zeit im Kindergarten zu garantieren?
- Gibt es vielleicht Regeln, die eher der Ruhe und dem Harmoniebedürfnis der Mitarbeiter/-innen entsprechen und mit weit herangeholten pädagogischen Begründungen legitimiert wurden?
- Welche „heimlichen" Regeln bestimmen die praktizierte Pädagogik und entsprechen den subjektiven Vorstellung der Mitarbeiter/-innen?
- ergeben sich Regeln aus Grenzziehungen oder leiten sich Grenzen aus Regeln ab?
- Wurden bestimmte Regeln mit Kindern gefunden oder *für* Kinder (aus Sicht der Erwachsenen) aufgestellt, von denen geglaubt wird, sie seien hilfreich und daher von Nutzen?

Die Auseinandersetzung mit Werten provoziert zugleich immer eine **Auseinandersetzung** *mit* *eignen* **Werten** und zwingt die an einer Konzeption beteiligten Personen zur deutlichen Stellungnahme, Begründung und zum Infragestellen eigener Ansichten.

In jeder Mitarbeiter(innen)gruppe gibt es Personen, die viel, wenig oder gar nicht in Diskussionen beteiligt sind. Besonders ärgerlich ist es für engagierte Fachfrauen, wenn bestimmte Mitarbeiter/-innen in Fachauseinandersetzungen schweigen oder sich sehr schnell einer Mehrheit anschließen.

Konzeptionserarbeitungen oder -überarbeitungen verlangen von *allen* Mitarbeitern und Mitarbeiterinnen zumindest den Versuch der Beteiligung. Nichts hindert die Entwicklung einer Gruppe zum Team so sehr wie die Zurückhaltung von Meinungen, Ansichten und Fakten zu einem bestimmten Thema oder in einer Erörterung einer aktuellen Fragestellung. Also geht es bei Stellungnahmen um folgenden Prozess:

- Welche Meinung wird vertreten?
- Was denkt *jeder* im Hinblick auf diesen Diskussionspunkt?
- Wozu wird diese Meinung vorgebracht und wem dient sie wirklich – den Kindern, der eigenen Person, den Eltern, der Öffentlichkeit, der Verdeckung von Konflikten?

Konzeptionserarbeitungen oder -überarbeitungen **legen Standpunkte offen** und machen Sichtweisen transparent.

Die Elementarpädagogik steht in einem überaus großen Erwartungsgeflecht: Eltern, Kinder und der Träger, Öffentlichkeit und andere Einrichtungen stellen deutliche (oder heimliche) Erwartungen an die Mitarbeiter/-innen, sodass es vielen Fachleuten nicht leichtfällt, sich für die Erfüllung bestimmter Erwartungen zu entscheiden und gegen überhöhte, ungerechtfertigte Erwartungen abzugrenzen. Die Folge einer unreflektierten und überhöhten Bereitschaft, gestellte Erwartungen zu erfüllen, zeigt sich in der Zunahme von Unsicherheit (emotionale Inkompetenz).

Konzeptionserarbeitungen oder -überarbeitungen lassen genau diese Vielfalt der Forderungen in den Mittelpunkt rücken und fordern Entscheidungen heraus:

- Welche Erwartungen müssen, können und sollen erfüllt werden, welche nicht?
- Welche Absichten stehen hinter welchen Forderungen und was bedeutet das für die Arbeit?
- Wie ist es möglich, überhöhte Erwartungen abzuwehren?
- Welche Erwartungen wurden (bisher) missverstanden und wie können/sollen sie nun erfüllt werden?
- Welche Schritte sind notwendig, um unberechtigte Erwartungen zurückzuweisen?

Dort, wo Entscheidungen und Abgrenzungen (beide Prozesse sind miteinander eng verknüpft und daher nicht trennbar!) vorgenommen werden, kommt es zum Aufbau **eigener Sicherheiten** und dies dient in entscheidender Art und Weise einer kompetenten Profilierung der Arbeit.

Ein Blick in die Statistiken der Fehltage von Mitarbeitern und Mitarbeiterinnen in pädagogischen Einrichtungen zeigt, dass in vielen Institutionen der Betrieb nur unter größten Mühen aufrechterhalten werden kann. Abgesehen von dem großen volkswirtschaftlichen Schaden sind es immer die Kinder, die im Endeffekt unter der hohen Abwesenheit von Mitarbeitern und Mitarbeiterinnen zu leiden haben. So können Projekte nicht kontinuierlich durchgeführt werden, Unterbrechungen lassen Beziehungskontinuitäten leiden und notwendige Beziehungswechsel führen zu zusätzlichen Belastungen im Hinblick auf die Entwicklung eines Teams. Dasselbe gilt für den häufigen Arbeitsplatzwechsel von Erziehern und Erzieherinnen oder ein frühzeitiges Aussteigen aus dem Beruf.

Bei einer genaueren Betrachtung des Problems sind es nicht selten die einrichtungsinternen Verhältnisse, die zu einer seelischen Unzufriedenheit vieler führen und sich dann in Kündigungen oder Krankmeldungen niederschlagen. Das geschieht ganz im Sinne einer Einheit von Körper, Seele und Geist.

Konzeptionserarbeitungen oder -überarbeitungen können daher auch einen entsprechenden Raum dafür bieten, folgende Fragen zu reflektieren:

- Was kann in der Einrichtung dazu führen, dass ein hoher Krankheitsstand entsteht?
- Welche Merkmale sind dafür verantwortlich, dass einzelne Mitarbeiter/-innen sich unwohl fühlen und ihre Krankheiten als einen für sie angemessenen Weg wählen, sich aus dem Arbeitsprozess für bestimmte Zeiten herauszulösen?
- Welche besonderen Merkmale provozieren immer wieder Unzufriedenheit und wie können sie gezielt verändert werden?
- Auf welchen Ebenen spielen sich Gründe und Auslöser für Unzufriedenheiten ab?
- Welche Gründe gibt es für häufige Kündigungen, welche Auswirkungen haben sie auf das „Stamm-team", die Kinder, die Eltern und die Öffentlichkeit?

Konzeptionserarbeitungen oder -überarbeitungen decken Gründe und Hintergründe auf und können durch Veränderungen ungünstiger Eckwerte zu einer **deutlichen Verbesserung der Berufszufriedenheit** beitragen.

## 2.2 Auswirkungen auf das Innenverhältnis des „Teams" als Ausgangspunkt für Qualität und Professionalität

Die Qualität der zu leistenden Arbeit in Kindertagesstätten hängt vor allem von der Intensität einer „gelebten Teamarbeit" ab. In vielen Einrichtungen wird zwar von „Teamarbeit" gesprochen, doch zeigt sich bei einer näheren Betrachtung, dass es lediglich eine Gruppe von Mitarbeitern/Mitarbeiterinnen ist, die aus unterschiedlichen Gründen in dieser Einrichtung arbeitet. In vielen Arbeitsgruppen bestimmen persönliche oder fachliche Konflikte den Berufsalltag, was sich wiederum sehr kontraproduktiv auf die gesamte Atmosphäre der Einrichtung auswirkt. Kinder und Eltern spüren häufig sehr deutlich die Spannungen, sodass Unzufriedenheiten und Gereiztheit zum Alltagsgeschehen gehören.

Während der Konzeptionserarbeitungen oder -überarbeitungen bietet es sich an, folgende Fragen zu klären:

- Wie ist die Beziehungsqualität der Mitarbeiter/-innen zu charakterisieren?
- Gibt es Cliquen, Untergruppen oder Teilgruppen, die durch ihre Existenz die Gesamtgruppe daran hindern, sich zu einem „Team" zu entwickeln?
- Existieren Vorurteile oder Erfahrungen, die dafür verantwortlich sind, dass Konflikte vorherrschen und z. B. eine inhaltliche Arbeit zurzeit nicht zulassen?
- Welchen Konflikten wird gekonnt aus dem Wege gegangen, obwohl sie jeder kennt, aber niemand auf den Tisch bringt?
- Welche Konflikte wurden bisher vergeblich versucht, in eine Klärung überzuleiten, und welche neuen Wege *muss* es geben, sie erneut in produktive Klärungsprozesse zu leiten?

- Welche „heiligen Kühe" blieben bislang unangetastet und müssen endlich auf den Tisch, um sie inhaltlich zu besprechen?

Konzeptionserarbeitungen oder -überarbeitungen haben die einmalige Chance, dass **Konflikte aufgedeckt und bearbeitet** werden können, um nicht zuletzt die Zusammenarbeit entscheidend zu verbessern, *damit* eine kindorientierte Arbeit überhaupt möglich wird. Während der täglichen Arbeit gibt es Hunderte von Berührungspunkten zwischen den Mitarbeitern und Mitarbeiterinnen, die je nach Bestehen der unterschiedlichen Beziehungen erlebt und gestaltet werden. Ob es beim morgendlichen Begrüßen, bei Absprachen, gemeinsamen Vorhaben, in Teamsitzungen, bei Elternabenden und -gesprächen, bei Entscheidungsfindungen oder beim Verabschieden ist. Immer drücken sich neben den inhaltlichen Schwerpunkten auch die Beziehungsqualitäten aus.

Dabei sind eine Reihe von Beziehungen zwar äußerlich geklärt, doch zeigen sie bei genauerem Hinsehen auf innere Disharmonien/Diskrepanzen hin.

Während der Konzeptionserarbeitungen oder -überarbeitungen werden nicht nur durch die aktiven Auseinandersetzungen „ganz nebenbei" neue Beziehungserfahrungen gemacht, sondern auch Fragen erörtert, um Beziehungen zu klären. Das kann zu folgenden Fragen führen:

- Wer fühlt sich von wem in welchem Maße verstanden und angenommen, wer abgelehnt oder gar von einzelnen ausgeschlossen?
- Was kann dazu beigetragen haben, dass bestimmte Beziehungen einen Riss oder einen Bruch bekommen haben?
- Welche untauglichen Mittel wurden bisher eingesetzt, Beziehungsstörungen aufzudecken?
- Welche neuen Versuche können/müssen eingeleitet werden, um Klärungshilfe zu erreichen?
- Wer hat in der Mitarbeiter(innen)gruppe kein Interesse, Beziehungsqualitäten zu verbessern, und welche Auswirkung hat das definitiv auf die Gesamtentwicklung der Gruppe?
- Wer verhält sich in der Praxis *anders* als mit Worten und wie können solche Widersprüche konstruktiv verbessert werden?

Schon hier wird spätestens deutlich, dass Konzeptionserarbeitungen oder -überarbeitungen nicht nur einer inhaltlichen Klärung bestimmter didaktischer Fragen oder methodischer Überlegungen dienen, sondern immer auch dem **Erleben von klaren und deutlichen Beziehungsqualitäten** dienlich sind. Dort, wo Beziehungsfragen unberücksichtigt bleiben, wird eine Konzeptionserarbeitung oder -überarbeitung nicht in vollem Maße gelingen, weil sie die Menschen und ihre Kommunikation ausblendet. Das hätte eine Bedeutung und Funktion und geschieht zum Beispiel dort, wo *einzelne* Mitarbeiter/-innen oder zum Beispiel die Leiterin einer Einrichtung eine Konzeptionserarbeitung oder -überarbeitung vornimmt. Wenn nicht *alle* Mitarbeiter/-innen an dieser Arbeit teilnehmen, ist die Wirksamkeit einer Konzeption von Beginn an eingeschränkt und letztlich aussagelos. Das käme in etwa dem Vorgehen gleich, wenn ein Träger einer Einrichtung einen bestimmten pädagogischen Ansatz „aufdrückt". Solche despotischen und undemokratischen Regeln bewirken sehr oft eine Unzufriedenheit und ein hohes Maß an Ablehnung, durch die schon bestehende Irritationen ausgeweitet werden.

Gerade, wenn *alle* Mitarbeiter/-innen einer Einrichtung an der Konzeptionserarbeitung oder -überarbeitung beteiligt sind und damit die Möglichkeit erhalten, sich inhaltlich und fachspezifisch einzubringen, werden Arbeitsergebnisse von allen mitgetragen, *wenn* z. B. strittige Punkte in Ruhe und Sachlichkeit – selbstverständlich auch in einem deutlichen Diskurs – ausgetragen werden konnten. Ein klares Profil einer Einrichtung ergibt sich u. a. auch daraus, dass jede Mitarbeiterin auf demselben Informationsstand ist und sich z. B. in der Öffentlichkeit wie auch im Innenverhältnis in Übereinstimmung mit den anderen Teammitgliedern befindet. So wird es z. B. bei getroffenen Absprachen selbstverständlich sein, dass diese für alle ein hohes Maß an Gültigkeit und Verbindlichkeit besitzen. War oder ist es nicht der Fall, ergeben sich u. a. folgende Fragen:

- Was hat bisher dazu geführt, dass einzelne Mitarbeiter/innen getroffene Absprachen nicht eingehalten haben?
- Welche Folgen haben Unverlässlichkeiten bei getroffenen Absprachen, wie haben sie sich bisher ausgewirkt und wie können sie sich in Zukunft auswirken?
- Welche Absprachen wurden tatsächlich demokratisch getroffen und welche der Mehrheit übergestülpt?
- Gibt es Absprachen, die bei einer erneuten Erörterung ihre Gültigkeit verloren haben, und welche neuen Absprachen sollten/müssen getroffen werden?

Konzeptionserarbeitungen oder -überarbeitungen verlangen Entscheidungen von allen und unterstützen damit eine **deutliche Verlässlichkeit bei Absprachen**, wenn diese mit Zeit und unter Beachtung aller Einwürfe im Sinne der Mehrheit verabschiedet wurden.

Die Elementarpädagogik bietet Mitarbeitern und Mitarbeiterinnen ein überaus großes Feld für eigene Schwerpunktsetzungen. Im Gegensatz zur Schulpädagogik, in der es feste Rahmenpläne und Fachplanungen gibt, können sich Fachleute in Kindertagesstätten auf der Grundlage von Bildungs- und Orientierungsrichtlinien den Arbeitsschwerpunkten zuwenden, von denen sie glauben, dass diese für die Entwicklung von Kindern hilfreich sind. So mancher Schulpädagoge/so manche Schulpädagogin blickt in dieser Hinsicht „neidisch" auf den Elementarbereich. Doch hat dieses Maß an relativer Freiheit auch seine Gefahren und deutlichen Schwachpunkte: Eigene Schwerpunktsetzungen und **offene Curricula** tragen nicht selten dazu bei, dass einzelne Mitarbeiter/-innen durch fehlende (oder abgewehrte) Auseinandersetzungsnotwendigkeiten ihre Arbeit zwar durchführen, doch nur eigene, subjektive Gedanken reflektieren und auch Reflexionshilfen auf der Grundlage deutlicher Fachimpulse ablehnen. So können hilfreiche Chancen nicht genutzt werden, um sich im Austausch mit sachorientierten Fragen zu beschäftigen. Ein Verbleib in der eigenen Gedankenwelt führt schnell dazu, von dem Wert eigener Arbeit und persönlicher Verhaltensweisen überzeugt zu sein. Das wiederum hat Fehleinschätzungen zur Folge, *weil* keine neuen Impulse gehört und aufgegriffen werden.

Bei einer Konzeptionserarbeitung oder -überarbeitung gilt es daher, auch folgende Fragen aufzugreifen:

- Wie schätze ich meine Arbeit mit den Kindern, den Umgang mit den Kollegen/-innen und vor allem auch mein eigenes Verhalten im Hinblick auf die eigene Umgangskultur ein?
- Wo zeige ich hilfreiche Verhaltensweisen und in welchen Situationen verhalte ich mich destruktiv?
- Wie schätzen die Kollegen/-innen meine Arbeit bzw. meine Umgangskultur ein?
- Gibt es deutliche Unterschiede zwischen der Selbst- und Fremdwahrnehmung von Kompetenzen/Inkompetenzen?

Während der Eröterung dieser Fragen kann durch ein genaues Beschreiben von Situationen und Ereignissen dazu beigetragen werden, dass **Realeinschätzungen bisherigen Fehleinschätzungen entgegenstehen und durch die Offenlegung verändert werden.**

In der Hektik des Alltages von Kindertagesstätten, bei der es häufig darum geht, spontane Entscheidungen zu treffen und neue Situationen zu meistern, bleiben immer wieder viele Grundsatzerörterungen auf der Strecke. Sie werden aufgrund fehlender Zeitkapazitäten verschoben (und auch „gerne" vergessen), *weil* andere Schwerpunkte zurzeit höhere Prioritäten besitzen.

Dadurch kommt es oftmals zum Vergessen relevanter Arbeitsfragen oder zum Verdrängen schwieriger Sachverhalte, zumal Mitarbeiter/-innen wissen, dass Grundsatzdiskussionen lang verdrängte Konflikte wieder zum Ausbruch bringen.

Konzeptionserarbeitungen oder -überarbeitungen verlangen immer wieder aufs Neue, dass solche Aspekte auf den Tisch kommen. Sie können dadurch thematisiert werden, wenn etwa folgende Fragen gestellt werden:

- Welche Diskussionspunkte wurden des Öfteren thematisch angerissen, aber nicht wirklich diskutiert?
- Gab/gibt es Themen, denen die Mitarbeiter(innen)gruppe ausweicht?
- Welche Grundsatzerörterungen werden nur ungern geführt und welche Hintergründe gibt es, ihnen aus dem Wege zu gehen?
- Existieren irgendwelche Vorbehalte hinsichtlich bestimmter Themen?
- Welche „heimlichen Vermeidungsstrategien" hat die Mitarbeiter(innen)gruppe entwickelt, um sich bestimmten Anforderungen nicht zu stellen?
- Gibt es Mitarbeiter/innen – wenn ja, welche –, die dafür sorgen, dass die Tiefe inhaltlicher oder beziehungsorientierter Diskussionen nicht produktiv entwickelt werden kann?
- Was wissen die Mitarbeiter/-innen überhaupt von den Fragen/Schwerpunkten der anderen und was sollte dieses Team voneinander/übereinander wissen?

Konzeptionserarbeitungen oder -überarbeitungen bieten Zeit und Raum, dass viele **vernachlässigte Themen oder (un)bewusst zurückgedrängte Schwerpunkte erneut aufgegriffen** werden können und sich eine neue Kultur der Öffnung/Offenheit im Team entwickelt.

## 2.3 Auswirkungen im Beziehungsverhältnis zu den „Kindern"

Kinder entwickeln sich durch die Festigkeit und Kontinuität ihrer erlebten Beziehungen. Dabei spielt es eine wesentliche Rolle, dass Kinder die Erwachsenen als grundsätzlich verlässliche Personen erfahren. Leider ist es so, dass durch Krankheiten und Kuraufenthalte, Abwesenheit durch Mutterschutzzeiten und Kündigungen, Fortbildungsbesuche und andere verständliche und berechtigte Gründe eine feste und kontinuierliche Beziehung zwischen Kindern und Erwachsenen in der Elementarpädagogik nur sehr eingeschränkt wahrgenommen werden kann.

Gleichzeitig ist es so, dass bei Ausfall- oder Fehlzeiten andere Mitarbeiter/innen des Kindergartens für die abwesende Person den Dienst übernehmen (müssen) und Kinder vor *neuen* Beziehungsträgern stehen.

Schnell breiten sich bei „anderen Wertvorstellungen und Arbeitsschwerpunkten" bei Kindern Irritationen aus, weil sie in ihrer bisherigen Arbeit möglicherweise „andere Regeln und Umgangsformen" gewohnt waren.

Konzeptionserarbeitungen oder -überarbeitungen tragen in entscheidender Weise dazu bei, dass durch die Absprache und Festlegung bestimmter Grundentscheidungen Kinder in die Lage versetzt werden, unterschiedliche Erwachsene mit *ähnlichen* Verhaltensmerkmalen zu erleben. So sollten während einer Konzeptionserarbeitung oder -überarbeitung folgende Fragen erörtert werden:

- In welchem Maße können die Kinder dieser Einrichtung von verlässlichen Beziehungen ausgehen?
- Was bedeutet Verlässlichkeit für *jeden* Mitarbeiter und jede Mitarbeiterin?
- Gab/gibt es Beispiele für Unzuverlässigkeiten, durch die Kinder in ihren Gefühlen verunsichert wurden/werden?
- Welche Widersprüche in grundsätzlichen inhaltlichen Fragen müssen auf Kinder irritierend wirken und wie sind sie zu verändern?

Selbstverständlich geht es nicht darum, dass *alle* Mitarbeiter/-innen ein gleiches Verhalten zeigen. Das würde an Maschinen erinnern, die im Sinne eines Gleichklanges lediglich eine vorgegebene Funktionalität ausdrücken würden. Vielmehr handelt es sich bei diesem Gesichtspunkt um Grundsatzentscheidungen, die von allen Mitarbeitern und Mitarbeiterinnen getragen und in entsprechenden Verhaltensweisen umgesetzt werden. Nur so erfahren Kinder damit bei allen Erwachsenen der Einrichtung ein **großes Maß an Verlässlichkeit**, auch wenn „ihre Erzieherin" aus unterschiedlichen Gründen einmal ausfällt.

Viele Mitarbeiter/-innen begründen *ihre* Pädagogik mit subjektiven Meinungen oder Einstellungen, von deren Richtigkeit sie überzeugt sind. Demgegenüber leitet eine kindorientierte Pädagogik ihre Schwerpunkte und Grundsätze aus einer diskursiven Diskussion anhand inhaltlicher und faktenbelegter Argumentationen ab. Es zählt nicht das, was gemeint oder gewünscht ist, sondern das, was notwendig und belegbar ist!

Konzeptionserarbeitungen oder -überarbeitungen zwingen daher zu folgenden Überlegungen:

- Wurden getroffene Entscheidungen tatsächlich im Interesse einer begründbaren Entwicklungsbegleitung von Kindern getroffen oder eher im Sinne subjektiver Ansichten?
- Trägt die Entscheidung dazu bei, Kinder in ihrer Selbstständigkeit und Autonomie zu unterstützen oder gründet sie eher auf der Tatsache, dass es zu einem reibungsloseren Verlauf des Arbeitsalltags kommen kann?
- Dient die Entscheidung der eigenen Bequemlichkeit oder werden auch Konflikte in Kauf genommen?

Durch diese oder ähnliche Fragen sind Mitarbeiter/-innen aufgefordert, **Entscheidungen zu reflektieren und möglicherweise zu verändern**, um immer wieder aufs Neue die Kinder mit ihren berechtigten Ansprüchen in den Mittelpunkt einer Betrachtung zu stellen.

Werden bzw. wurden bei Konzeptionserarbeitung oder -überarbeitungen Absprachen getroffen, so können sie durch die schriftliche Form der Konzeption jederzeit überprüft werden, damit die Kinder feste Orientierungspunkte in der Umgangs- und Gestaltungskultur des Tagesablaufes erhalten. Absprachen sind verbindliche Eckwerte im Umgang miteinander und so tragen Konzeptionserarbeitungen oder -überarbeitungen dazu bei, folgende Fragen zu diskutieren:

* Welche Absprachen – zur Gestaltung der Arbeit und im Umgang mit Kindern – wurden in den letzten Jahren getroffen?
* Welchen aktuellen Wert haben diese Absprachen?
* Wie wurden/werden sie eingehalten?
* Welche neuen Absprachen sind im Hinblick auf eine neue Pädagogik im Kindergarten erforderlich und welche Absprachen müssen daher aufgehoben werden?
* Welche Schwierigkeiten können durch die neuen Absprachen entstehen und wie kann ihnen kompetent begegnet werden?

Durch eine sorgfältige und gewissenhafte Bestandsaufnahme bisheriger Absprachen sowie durch ernsthafte, neue Entscheidungsfindungen tragen die Mitarbeiter/-innen dazu bei, dass **Absprachen von allen eingehalten werden** und gerade Kinder entscheidend davon profitieren.

Viele Ziele in der Elementarpädagogik sind von Erwachsenen *für* Kinder formuliert. So „sollen" Kinder etwa mehr Verständnis für andere Jungen und Mädchen aufbringen, besser und genauer zuhören, sie sollen teilen lernen und die Bedürfnisse anderer mehr achten. Sie sollen ein tieferes Verständnis für eine „gesunde Ernährung" entwickeln und „friedlich" Konflikte lösen. Die Formulierung unzähliger Erwachsenenziele für Kinder könnte endlos fortgesetzt werden, geht es doch immer darum, dass aufgrund beobachteter „Defizite" Ziele und Aufgaben propagiert werden, die auf eine *Zukunft* ausgerichtet sind. Dabei geht schnell und unbemerkt die Wertschätzung *gegenwärtigen* Lebens verloren. Zusätzlich fallen Hintergründe für „egoistisches Verhalten" – was für Kinder notwendig und natürlich ist – immer mehr in den Hintergrund.

Konzeptionserarbeitungen oder -überarbeitungen helfen den Mitarbeitern und Mitarbeiterinnen, ihren Anspruch eines aktiven „Lebens und Lernens *mit* Kindern" zu überprüfen. Dabei können z. B. folgende Fragen hilfreich sein:

- Gibt es Verhaltensweisen der Erwachsenen, die Kinder in ihrer Entwicklung eher hindern als fördern?
- Was bedeutet die Aussage, aktiv und gemeinsam mit Kindern zu leben und zu lernen?
- Welches Rollenverständnis liegt den Inhalten und Zielen der Kindergartenpädagogik zugrunde?
- Werden Entscheidungen und Schwerpunkte *für* Kinder oder *mit* Kindern getroffen?
- Ist die Pädagogik eher defizitär (= gegen die Schwächen von Kindern) oder kompetenzstützend (mit den Stärken der Kinder) gekennzeichnet?

Durch diese und andere Überlegungen werden Mitarbeiter/-innen in die Lage versetzt, ihren Anspruch des „Lebens und Lernens mit Kindern" anhand vieler Beispiele zu reflektieren, um sich einerseits von Widersprüchen zu verabschieden und andererseits auf neue Wege einzulassen.

Die Aussage, eine „Pädagogik vom Kinde aus" zu realisieren, ist ebenso wichtig wie notwendig, wenn es darum gehen muss, Kinder bei ihrer schwersten Arbeit, ihrer Entwicklung, aktiv zu unterstützen.

Allzu schnell lässt sich dieser Satz allerdings auch dahersagen, ohne ihn in eine Übereinstimmung mit der realen Praxis zu bringen.

So wird jede Mitarbeiter(innen)gruppe, die ernsthaft an ihrer Konzeptionserarbeitung oder -überarbeitung beteiligt ist, sich mit folgenden Überlegungen auseinandersetzen (müssen):

- Welche Beispiele lassen sich finden, um zu verdeutlichen, wessen Bündnispartner/-innen die Erzieher/-innen sind?
- Werden eher den Erwartungen der Eltern, des Trägers, der direkten Öffentlichkeit oder des eigenen Mitarbeiter(innen)stabs entsprochen, als dass Kinder in ihren berechtigten Bedürfnissen an erster Stelle Beachtung finden?
- Erhalten Aufsichts- und Haftungsfragen eine höhere Wertigkeit als etwa die Interessen der Kinder?
- Welche „Kinderrechte" werden konsequent beachtet und welche Kinderrechte unterbunden?
- Verstehen sich die Erzieher/-innen als bewusste Geheimnisträger/-innen der Kinder oder werden Verhaltensweisen gezeigt, dass Kinder sich verraten fühlen?

In ernsthaften Auseinandersetzungen über die **Glaubwürdigkeit getroffener Aussagen und praktizierter Verhaltensweisen können Kinder die Erzieher/-innen als Bündnispartner/-innen erleben**, weil sie die Erfahrung machen (dürfen), dass ihnen zustehende Rechte tatsächlich zuerkannt werden.

# 2.4 Auswirkungen auf das Außenverhältnis „Öffentlichkeit"

Jede Einrichtung leitet ihre besondere Arbeit, ihre Aufgaben und Schwerpunkte aus den Eckwerten des besonderen Umfeldes ab, aus dem die Kinder kommen. So kann (und darf) *keine* Arbeit einer Einrichtung mit einer anderen identisch oder vergleichbar sein.

Eine Konzeption trägt damit „die **unverwechselbare Handschrift dieser bestimmten Einrichtung und verdeutlicht ihr eigenständiges Profil**".

Eltern, andere Institutionen und Fachdienste, die in einem unmittelbaren oder mittelbaren Kontakt zum Kindergarten stehen, die zuständige Ausbildungsschule für den Ort des Kindergartens oder etwa die Kinderärzte können sich mithilfe der Konzeption ein Bild machen, welches Arbeitsverständnis, welche Grundlagen der Pädagogik und welche Schwerpunkte in diesem Kindergarten vertreten und umgesetzt werden.

**Pädagogik ist fassbar** und tritt deutlich aus einer bisherigen „Grauzone" heraus, bei der es nicht selten hieß, dass „alles begründbar und damit richtig ist".

Durch die **eindeutig formulierten pädagogischen Ziele, Schwerpunkte und Aufgaben** eröffnet der Kindergarten die Möglichkeit, seine **Eigenständigkeit im Rahmen anderer pädagogischer Einrichtungen herauszustellen,** etwa wenn es um den besonderen Bildungs-, Erziehungs- und Betreuungsauftrag der Elementarpädagogik geht. Der Kindergarten grenzt sich u. a. von der Schulpädagogik ab, *weil* es für ihn um andere Aufgaben und Ziele geht. Dabei bleibt es *nicht* bei einer Abgrenzung; vielmehr kommt es zu einer **Transparenz** (= Durchschaubarkeit) dieser Entscheidung.

Konzeptionserarbeitungen oder -überarbeitungen helfen dabei, **fachkompetente Aussagen zu treffen und festzuschreiben, um auch allen Interessenten die Möglichkeit zu bieten, die Praxis mit den Konzeptionsformulierungen zu überprüfen.**

Darüber hinaus ergeben sich weitere Vorzüge vorhandener Konzeptionen. So können sich **Praktikanten und Praktikantinnen** im Vorwege ein klares Bild von der Einrichtung machen, **Bewerber/-innen** für eine ausgeschriebene Stellenanzeige haben die Chance, die Einrichtung und das Selbstverständnis der Mitarbeiter/-innen im Vorwege kennenzulernen, und der Träger weiß ebenso die Qualität einzuschätzen wie die gesamte Öffentlichkeit.

## 2.5 Die Konzeption als fester Bestandteil eines Qualitäts- managements – die Vernetzung von Qualität und einer professionell erstellten Konzeption

In den letzten Jahrzehnten herrschte in der institutionalisierten Erziehung von Kindern bis zum sechsten Lebensjahr (der Elementarpädagogik) eine rein sozial-pädagogische Denk- weise vor. Demnach war die pädagogische Qualität der Arbeit etwas vollkommen Indivi- duelles; die pädagogischen Fachkräfte (Erzieher/-innen) konnten ihre subjektiv geprägten Arbeitsvorstellungen zum Ausgangspunkt ihrer Tätigkeit erklären. Die Fachkräfte waren (und sind teilweise auch heute noch) davon überzeugt, dass sie aufgrund ihrer emotio- nal-sozialen Arbeitsmotivation sowie ihrer erfolgreichen Berufsausbildung und ihrer Fort- bildungen in der Lage waren bzw. sind, das jeweils Richtige für ihre Tätigkeit einzubringen und dementsprechend das Beste zu leisten. Aus diesem Arbeitsverständnis heraus erwuchsen nicht selten bestimmte beobachtbare Formen einer Selbstüberschätzung und Allmachtsfantasien, aber auch subjektive Versuche einer Positionsverteidigung gegen- über geäußerter Kritik. Gleichzeitig wurden subjektiv erlebte persönliche Stärken in den Mittelpunkt der pädagogischen Arbeit gesetzt, um in der Folge beispielsweise einen per- sönlich bevorzugten pädagogischen Ansatz für die Einrichtung festzulegen. Dies geschah oft fernab von soziokulturellen, infrastrukturellen oder gesellschaftlichen Gegebenheiten, die eine andere Grundlagenorientierung zwingend notwendig gemacht hätten.

Seit einigen Jahren arbeiten nun in ganz Deutschland Wissenschaftler/innen, For- schungseinrichtungen, Trägerverbände, politische Gremien und Berufsvertreter/- innen an unterschiedlich effizienten Qualitätsmanagementverfahren für die Ele- mentarpädagogik. Ein spezifisches Evaluationsprogramm soll den Mitarbeitern und Mitarbeiterinnen dabei helfen, die Innenorganisation der Einrichtung und die Einstel- lung der Beschäftigten zu verbessern.

### 2.5.1 Qualität als Ausgangspunkt einer Konzeption

Seit Mitte der 1990er- Jahre haben unterschiedliche Wissenschaftler und wissen- schaftlich orientierte Praktiker, die im Arbeitsfeld der Elementarpädagogik Forschung betreiben, deutlich machen können, dass die unterschiedlichen Arbeitsfelder inner- halb der Elementarpädagogik deutliche Qualitätsdefizite aufwiesen: vor allem in der Zusammenarbeit mit den Eltern, der grundlegenden elementarpädagogischen Didak- tik und in der Methodenkompetenz der Erzieherinnen. Kaum ein Arbeitsbereich erwies sich dabei als von Qualitätsdefiziten verschont. Zum ersten Mal in der Ge- schichte des Kindertagesstättenwesens wurde deutlich, dass eine qualitätsgeprägte Neu- bzw. Umorientierung erforderlich war und teilweise noch ist und als dringlich eingestuft werden musste.

## Die häufigsten „Qualitätssünden" der Kindertagesstätten

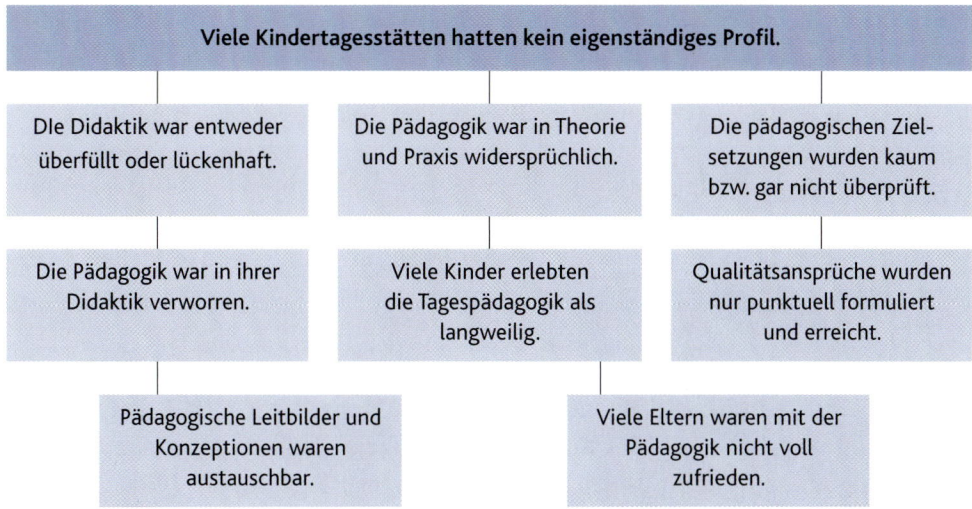

Sowohl die Bundes- und Länderpolitik als auch die unterschiedlichen Träger von Kindertagesstätten, Fachberater/-innen und Berufsverbände von Erziehern und Erzieherinnen öffneten sich aufgrund der offenkundigen Qualitätsmängel sehr schnell für die Forderung nach einer Qualitätsoffensive. Diese Hinwendung zur Qualität hatte vor allem zwei Ursachen. Zum einen belegte eine empirische Studie, die von der Bundesregierung in Auftrag gegeben worden und die erste ihrer Art war, dass die pädagogische Qualität in mehr als zwei Dritteln der deutschen Kindergärten nur mittelmäßig oder gar schlecht war. Zum anderen deckte die Studie PISA 2000 gravierende Qualitätsmängel in der Frühpädagogik auf. Und so waren sich politische Mandatsträger, Wissenschaftler mit dem Arbeitsschwerpunkt Elementarpädagogik, Einrichtungsträger, Berufsvertreter und engagierte Erzieherinnen darin einig, die Kindertagesstätten mit geeigneten Evaluationsverfahren zur Qualitätsverbesserung zu verpflichten und in den Qualitätsentwicklungsprozessen zu begleiten. Mehrere Bildungs- bzw. Kultusministerien einzelner Bundesländer waren sich darin einig, dass Qualitätsmanagement und Qualitätskontrolle für die Arbeit in Kindertagesstätten keine fremden Worte mehr sein sollten. Einerseits gab und gibt es elementarpädagogische Fachkräfte, die diese neue Aufforderung und Verpflichtung als eine willkommene Möglichkeit ansahen, endlich ihren Beruf und ihre Tätigkeit anhand beschriebener Qualitätsmerkmale auch öffentlich zu dokumentieren. Andererseits gab und gibt es solche, die es als eine persönliche und fachliche Beleidigung erleben, „Beweise für ihre qualitätsgeprägte Tätigkeit liefern zu müssen". Doch eines ist unbestritten: Endlose Supervisionssitzungen, ineffiziente Teambesprechungen, fehlende Qualitätsstandards und ebenso fehlende Dokumentationssysteme trugen zu einer individuellen Qualitätsbeurteilung subjektiver Prägung bei, die objektiven Maßstäben nur selten standhalten konnte.

Seit Mitte der 90er- Jahre sind nun in Deutschland sehr unterschiedliche Evaluationsverfahren für Kindertagesstätten entwickelt worden, beispielsweise:

- „Kieler Instrumentarium für Elementarpädagogik und Leistungsqualität,
  K.I.E.L." (Dr. Armin Krenz, Institut für angewandte Psychologie und Pädagogik,
  Kiel)
- „Qualitätsentwicklung für Kindertagesstätten", QfürK, (Rotenburger Evange-
  lisches Institut für Fortbildung)
- „Qualität im Situationsansatz" (QuaSi), (Internationale Akademie, INA, Insti-
  tut für den Situationsansatz an der Freien Universität Berlin, Prof. Dr. Jürgen
  Zimmer)
- „Pädagogische Qualität in Kindergärten" – Kindergarteneinschätzskala (KES-R)/
  KRIPS – Krippen-Skala für Einrichtungen im Krippenalter/HUGS – Hort- und
  Ganztagsangeboteskala für Kinder im Schulalter/TAS – Tagespflegeskala für
  die Betreuung, Bildung und Erziehung in Tagespflegestellen. (Pädagogische
  Qualitäts-Informations-Systeme gGmbH – PädQUIS, Freie Universität Berlin,
  Prof. Dr. Wolfgang Tietze)
- „Kronberger Kreis für Qualitätsentwicklung in Kindertageseinrichtungen"
  (Kronberg bei Frankfurt)
- „Qualitätsmanagement nach DIN EN ISO 9000:2000"
- „Das Konzept der Integrierten Qualitätsentwicklung", IQUE, (Ulrike Ziesche,
  Hamburg)
- „Qualitätsentwicklung als dialogischer Prozess" – Das KiTaManagementKon-
  zept. (Peter Erath und Claudia Amberger)
- Qualität durch Reflexivität: lernorientierte Qualitätsentwicklung in der Praxis.
  (Prof. Dr. Rainer Zech)
- QMS-pragma – Qualitätsentwicklung in KiTas. (pragma gmbh, Bochum: Michael
  Schrader)
- Qualitäts-Check KiTa PQ sys plus (Paritätische Gesellschaft für Qualität, PQ)
- Qualitätsmanagement in Kindertageseinrichtungen, QMelementar (CoLibri,
  Management Service)
- Total Quality Management, TQM (Prof. Dr. G. F. Kamiske et al.)

Darüber hinaus haben einige große Träger von Kindertagesstätten eigene, trägerspe-
zifische Verfahren zusammengestellt, die entsprechend ihren Vorstellungen die besonderen Merkmale des Trägerprofils berücksichtigen.

**Zähes Ringen um Qualität**
Heute sind in Deutschland ungezählte Kindergärten damit beschäftigt, ihr fachliches
Profil zu schärfen. Meist beginnen sie damit, die unterschiedlichen Qualitätssiche-
rungsverfahren kennenzulernen und deren spezifische Vor- und Nachteile gegen-

einander abzuwägen, um sich dann für ein bestimmtes Verfahren zu entscheiden und in Absprache mit dem Träger in die Praxis zu installieren. Dabei steht in den meisten Fällen zunächst der interne Organisationsentwicklungsprozess mit seinen drei wesentlichen Hauptteilen im Vordergrund: Beschreibung der Vision und Ethik der Organisation (das normative Konzept); Beschreibung der Tätigkeitsbereiche, Ziele und der Art und Weise, wie diese erreicht werden sollen (das strategische Konzept) und die konkrete Umsetzung (das operationale Konzept). Anhand des selbst gewählten Leitziels „Identitätsführung nach innen, Erkennbarkeit nach außen", bei dem es um verbindliche Grundsätze, die Festschreibung von Zielen und deren effiziente Umsetzung und langfristige Verwirklichung geht. Hier zeigen sich aus den o. g. Qualitäts-sicherungsverfahren und der Qualitätsbereichen konkrete Ansatzpunkte, die für eine Innen- und Außenqualität verantwortlich sind.

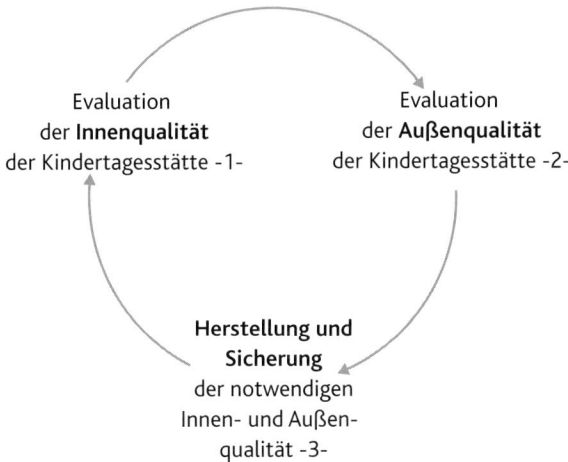

Die erarbeiteten Ausgangsdaten dienen einer exakten Grundsatzbestimmung von Qualität und ermöglichen eine operationalisierte Beschreibung von Qualitätsitems in allen relevanten Qualitätsfeldern: professionelle Grundlagenorientierung einer Einrichtung (a), professionell gestaltete Kindorientierung im Erziehungs-, Bildungs- und Betreuungsprozess (b), professionelles Selbstverständnis als elementarpädago-gische Fachkraft (c), professionelle Arbeit mit Kindern (Didaktik und Methodik) (d), professionelle Wahrnehmung der Leitungsfunktion (e), professionell gestaltete kolle-giale Zusammenarbeit (f), entwicklungsfördernde Raumgestaltung im Innen- und Außenbereich (g), professionelle Öffentlichkeitsarbeit (g), professionelle Fort- und Weiterbildung (h), professionelle Zusammenarbeit mit den Eltern (i), professionelle Zusammenarbeit mit dem Träger (j), professionelle Zusammenarbeit mit anderen Institutionen (k), professionelle Anleitung und Beratung von Praktikanten und Prakti-kantinnen (l), die Qualität einer verantwortungsvollen Trägerschaft (m) und die Qua-lität einer verantwortungsvollen Stadt-, Gemeinde-, Landespolitik (n).

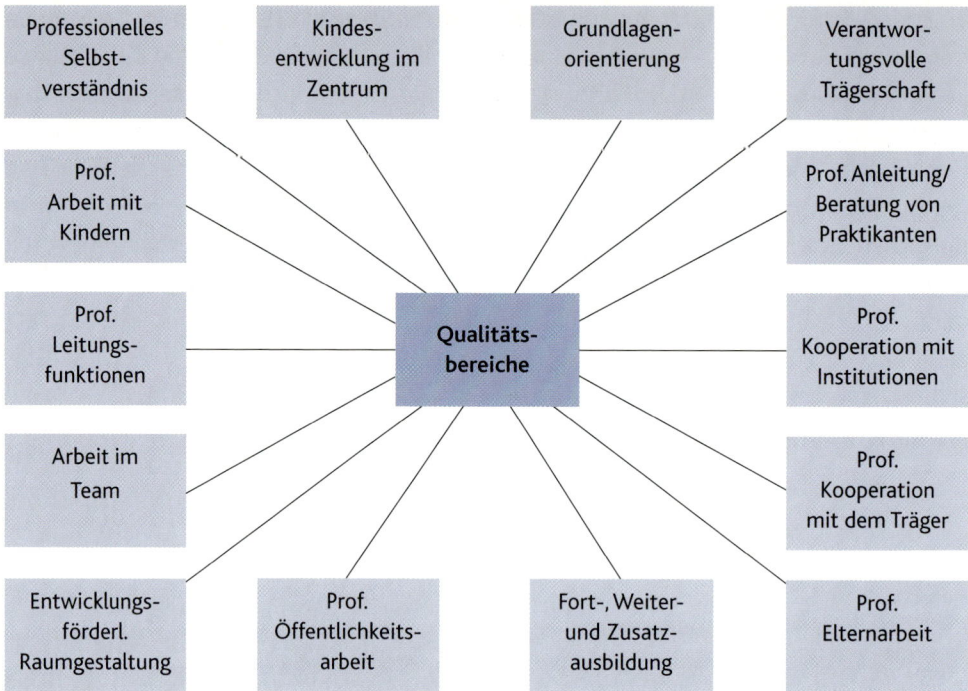

Bei einer solchen Qualitätserhebung stellen Kindertageseinrichtungen dann fest, wo, wie, womit, durch wen oder bis wann entsprechende Qualitätsdefizite zu Qualitätsstärken verändert werden müssen. Wie auch viele andere vergleichbare Kindertagesstätten erleben die Kollegien diese Arbeit immer wieder als eine außergewöhnlich große Herausforderung. Für alle entsteht viel zusätzliche Arbeit neben der alltäglichen Praxis, geht es doch nicht selten um das Ringen um neue, tragfähige pädagogische Eckpfeiler, damit eine neue Konzeption gestaltet werden kann oder die gesamte bisherige Konzeption umgeschrieben werden muss. Die Zeit wird dazu genutzt, um alle Qualitätsitems zu besprechen und in die Praxis zu übertragen. Über diese gemeinsame, intensive Arbeitszeit des Austausches und des konstruktiv-kritischen Dialogs entstehen letztlich Qualitätshandbücher, die mit Fug und Recht als grundlagenbildende Prozesswerke bezeichnet werden dürfen. Kein Satz darin, der nicht von der kritischen Runde inhaltlich bestimmt, formuliert und vielfach mehrmals wieder verworfen wurde. Keine Festlegung, die nicht überdacht und auf die Lebensnähe im Alltag der Einrichtung überprüft wurde. Und vor allem keine Idee, Anregung oder Vereinbarung, die nicht ohne Berücksichtigung der anvertrauten Kinder und deren Wohl und Zukunft entstanden wäre. Auf diese Weise entsteht eine Konzeption für die Kinder, Eltern und Erzieherinnen selbst, die sich Tag für Tag begegnen.

Für alle Beteiligten ist der Aufwand allerdings der Mühe wert. Neben der inhaltlichen Grundlage eines eigenen Leitbildes und einer qualitätsgeprägten Konzeption, die gleichzeitig Rückgrat und Stütze einer Einrichtung sein soll, entsteht ein neues Verständnis für die Einschätzungen im Kollegium, sodass sich Vertrauen in die Stärken der anderen und in eine gemeinsame Identität entwickelt. Dies ist die wichtigste Basis für einen gelingenden Alltag. Die Mitarbeiter/-innen der Kindertagesstätten bemerken selbst, dass sich mit der Qualitätsevaluation, der entstandenen Konzeption und der Erstellung eines Qualitätshandbuches ein neuer, umfassender Standard für die Einrichtung entwickelt hat, der gemeinsam definiert und anhand ungezählter Beispiele mit Leben gefüllt wurde bzw. wird. Strukturen wurden und werden völlig neu geordnet und eigene pädagogische Ziele und Inhalte exakt aufeinander abgestimmt.

Dabei wenden sich die Mitarbeiter/-innen von Kindertagesstätten in der Regel vier Schwerpunktbereichen zu:

Zunächst steht immer eine sorgsame Institutions- und Umfeldanalyse an, um aus gewonnenen Erkenntnissen entsprechende qualitätsorientierte Konsequenzen zu ziehen.

**Leitfragen zur Situationsanalyse**
Diese können je nach Notwendigkeit und den Besonderheiten des Einzugsbereich ergänzt und erweitert, spezifiziert oder völlig modifiziert werden.

**Wohnumfeld und Einzugsbereich:**
- Wie sieht die Wohnsituation der einzelnen Kinder und ihrer Familien aus? Gibt es besondere Häufungen von besonderen Merkmalen?
- Durch welche Merkmale ist die besondere Infrastruktur des (un)mittelbaren Einzugsbereiches geprägt?
- Welchen „Ruf" hat der Einzugsbereich und was bedeutet das für die grundsätzliche Ausrichtung und Gestaltung der Pädagogik?
- Wie hoch ist der Anteil der Migranten(kinder) und ihrer Familien, wie kann deren Lebenssituation charakterisiert werden und welche gegenseitigen(!) Integrations- und Akzeptanzaktivitäten wurden bisher an den Tag gelegt?
- Wie ist die Umgebung geprägt und was zeichnet sie besonders aus? (Innenstadt; Peripherie; Industriegebiet; ländliche Situation)?
- Welche Freizeiteinrichtungen gibt es für Kinder und die Familien sowohl in der unmittelbaren als auch in der mittelbaren Entfernung?
- Wie sieht die Verkehrssituation/wie sehen die Einkaufs- und Dienstleistungsmöglichkeiten für die Eltern im Umfeld aus?
- Welche besonderen Traditionen gibt es im Ort/in der Stadt/im Landkreis und was können diese für die pädagogische Ausrichtung der pädagogischen Praxis bedeuten?
- Wie gestaltet sich das religiöse, kirchliche und gesellschaftliche Leben vor Ort?

## Familiäres Umfeld

- Gibt es hauptsächlich „vollständige" oder „unvollständige" Familien?
- Welchen Erziehungsstil realisieren die Eltern im Einzelnen? (Genaue Erfassung!)
- Wie hoch ist die Rate einer Arbeitslosigkeit unter den Eltern(teilen)?
- Arbeiten Mutter und/oder Vater überwiegend in einem Angestellten- oder Beamtenverhältnis (und mit wie viel Stunden)?
- Wie stark sind die Freiberufler vertreten und was bedeutet das für die Anwesenheit der Eltern(teile) im Zusammensein mit ihren Kindern?
- Wie ist die finanzielle Situation der Eltern(teile)?
- Welchen Beruf haben die Eltern(teile)?
- Gibt es noch eine Verwandtschaftspflege?
- Sind die Großeltern der Kinder in die Erziehung involviert? Wenn ja, wie?
- Wie sieht die Freizeitgestaltung der Eltern mit ihren Kindern aus?
- Haben die Kinder Geschwister? Wenn ja, wie viele und in welcher Geschwisterkonstellation stehen die Kinder?
- Welche besonderen Gebräuche und Traditionen prägen das individuelle familiäre Umfeld?
- Wie wurden/werden bisher die einzelnen seelischen Grundbedürfnisse der Kinder im Elternhaus beachtet und gestillt?

## Kindeigene Spezifika

- Durch welche besonderen Merkmale/Talente zeichnen sich die einzelnen Kinder aus (genaue Erfassung)?
- Welche besonderen Verhaltensirritationen (Auffälligkeiten) hindern das Kind in seiner seelisch stabilen Entwicklung?
- Wie gerne/ungern (freiwillig – genötigt) kommen die Kinder in die Einrichtung?
- Gibt es besondere Vorlieben der Kinder (im Tagesgeschehen) und welche Bedeutung kann das haben?
- Gibt es besondere Abneigungen der Kinder (im Tagesgeschehen) und welche Hintergründe könnte das haben?

Der zweite Punkt beschäftigt sich mit der Klärung der professionellen Grundlagen. Besonders berücksichtigt werden dabei das Kinder- und Jugendhilfegesetzes, die UNO-Charta Rechte des Kindes, das Kindergartengesetz und die Bildungsrichtlinien aus dem entsprechenden Bundesland mit all seinen bedeutsamen Ausführungen, aktuelle Ergebnisse aus der elementarpädagogischen Forschung im Hinblick auf die Auswirkungen einer Neuorientierung und -gestaltung der Arbeit, die Analyse aktueller Daten heutiger Kindheiten und ihre Bedeutung für die praktische Didaktik, das professionelle Selbstverständnis als Erzieher/-in sowie bedeutsame humane Qualitäten, die für eine wirksame Pädagogik unerlässlich sind.

Der dritte Punkt konzentriert sich auf die acht Eckwerte der täglichen Arbeit und deren Umsetzung: altersgemischte und/oder anders strukturierte Gruppen, die wöchentlich stattfindenden Kinderkonferenzen, entwicklungsförderliche Projekte, die Werteerziehung in einer pluralistischen Gesellschaft, eine gesunde körperliche, seelische und soziale Entwicklung; die Sprach- und Kulturförderung, die Raumgestaltung als dritter Erzieher sowie die qualitätsgeprägte Zusammenarbeit mit Eltern.

Und schließlich geht es bei den Rahmenbedingungen um folgende Schwerpunkte: Arbeit im Team, Ansprüche für eine qualitätsgeprägte, kontinuierliche Fort- und Weiterbildung, qualitätsgeprägte Anleitung und Beratung von Praktikantinnen, effektive Zusammenarbeit mit dem Träger und effiziente Zusammenarbeit mit den Institutionen, die mit dem Kindergarten in Kooperation stehen.

Das professionelle Fachwissen während der Qualitätsevaluation und -sicherung wird dabei beständig erweitert und die kollegiale Zusammenarbeit verbessert sich häufig in einer kaum erwarteten Dimension. Auch können sich neue Kollegen und Kolleginnen umfassend orientieren und schnell einarbeiten bzw. im Vorwege erkennen, welche Erwartungen und unveränderlichen Ansprüche in dieser Einrichtung bestehen. Nach außen bietet die Kindertagesstätte mit einer professionell verfassten Konzeption und dem Qualitätshandbuch eine hohe Transparenz über die geleistete und zu leistende Arbeit. Den „Kunden", d. h. in erster Linie den Kindern und in zweiter Linie den Eltern, garantieren die Mitarbeiter/-innen spezifische, erlebbare Qualitätsstandards und damit eine große Verlässlichkeit. Die Konzeption dient als Grundlage für eine festgeschriebene Qualitätsbeschreibung, wobei das Qualitätshandbuch ständig fortgeschrieben wird. Dabei wird es mit einem Anhang, in dem Verfahrensanweisungen, Stellenbeschreibungen, Aufnahmebögen, Einstellungsverfahren und Beobachtungsbögen standardisiert werden, ergänzt.

### Qualität im Dialog

Auch wenn Kindertagesstätten auf der einen Seite seit 1972 einen gesetzlich verankerten und eigenständigen Erziehungs-, Bildungs- und Betreuungsauftrag besitzen und darüber hinaus durch weitere Grundlagen(texte) verpflichtet sind, bestimmte Aspekte einer elementarpädagogischen Qualität zu beachten, so darf eine Qualitäts- und Konzeptionsentwicklung auf der anderen Seite sicherlich nicht unter Ausschluss der Eltern passieren, zumal viele von ihnen einen hohen Anspruch auf eine gute pädagogische Qualität haben. Dabei wirken sich vor allem die folgenden Teilbereiche auf die unmittelbare pädagogische Qualität aus:

| Teilbereiche der pädagogischen Qualität in Kindertagesstätten | | |
| --- | --- | --- |
| **Pädagogische Grundlagen- und Orientierungsqualität** (z. B.: gesetzliche Grundlagen, wissenschaftliche Erkenntnisse) | **Pädagogische Strukturqualität** (z. B.: Aus- und Fortbildungsniveau der Erzieher/-innen; Gruppengröße) | **Pädagogische Prozessqualität** (z. B. didaktische Gestaltung der Arbeit; Interaktionsgeschehen, Kommunikationskultur) |

QM-Projekte kommen durch vielerlei Anstöße in Gang. Auf der einen Seite gibt es Träger von Kindertagesstätten und Landesverbände der freien Wohlfahrtspflege, die ein grundlegendes Interesse daran haben, dass ihre Einrichtungen ihre besondere Qualität unter Beweis stellen. Auf der anderen Seite fordern die unterschiedlichen Bildungsprogramme einzelner Bundesländer die Kindertagesstätten auf, QM-Prozesse in ihren Einrichtungen zu installieren. Es gibt aber auch Träger und Einrichtungen selbst, die sich abwartend, desinteressiert oder ablehnend bezüglich einer Qualitätssicherung verhalten. In diesem Fall hat es sich in der Praxis als förderlich erwiesen, wenn Eltern selbst – auch in Zusammenarbeit mit den elementarpädagogischen Fachkräften – die Initiative ergreifen und die Einführung eines Qualitätsmanagements fordern.

Die Erfahrung in einigen Gemeinden und Städten hat gezeigt, dass Eltern in zunehmendem Maße ein Interesse an einer Qualitätsentwicklung ihrer Kindertagesstätten zeigen. Dabei kommt es immer wieder zu Impulsfragen an Erzieher/-innen, durch die „ihre" Einrichtungen auf dem Weg zum Qualitätsmanagement und einer damit verbundenen Konzeptionserstellung/-überarbeitung unterstützt werden können. Eine Checkliste für qualitätsinteressierte Eltern hat sich in der Praxis als ein hilfreiches Instrument erwiesen, um einen konstruktiven Einfluss auf die Qualitätsentwicklung der Einrichtung zu nehmen (siehe Fragebogen).

**Fragebogen**
Qualitätsinteressierte Eltern können die nachfolgenden Impulsfragen an Erzieher/-innen zur Einführung oder Unterstützung des Qualitätsmanagements ihrer Kindertagesstätte einsetzen.

**Fragen zur Konzeption:**
- Nach welchem pädagogischen Ansatz wird in der Einrichtung gearbeitet?
- Welche besonderen Merkmale zeichnen diesen pädagogischen Ansatz besonders aus und warum wurde er wann in dieser Einrichtung eingeführt?
- Warum wird dieser pädagogische Ansatz favorisiert im Unterschied zu anderen Ansätzen?

- Seit wann gibt es eine pädagogische Konzeption? Wann wurde sie das letzte Mal überarbeitet? Worin liegt das Besondere dieser Konzeption?
- Welche beruflichen Werte der Erzieher/-innen bestimmen ihre eigenen beruflichen Sichtweisen und wie zeigen sie sich in der Praxis?

### Fragen zum Personal:

- Welche Visionen und Perspektiven bezüglich der Arbeit haben die Erzieher/-innen zurzeit?
- Wie hoch sind Engagement, Arbeitsmotivation, Lebendigkeit und Freude im Umgang mit den Kindern ausgeprägt?
- Wird die Arbeit regelmäßig und strukturiert reflektiert? Auf welche Art und Weise?
- Welche Fort- und Weiterbildungsmaßnahmen haben die Mitarbeiter/-innen in den letzten zwei Jahren besucht und welche praktischen Auswirkungen hat der Fortbildungsbesuch auf die Arbeitsgestaltung gehabt?

### Fragen zur Praxis der Elementarpädagogik:

- Wie sieht der Tagesablauf aus und wie begründet sich diese Aufbaustruktur?
- Wie entstehen pädagogische Projekte? Wie werden sie aufgebaut, durchgeführt und ausgewertet?
- Welche pädagogischen Projekte wurden im letzten Jahr durchgeführt und welche pädagogischen Projekte sind für das kommende Jahr vorgesehen?
- Beziehen sich die Projekte auf reale Lebenssituationen der Kinder?
- Wie werden Selbstständigkeit, Autonomie, Verantwortlichkeit und Initiative der Kinder praktisch angeregt und unterstützt?
- Geschieht die Arbeit aufgrund didaktischer Planung und methodischer Schrittfolgen? Welche Beispiele können hier genannt werden?
- Welche Regeln bzw. Normen bestimmen den Kindergartenalltag?

### Fragen zur Zusammenarbeit mit den Eltern:

- Werden regelmäßige Beobachtungsbögen zur Entwicklung der Kinder eingesetzt und werden die Ergebnisse regelmäßig mit Eltern besprochen?
- Wie werden Widerspruche und kritische Äußerungen der Eltern von den Erzieher/-innen aufgenommen?
- Können die Erzieher/-innen ihre Handlungsschritte fachlich begründet darlegen?
- Stehen alle Erzieher/-innen den Fragen, Anregungen und kritischen Äußerungen der Eltern offen und interessiert gegenüber?
- Erfahren die Eltern praktische Hilfestellungen bei Erziehungsfragen?
- Werden alle wichtigen und notwendigen Informationen für Eltern regelmäßig und umfassend weitergegeben?
- Schaffen es die Erzieher/-innen, die Eltern für den Kindergarten, die (Mit-)Arbeit zu begeistern?

**Fragen zur Qualitätssicherung**

- Beteiligen sich die Mitarbeiter/-innen an der europaweiten Qualitätsoffensive?
- Welche Qualitätsinstrumentarien sind den Erziehern und Erzieherinnen bekannt?
- Welche Qualitätsinstrumentarien werden abgelehnt? Aus welchen Gründen?
- Für welches Qualitätsmanagement hat sich die Kindertagesstätte entschieden? Warum?
- Welche Qualitätsbereiche wurden bisher bearbeitet mit welchem Ergebnis?
- Welche Qualitätsbereiche stehen als nächste zur Bearbeitung an?
- Gibt es ein Qualitätshandbuch?
- Was hat die Qualitätsevaluation bisher an praktischen Veränderungen mit sich gebracht? Welche Beispiele sind besonders wichtig?

# Kapitel 3

## Erstellung einer Konzeption

*Sorge dich nicht, wohin dich der einzelne Schritt führt –*
*nur wer weit blickt, findet sich zurecht.*

(Dag Hammarskjöld)

Die Erstellung einer einrichtungsinternen Konzeption ist immer ein mühevoller, aber lohnender Weg, sich mit sich selber und in Zusammenarbeit mit den Kollegen und Kolleginnen daran zu begeben, sich über die eigene Arbeit stetig klarer zu werden und am Profil der Arbeitsstelle zu arbeiten.

Mühevoll bedeutet im Einzelnen, dass
- Widersprüche offen diskutiert werden (müssen),
- Einstellungen und Arbeitseinschätzungen bestätigt, aber auch verworfen werden (können),
- der Zeitaufwand als belastend und unnötig erlebt werden kann,
- verdeckte Konflikte offen zutage treten (können),
- jeder Mitarbeiter/jede Mitarbeiterin gefordert ist, Stellung zu beziehen,
- Wissenslücken offenbart werden (können),
- heimliche Regeln – Alltagsmuster – zur Sprache kommen (können/müssen) und
- schließlich die Mitarbeiter/-innen immer deutlicher durch ihren aktiven Gedankenaustausch zu einem Team zusammenwachsen.

Eine Einrichtungskonzeption ist das Produkt der eigenen Leistung, weil die Inhalte individuell zusammengetragen, diskutiert, von verschiedenen Seiten erörtert, verworfen oder bestätigt werden und sie damit das Ergebnis einer inhaltlichen Suchphase darstellen.

Eine Konzeption zu erstellen verlangt:

- Mut, weil es um persönliche und fachliche Auseinandersetzungen geht,
- Risikofreude, weil es um die Offenlegung eigener (In-)Kompetenzen und Profilierung geht,

- Belastbarkeit, um den anderen – auch bei noch so ungewohnten Gedankengängen – zuzuhören, ohne vorschnell zu bewerten,
- Neugierde, andere Sichtweisen zu verstehen und nachvollziehen zu wollen,
- Interesse an Fachauseinandersetzungen, um neue Sinnzusammenhänge zu entdecken und Vernetzungen herzustellen,
- Wertschätzung, Beiträge anderer mit Zeit zu reflektieren,
- Selbstdisziplin, abgesprochene Regeln und Strukturen zu beachten,
- klare Stellungnahmen, um aus einer Grauzone inhaltlich fließender Aussagen herauszufinden,
- Motivation im Hinblick auf eine Suche nach Lösungen, ohne zu schnell bei Misserfolgen zu resignieren,
- Offenheit, das zu sagen, was auch gedacht wird,
- Entscheidungsfreude, sich bei Abstimmungen und Formulierungen für *oder* gegen etwas auszusprechen,
- Konzentration, um bei wesentlichen Diskussionspunkten „am Ball zu bleiben",
- genaues Zuhören, um Widersprüche offenzulegen,
- Kraft, um mit Ausdauer ein Ergebnis erreichen zu wollen/zu können.

Eine Erhebung unter Kindergärten, die sich an den mühevollen Weg einer Konzeptionserarbeitung oder -überarbeitung herangewagt haben, zeigte daher zwei unterschiedliche Herangehensweisen: Die einen bereiteten die Möglichkeit vor, selbst eine Konzeption zu erstellen/zu reflektieren, die anderen nahmen dabei einen weitaus leichteren Weg auf sich: Sie schrieben andere sozialpädagogische Einrichtungen an, von denen sie wussten, dass diese schon eine Konzeption erarbeitet hatten, und besprachen diese auf ihren Mitarbeiter(innen)sitzungen, äußerten ihr Missfallen/ Gefallen an einzelnen Aussagen und übernahmen dann Teile aus dieser Fremdkonzeption für die eigene Formulierung. Oder – was noch bedenklicher ist – es wurde z. B. der Weg gewählt, dass sich die Leiter/-innen von Einrichtungen in ihr Büro zurückzogen und *für* „ihre Mitarbeiter/-innen" eine Konzeption verfasst haben.

Mit den letzten beiden Beispielen ist der Sinn einer Konzeptionserarbeitung oder -überarbeitung völlig zunichte gemacht. Schließlich liegt die Bedeutung einer Konzeptionserarbeitung oder -überarbeitung in der Beteiligung aller(!), sodass Gedankengänge und Entscheidungen nachvollzogen werden können und eigene Sachkompetenzen zur Entwicklung der Konzeption eingebracht/genutzt werden. Sicherlich – um bei einem Bild zu bleiben – ist es schon verlockend, sich an ein vorbereitetes Büffet zu setzen und sich verwöhnen zu lassen, doch weiß man die Speisen noch besser zu schätzen, wenn man selber an der Herstellung eines wunderschönen Büfetts aktiv beteiligt war. Die im obigen Teil vorgenommenen Merkmale, was von den Mitarbeitern und Mitarbeiterinnen bei einer Konzeptionserstellung „verlangt" wird, dienen an dieser Stelle sicherlich nicht der Entmutigung; vielmehr geht es darum, sich von

Anfang an mit offenen Augen und einem klaren Blick auf die Anforderungen einzustellen, um die dafür veranschlagten Zeiträume nicht verstreichen zu lassen, sondern intensiv zu nutzen.

Jede Mitarbeiterin/jeder Mitarbeiter, die oder der schon an einer qualitativen Einrichtungskonzeption gearbeitet hat, weiß um die Anforderungen, die eine solche Tätigkeit abverlangt. Gleichzeitig macht es aber auch zufrieden und glücklich, am Schluss einer Konzeptionserarbeitung oder -überarbeitung das fertige Produkt in Händen zu halten.

Das schweißt Mitarbeiter/-innen zusammen, lässt die teilweise hohen Anspannungen während der Arbeit vergessen und vermittelt allen ein großes Maß an Stolz, ist es doch gewissermaßen ein „eigenes Buch" der Einrichtung, das die Mitarbeiter/innen geschrieben haben. Darin unterscheidet sich die Erstellung einer Konzeption auch von anderen gemeinsamen Aktivitäten: Bei gemeinsamen Festen und Feiern steht neben dem Lustprinzip auch die Verpflichtung für die Sorge eines eher „reibungslosen" Ablaufes; bei Ausflügen wird häufig Wert auf das „soziale Miteinander" gelegt und bei gemeinsamen Projekten steht der Ablauf im Vordergrund.

Konzeptionserarbeitung oder -überarbeitung verbindet alle Elemente:

- Freude und Frust
- Stolz und Angst,
- Ich-Orientierung und Sozialausrichtungen,
- Engagement und Zurückhaltung,
- Inhaltsdiskussionen und Beziehungskämpfe,
- Kraft und Schwäche,
- Bestätigung und Ablehnung,
- Freude und Ärger,
- Aufregung und Langeweile,
- Anspannung und Erholung,
- Motivation und Abwehr.

Keine Form der Fort- oder Weiterbildung, keine Art der Auseinandersetzung in der Mitarbeiter(innen)gruppe und keine inhaltliche Qualitätssuche in der Arbeit vereinigt so viele Erfahrungen auf einmal wie eine zielgerichtete Konzeptionserarbeitung oder -überarbeitung. Es ist daher ausgesprochen schade, wenn Mitarbeiter/-innen sich dieses Erlebnis entgehen lassen, und es ist ausgesprochen hilfreich, wenn Mitarbeiter/-innen diese Erfahrung zulassen, unternehmen sie damit doch den gleichen Versuch wie Kinder in ihrem Alltag, Klarheit in ihrem Leben zu gewinnen. Was Kinder damit täglich auf sich nehmen, sollte für pädagogische Fachkräfte eine selbstverständliche Verpflichtung sein.

## 3.1 Vorbereitung einer Konzeptionserarbeitung durch die Mitarbeiter/-innen

Da eine Konzeptionserarbeitung oder -überarbeitung eine arbeitsintensive, anstrengende und zeitfordernde Tätigkeit ist, kann sie nicht „einfach zwischen Tür und Angel" geplant und durchgeführt werden, sondern braucht bestimmte Vorüberlegungen, damit gesetzte Ziele im Hinblick auf Umfang und Qualität erreicht werden können. Bei genauerem Hinsehen beginnt eine Konzeptionserarbeitung oder -überarbeitung nicht erst mit dem Sammeln und Diskutieren der einzelnen Inhaltsbereiche, sondern sie fängt schon mit dem intensiven Vorbereiten selbst an, gilt es schon an dieser Stelle, Einigungen zu erzielen.

Folgende Fragen sollten daher rechtzeitig geklärt werden:

- Aspekt der anwesenden/mitarbeitenden Personen
  - Arbeiten alle festangestellten Mitarbeiter/-innen der Einrichtung mit?
  - Besteht der (berechtigte) Anspruch, dass auch Praktikanten und Praktikantinnen dabei sein werden?
  - Ist es sinnvoll, auch das „technische Personal" einzuladen oder verbindlich aufzufordern, dabei zu sein (Reinigungskräfte/Hausmeister/ggf. Busfahrer/innen)?
  - sollen externe Honorarkräfte, die in der Einrichtung tätig sind, dabei sein?
  - wird die Mitarbeit von Elternvertretern/-vertreterinnen gewünscht?
  - sollen Trägervertreter/-innen mitarbeiten?
    (Anmerkung zu den beiden letzten Punkten: Es ist sicherlich immer dann sinnvoll, Eltern- und Trägervertreter/-innen dabeizuhaben, um sie an allen Gedanken und Entscheidungsüberlegungen zu beteiligen. Dies allerdings nur, wenn das Team sich in bestimmten Grundsatzfragen einig ist. Problematisch wird es, wenn Machtauseinandersetzungen in der Mitarbeiter(innen)gruppe zu erwarten sind, sodass Eltern- und Trägervertreter/-innen interne Auseinandersetzungen mitbekommen und dadurch u. U. eine notwendige Offenheit verhindern [können].)
- Aspekt der externen Hilfe/Beratung
  - Soll die Konzeptionserarbeitung oder -überarbeitung alleine *oder* mit fremder Hilfe vorgenommen werden?
  - Welche Personen kämen bei einer Begleitung/Beratung infrage? (Referenten von Fort-/Weiterbildungsinstitutionen, Lehrkräfte aus Fachschulen, Fachberater/-innen)
  - Wie unabhängig sollten/müssen Referent/-innen vom Träger/von Einrichtung sein, um objektive Hilfe zu gewährleisten?
  - Welche Auswahlkriterien bestehen im Hinblick auf die Wahl der Referenten/Referentinnen und Fachberater/-innen?

- Aspekt der Zeit
  - Ist es sinnvoll, wöchentliche Team-/Mitarbeiter(innen)besprechungen zur Überarbeitung/Erarbeitung einer Konzeption zu nutzen? (Zerrissenheit kontinuierlicher Arbeit)
  - Soll an Wochenenden oder an Abenden gearbeitet werden? (Freizeit-/Überstunden-/Mehrstundenregelung)
  - Kann der Kindergarten z. B. eine einwöchige Schließzeit arrangieren, um zeitverbunden an einem Stück zu arbeiten?
  - Wann sollen die Konzeptionserarbeitungs- oder -überarbeitungtage stattfinden und über welchen genauen(!) Zeitraum?
  - Ist es gewährleistet, dass an diesen Tagen *alle* Kollegen und Kolleginnen anwesend sein können?
- Aspekt des Ortes
  - Soll die Konzeptionserarbeitung oder -überarbeitung im Kindergarten stattfinden (mit all den möglichen Störungen wie z. B. das Telefon oder Eltern, die für sie wichtige Dinge klären wollen)?
  - Kann ein Raum im Gemeindehaus genutzt werden?
  - Was spricht dafür/dagegen, in einer großen Wohnung einer Kollegin oder eines Kollegen zu arbeiten (Verknüpfung Beruf und Privatheit)?
  - Ist es möglich, sich für die Zeit in eine Tagungsstätte zurückzuziehen, um eine notwendige Arbeitsatmosphäre herzustellen?
  - Wie hoch wären die Kosten für Unterkunft und Verpflegung bei einer externen Unterbringung?
  - Ist es möglich, in der Zeit der Konzeptionserarbeitung oder -überarbeitung ein Ferienhaus günstig anzumieten (mit Selbstverpflegung)?
- Aspekt der Regelung für Kinder
  - Soll in der Zeit einer Konzeptionserarbeitung oder -überarbeitung der Kindergarten ganz geschlossen werden?
  - Soll/kann/muss eine sogenannte „Notgruppe" eingerichtet werden?
  - Ist es möglich, dass bei einer Institutionsschließung ein Elterndienst organisiert werden kann? (Das betrifft sowohl die Betreuung der „Notkinder" im Kindergarten als auch eine private Mitnahme der Kinder berufstätiger Eltern in andere Familien von Kindergartenkindern.)
  - Können Kollegen und Kolleginnen aus anderen Kindergärten Vertretung machen?
- Aspekt der Eltern(vor)information
  - Wie sieht die Information der Eltern zur Konzeptionserarbeitung oder -überarbeitung genau aus?
  - Wie rechtzeitig und bis wann müssen die Eltern im Vorwege über die notwendigen Regelungen informiert werden bzw. wie können die Eltern im Sinne einer hilfreichen Zusammenarbeit in die Vorplanungen miteinbezogen werden?
  - Welche Möglichkeiten der Mitarbeit bestehen (von der Teilnahme bis zur Versorgung mit Speisen)?

- Aspekt der Träger(vor)information
  - Wann soll/muss mit dem Träger Kontakt aufgenommen werden, um ihn über die Konzeptionserarbeitung oder -überarbeitung zu informieren?
  - Welche Möglichkeiten hat der Träger, die Zeit der Konzeptionserarbeitung oder -überarbeitung als Über- bzw. Mehrstunden – falls notwendig – anzurechnen?
  - Können/sollen/müssen die Zeiten als Fortbildungstage angerechnet werden?
  - Wie sieht der Wunsch der Mitarbeiter/-innen aus, den Träger an der Konzeptionserarbeitung oder -überarbeitung inhaltlich/zeitlich zu beteiligen?
  - Wer informiert den Träger über die Tragweite/Bedeutung der Konzeption?
  - Welche Kosten können vom Träger übernommen werden?
- Aspekt der Vorbereitung der Mitarbeiter/-innen
  - Sollen im Vorwege andere Kindergärten besucht werden, um Eindrücke über andere Arbeitsweisen zu erhalten?
  - Sollen im Vorwege Konzeptionen aus anderen Einrichtungen angefordert und gelesen werden?
  - Ist es ratsam, im Vorwege Mitarbeiter/-innen aus anderen Einrichtungen, die schon eine Konzeption erarbeitet haben, einzuladen und sich von den Erfahrungen berichten zu lassen?
  - Muss im Vorwege bestimmte Fachliteratur gelesen werden?
  - Welches Arbeitsmaterial (z. B. Karteikärtchen, große, weiße Papierbögen, Scheren, Klebestreifen, verschiedenfarbige Filzstifte ...) ist notwendig und wer besorgt es?
  - Wer organisiert die Verpflegung für die Zeit der Konzeptionserarbeitung oder -überarbeitung?
  - Was ist im Privatbereich der einzelnen Mitarbeiter/-innen für die Zeit zu regeln/zu organisieren?
- Aspekt der möglichen Gesamtkosten
  - Honorar- und Fahrtkosten für den Referenten/die Referentin;
  - Kosten für mögliche Vertretungskräfte;
  - Kosten für das Arbeitsmaterial;
  - Kosten bei einer externen Unterbringung: Raummiete, Unterkunft, Verpflegung, Fahrtkosten;
  - mögliche Kosten für den Druck der Konzeption (Gestaltung, Folien, Druckauflagen ...)
- Aspekt der Prioritätensetzung
  - Welche Vorhaben/Projekte sollen/müssen/können in der Zeit der Konzeptionserarbeitung oder -überarbeitung zurückgestellt werden?
  - Welche Vorhaben/Projekte müssen unbedingt auch neben der Konzeptionserarbeitung oder -überarbeitung beachtet und weitergeführt werden?

Erst wenn alle Fragen gemeinsam in der Mitarbeiter(innen)runde sorgsam besprochen und geklärt wurden, sollte die Konzeptionserarbeitung oder -überarbeitung eingeleitet werden.

So zeigt(e) sich immer wieder in der Praxis, dass bei einer guten, strukturierten und rechtzeitigen Vorbereitung der Grundstein für den Erfolg einer Konzeptionserarbeitung oder -überarbeitung gelegt wird. Alle „Eventualitäten" können sicherlich nicht ausgeräumt werden, doch erreicht eine Vorbereitung immerhin eine deutliche Minimalisierung von Irritationen oder Enttäuschungen.

Bei der Zeitplanung ist darauf zu achten, dass bei längeren, aufgeteilten Treffen die Zeitspanne nicht zu lang sein darf. Dann nämlich sinkt die Motivation vieler Mitarbeiter/-innen zu Recht (Aussage: „Schon wieder unsere Konzeption. Gibt es denn nichts anderes als nur das?"), sodass *immer* – falls möglich – ein Zeitblock (z. B. von fünf Tagen) vorzuziehen ist. Die Aussage mancher Mitarbeiter/-innen, „das gehe nicht", kann so nicht ohne Widerspruch hingenommen werden, zumal es immer einen Versuch wert ist, auch *neue* Arbeitsformen zur Verbesserung der Qualität zu probieren und fachorientiert beim Träger durchzusetzen.

Dasselbe gilt für die Entscheidung, in einer Tagesstätte arbeiten zu wollen oder sich für die Zeit der Konzeptionserarbeitung oder -überarbeitung in einem Ferienhaus einzumieten. Einerseits bringt diese Abgeschlossenheit vom eigenen Alltag ein hohes Maß an Konzentration mit sich, auf der anderen Seite schweißt es eine Mitarbeiter(innen)gruppe ein weiteres Stück zu einem Team zusammen. Unverständlich, ja ärgerlich wird es für arbeitsmotivierte Kollegen/innen, wenn sich *einzelne* Mitarbeiter/-innen z. B. *gegen* eine externe Tagungsstätte aussprechen bzw. dort nicht übernachten wollen, weil es aus ihrer Sicht viele Gründe gibt, die dagegen sprechen (Versorgung der Kinder/des Partners/der Haustiere usw.). Solche Gründe haben erst dann ihre Berechtigung, wenn *alle* Möglichkeiten ausgeschöpft wurden, eine Lösung zu finden, und tatsächlich keine Klärung gefunden werden konnte. So können sich selbstverständlich Freundinnen/Freunde oder der Ehepartner bzw. die Eltern für die Zeit um die Kinder kümmern, Nachbarn können die Haustiere versorgen und Partner können auch einmal ohne ihre Partnerin für einen begrenzten Zeitraum auskommen. Nicht umsonst heißt es im Volksmund:

*Nicht können heißt nicht wollen.*

## 3.2 Schrittfolgen zur Erstellung einer qualitätsgeprägten Konzeption

Haben sich die Mitarbeiter/-innen entschieden, eine Konzeption zu erstellen, so ist der Erfolg einer guten Konzeption auch davon abhängig, wie strukturiert und geplant der Ablauf in seinen Einzelschritten aufeinander aufgebaut ist. Im folgenden Teil wird eine Übersicht vorgestellt, die sich seit vielen Jahren bewährt hat. Dennoch ist den einzelnen Mitarbeiter(innen)gruppen selbstverständlich die Möglichkeit gegeben, eigene Schrittfolgen zu wählen.

A) Aus den Vorüberlegungen zum Konzeptionstext

  a) Erörterung der Arbeitsbedingungen in der Einrichtung, Austausch über Zufriedenheit und Unzufriedenheit mit bestimmten Eckwerten und Diskussion über Veränderungswünsche/-möglichkeiten im Sinne einer Perspektivschau.

  Erörterung des gesetzlichen Auftrags der Kindertagesstätte anhand des Kinder- und Jugendhilfegesetzes, des Kindertagesstättengesetzes des betreffenden Bundeslandes und dessen Ausführungsbestimmungen sowie der Bildungsrichtlinien/Orientierungspläne.

  Erörterung des Auftrags/der Erwartungen des Trägers und offene Diskussionen über Zustimmungen und Ablehnung bestimmter Punkte.

  b) Sammlung gesellschaftlicher Einflussfaktoren, die ihre besonderen Auswirkungen auf Kinder haben (Kindheiten heute) sowie Erörterung der familiären Situationen.

  Beschreibung des Lebensumfeldes und der Lebensbedingungen der Kinder vor Ort unter Berücksichtung der familiären Lebens- und Arbeitsverhältnisse.

  Bestandsaufnahme der häufigsten Schwierigkeiten, die Kinder in ihrem Verhaltensrepertoire haben und in der Kindertagesstätte zum Ausdruck bringen; Verstehen der Bedeutung der Symbolik dieser Verhaltensweisen und Erörterung der Frage, *was Kinder* und *Eltern brauchen*.

  Vergleich der Punkte dessen, was Kinder und Eltern brauchen mit einer Bestandsaufnahme der Arbeit der letzten Monate im Hinblick darauf, was Kinder und Eltern bezüglich ihrer Bedürfnisse und Interessen tatsächlich erhalten haben.

  c) Festlegung grundsätzlicher Ziele, Aufgaben und Schwerpunkte, die bei der gesamten Konzeptionserarbeitung oder -überarbeitung Berücksichtung finden sollen/müssen.

  d) Sammlung von Oberbegriffen (Überschriften), die als inhaltliche Schwerpunkte in der Konzeption ausgeführt werden sollen. So z. B.:
  – Vorwort
  – Auftrag (Aufgabe) der Kindertagesstätte
  – pädagogischer Ansatz
  – Religionspädagogik (bei konfessionellen Trägern)
  – Kinder im Mittelpunkt
  – (besondere Schwerpunkte)
  – Bedeutung und Stellenwert des Spiels
  – Erzieher/-innen
  – Zusammenarbeit der Mitarbeiter/innen
  – Zusammenarbeit mit Eltern

- Zusammenarbeit mit dem Träger
- Zusammenarbeit mit Fachdiensten/Institutionen
- Öffentlichkeitsarbeit
- Anleitung/Beratung von Praktikanten und Praktikantinnen
- Fort-, Weiter- und Zusatzausbildung
- Rahmenbedingungen
- Nachwort
- Literaturverzeichnis ausgewählter Grundlagenbücher

e) Anheften dieser Oberbegriffe an eine freie Wand und Sammlung von Wörtern/ Kurzsätzen zu den einzelnen Überschriften. Anbringen der eigenen Ergänzungen unter die jeweiligen Oberbegriffe, sodass sie von allen gesehen/gelesen werden können.

f) Besprechung der gesammelten Wörter/Begriffe/Sätze und Überprüfung ihres Aussagewertes.

g) Im Anschluss an die abgeschlossene Besprechung: Formulierung eines ersten Konzeptionsentwurfs.

h) Klärung unter den Mitarbeitern und Mitarbeiterinnen, wer diesen ersten Entwurf in den PC eingibt/ausdruckt und erneut zur Besprechung vorlegt.

i) Besprechung des ersten Entwurfs und Durchführung möglicher Korrekturen.

j) Weitergabe des ersten Konzeptionsentwurfs an den Träger mit der Bitte um Stellungnahme innerhalb eines vorgegebenen Zeitrahmens.

k) Gemeinsames Treffen mit dem Träger und Besprechung des ersten Konzeptionsentwurfs.
Bei Unstimmigkeiten/Änderungswünschen ggf. Erstellung eines korrigierten ersten Entwurfs.

l) Weitergabe dieses Konzeptionsentwurfs an die Elternvertreter/-innen mit der Bitte um Stellungnahme innerhalb eines vorgegebenen Zeitrahmens.

m) Gemeinsames Treffen mit den Elternvertretern und-vertreterinnen und Besprechung der Inhalte.
Bei Unstimmigkeiten/Änderungswünschen/Ergänzungswünschen ggf. in einer Eltern-/Träger-/Mitarbeiter(innen)konferenz zur Klärung kommen.

n) Erstellung des fertigen Entwurfs in druckfertiger Reinschrift.

B) Vom fertigen Konzeptionsentwurf zum Druck

o) Unterschrift und Siegelung des Trägers auf der letzten Innenseite der Konzeption;
Unterschrift der Mitarbeiter/-innen;
Unterschrift der Elternvertreter/-innen

p) Absprache zur Gestaltung der Konzeption (Klärung zum Layout).

r) Festlegung der Auflagenhöhe.

s) Preisvergleiche in Druckereien und Angebote einholen.

t) Erteilung des Druckauftrags an die ausgewählte Druckerei (Diskussion der Möglichkeit der Finanzierung über Sozial-Sponsoring).

C) Vom Konzeptionsdruck zur Öffentlichkeitsarbeit
u) Verteilen der Konzeptionen an alle Eltern.
v) Verteilen/Verkauf der Konzeptionen an andere Einrichtungen.
w) Verteilen der Konzeptionen an alle Fachdienste, die mit dem Kindergarten in Beziehung stehen.
x) Bekanntgabe der Gültigkeit der Konzeption vom jetzigen Zeitpunkt an.

D) Arbeit mit der Konzeption
y) Erprobung der Konzeption und regelmäßige Zwischensitzungen mit dem Ziel, Erfahrungen auszutauschen, mögliche Korrekturwünsche zu äußern, Bestätigungen vorzunehmen.
z) Die Gesamtgültigkeit der Konzeption unterstreichen oder Anmerkungen zur Veränderung bei einer erneuten Konzeptionsüberarbeitung festhalten und in einem Ordner sammeln.

Der Zeitraum einer Konzeptionserarbeitung ist von dieser Stelle aus schwer einzuschätzen, ist er doch von der Arbeitsintensität und besonderen Bedingungen abhängig.

Beispiele aus der Praxis zeigen, dass durchschnittlich sechs bis 15 Monate Zeit gebraucht werden, ehe eine Konzeption als Druck vorliegt.

Sicherlich ist es nicht immer notwendig, eine Konzeption in einer Druckerei herstellen zu lassen. So ist es eine Frage der Kosten und des Anspruches bezüglich des „äußeren Erscheinungsbildes". Wenn eine Konzeption mit „Bordmitteln" veröffentlicht werden soll/muss, dann schaffen es auch gute Ausdrucke aus einem PC.

Was allerdings wenig stilvoll wirkt und der intensiven Arbeit einer Konzeptionserstellung nicht gerecht wird, ist ein sorgloses Kopieren eines Entwurfs. Selbst beste Inhalte kommen dadurch nicht angemessen zur Wirkung und nehmen damit der Bedeutung einer Konzeption den (vollständigen) Wert.

Zwei Anmerkungen zum Schluss:

1. Bei der Bindung einer Konzeption gibt es verschiedene Formen: Zum einen bietet sich eine Spiralbindung an (Vorteil: Bestimmte Seiten können bei nachträglichen Korrekturen einfach ausgetauscht werden), zum anderen gibt es die Heftbindung. Sie wirkt ansprechend wie ein kleines Büchlein. Ein Zusammenheften mit einem „Klam-

meraffen" oder mit einer Plastikschiene wirkt – mit Verlaub gesagt- stillos und primitiv.

2. Bei der Umschlaggestaltung sollte Wert darauf gelegt werden, dass schon vom ersten Eindruck an Neugierde provoziert und eine deutliche Ansprechbarkeit realisiert wird.

## 3.3 Arbeitsweisen und Methoden – Vorschläge für eine direkte Umsetzung

Bei der Sammlung und Formulierung der vielen Begriffe/Kurzsätze zu den Überschriften einer Konzeption ist es sinnvoll, bestimmte Arbeitsweisen und Methoden zu beachten.

a) Zunächst sollten alle Mitarbeiter/-innen von dem Zeitpunkt an, in dem die Überschriften gut lesbar und sichtbar (z. B. auf DIN-A4-Blättern) an einer großen Wand nebeneinandergehängt wurden, einen Halbkreis mit ihren Stühlen darum bilden und ihre Gedanken auf kleine Karteikärtchen schreiben.

b) Während der Sammlung der Gedanken sollte möglichst *nicht* gesprochen werden. Das mag sich auf der einen Seite sehr dirigistisch anhören, ist es aber bei näherem Betrachten nicht, *weil* es einen tieferen Sinn beinhaltet. Bei jedem Brainstorming/Brainwriting ist es ausgesprochen hilfreich, wenn die Gedanken *frei* fließen können, ohne dass Einwürfe oder Unterbrechungen eigene Gedankengänge immer wieder zerstören.

c) Jede Mitarbeiterin/jeder Mitarbeiter hat bei der Sammlung/dem Aufschreiben ihrer/seiner Punkte das Recht, auch wirklich das schriftlich festzuhalten, was ihr/ihm wichtig ist! Es geht nicht darum, zunächst nur das Machbare zu fixieren, sondern auch Fantasien – selbst wenn sie sehr ungewöhnlich klingen können – zu Papier zu bringen. Auseinandersetzungen und Kommentare erfolgen erst zum Abschluss dieser Suchphase.

d) Die Karteikärtchen sollten nach der Beschriftung möglichst schnell unter den entsprechenden Oberbegriff aufgehängt werden, damit die anderen Mitarbeiter/-innen durch das Lesen vielleicht zu neuen Gedanken angeregt werden.

e) Die Karteikärtchen sollten möglichst weiß – ohne Linien oder Kästchen – sein, damit die Schrift gut zu erkennen ist.

f) Jede Mitarbeiterin/jeder Mitarbeiter sollte *eine* bestimmte Farbe zum Aufschreiben nutzen, damit die Schreiber/-innen bei der Besprechung schnell gefunden sind. Auch das mag sich vielleicht ungewöhnlich anhören, doch hat sich in der Praxis gezeigt, dass z. B. bei bis zu fünfzig Begriffen unter *einer* Überschrift der Überblick durchaus verloren gehen kann.

g) Als Schreibstifte kommen am besten kräftige Filzer infrage. Sie sind auch in einiger Entfernung von den Mitarbeitern und Mitarbeiterinnen noch gut zu lesen.

h) Doppelte Kärtchen sollten zwischen der Beendigung des Brainstormings/Brainwritings nicht sofort abgenommen werden, weil es durchaus möglich sein kann, dass mit gleichen Begriffen unterschiedliche Aussagen gemeint waren/sind.

i) Bei der Besprechung der Kärtchen wird Begriff für Begriff bzw. Kurzsatz für Kurzsatz von der Person erklärt, die den jeweiligen Text auf das Kärtchen geschrieben hat. Danach werden Beispiele und Erfahrungen, Fragen oder Anmerkungen vorgenommen, um so die tiefe Bedeutung der Aussage zu qualifizieren.

j) Kärtchen, die von den Mitarbeitern und Mitarbeiterinnen als überflüssig/nicht zutreffend beurteilt werden, können abgenommen oder deutlich sichtbar durchgestrichen werden.

k) Sofern ein Begriff/ein Kurzsatz mit Inhalt gefüllt wird, ist es hilfreich, wenn entsprechende Ergänzungen auf dem Kärtchen hinzugefügt werden. Diese bilden dann später die Grundlage für die Textformulierungen.

l) Die Besprechung jedes einzelnen Kärtchens benötigt Zeit, um den Gehalt der Aussagen auch zu erfassen. Die Praxis zeigt immer wieder Beispiele, dass gerade „übliche, gebräuchliche Begriffe/Wörter" zu schnell als erledigt behandelt werden. So sind Wörter/Begriffe wie „kindorientiert", „Offenheit der Mitarbeiter/-innen", „Ehrlichkeit", „Akzeptanz der Eltern" usw. schnell mit einer Zustimmung versehen, doch gilt es besonders hier, die Konsequenz derartiger Aussagen deutlich und mit Beispielen auszuführen. Wenn es etwa heißt: „Die Bedürfnisse der Kinder werden akzeptiert" – wie sieht es dann in der Praxis mit dem Bedürfnis von Kindern aus, andere zu schlagen/zu würgen? Oder wenn es heißt: „Kinder haben das Recht, ihre Gefühle zu zeigen" – wie sieht es mit der Akzeptanz aus, wenn Kinder laut schreiend, und das für lange Zeit, durch den Gruppenraum/den Flur laufen und ihrem Ärger auf diese unüberhörbare Art ihren freien Lauf lassen?

Die Nutzung dieser DIN-A6-Kärtchen hat gegenüber anderen Papierblättern den großen Vorteil, dass sie später umgehängt werden können und nicht wie auf einem Papier mit ungezählten Pfeilen und Anmerkungen schnell unübersichtlich werden.

Nachdem alle Kärtchen besprochen wurden, entscheidet die Gesamtgruppe, ob die Formulierung zum ersten Konzeptionsentwurf in der großen Gruppe oder in Teilgruppen/In Einzelarbeit vorgenommen wird.

Aus zeitökonomischen Gründen bietet sich die Formulierung in Kleingruppen an. Dabei finden sich entweder Mitarbeiter/-innen zusammen, die gerne miteinander arbeiten möchten, *oder* die Aufteilung wird nach dem Kriterium gewählt, dass Mitarbeiter/-innen, die eher wenig zusammenarbeiten, nun gemeinsam an die Formulierung gehen. Beide Möglichkeiten haben ihre besonderen Vorteile. Auf folgende Punkte sollte dann geachtet werden:

a) Sind die Teilgruppen zusammengestellt, werden die Oberbegriffe mit den dazuge-hörenden Begriffs-/Satz-/Inhaltskärtchen von der Wand abgenommen und auf die Teilgruppen verteilt.

b) Die Verteilung kann nach Interessengebieten *oder* nach dem Grad der Schwierig-keit vorgenommen werden.

c) Es ist darauf zu achten, dass ein ungefähres Gleichgewicht der Verteilung auf alle beachtet wird. Gerade „unbeliebte" Punkte – in der Praxis sind es häufig die Überschriften „Öffentlichkeitsarbeit" oder „Zusammenarbeit mit dem Träger" – sollten nicht mit einem verlegenen Blick auf den Boden übersehen werden. Hier kann z. B. ein Bezug auf die Aussage zur „Zusammenarbeit der Mitarbeiter/-innen" genommen werden, wenn es dort etwa heißt, dass „Mithilfe untereinander und Selbstverantwortung" feste Bestandteile der Teamarbeit sind. Theorie und Praxis – ein Widerspruch?

d) Die Mitarbeiter/-innen legen einen bestimmten Zeitrahmen für die Kleingruppen-arbeit fest. Je nach Größe der Mitarbeiter(innen)gruppe und der Anzahl der Über-schriften beträgt die Zeitspanne zwischen vier und sechs Stunden.

e) Die Vorformulierung sollte auf DIN-A4-Blättern aufgeschrieben werden, wobei die Blätter in der Mitte geknickt sind. Die eine Hälfte kann dann beschrieben werden, die andere (freie) Hälfte dient späteren Anmerkungen und Ergänzungen.

f) Treffen sich die Kleingruppen wieder im Plenum, hat sich folgendes Vorgehen in der Besprechung als besonders hilfreich erwiesen:
   – Zunächst liest ein Mitarbeiter/eine Mitarbeiterin aus der Kleingruppe – güns-tig ist dabei die Beachtung der Reihenfolge der Überschriften, so wie sie nach-her auch in der Konzeption erscheinen – den Entwurf seines/ihres Textes vor, ohne von den zuhörenden Kollegen und Kolleginnen unterbrochen zu werden.
   – Nach Abschluss des Vorlesens geben die übrigen Mitarbeiter/-innen ihren ersten Eindruck wieder.
   – Anschließend wird der Textentwurf noch einmal Satz für Satz vorgelesen, wobei Anmerkungen, Satzumstellungen, Korrekturen oder Ergänzungen vorge-nommen werden können.
   – Ist der Textentwurf korrigiert, wird vor Beginn des nächsten Textentwurfs noch einmal die jetzige Fassung vorgelesen und abschließend bestätigt.

Dieses Vorgehen wird bei allen Kleingruppen wiederholt. Zum Schluss einigt sich die Mitarbeiter(innen)gruppe, welche Literaturangaben in die Konzeption aufgenommen werden. Es versteht sich von selbst, dass dabei nur die Bücher Berücksichtigung fin-den, die den Mitarbeitern und Mitarbeiterinnen bekannt sind und die in ihrer Aussa-gekraft von allen getragen werden (können). Da es sich in der Praxis gezeigt hat, dass solche Buchhinweise nicht nur einen „kosmetischen Charakter" besitzen, ist es für die Leser/-innen der Konzeption hilfreich, wenn neben den Autoren und Autorinnen sowie den Titeln auch die Verlage und Jahreszahlen angegeben sind.

# Kapitel 4

## Hinweise und Hilfestellungen zu den einzelnen Schwerpunkten

*„Nur wer weiß, was er will und was er tut,*
*setzt die Schwerpunkte seiner Ziele um*
*und wird gleichzeitig professionell dagegensteuern,*
*in Tätigkeiten zu enden, die er letztlich nie wollte."*

(Armin Krenz)

Im folgenden Kapitel sollen nun Hilfestellungen und Hinweise zu inhaltlichen Fragen einer Konzeption aufgegriffen werden.

Die folgenden Unterpunkte bieten sich an:

*Vorwort,*
*Auftrag der Kindertagesstätte,*
*Pädagogischer Ansatz,*
*Religionspädagogik (für kirchliche Trägerschaften),*
*Kinder im Mittelpunkt,*
*Besondere Schwerpunkte (falls gewünscht),*
*Bedeutung und Stellenwert des Spiels,*
*Person des Erziehers/der Erzieherin,*
*Zusammenarbeit der Mitarbeiter/-innen,*
*Zusammenarbeit mit Eltern,*
*Zusammenarbeit mit dem Träger,*
*Zusammenarbeit mit Fachdiensten/Institutionen,*
*Öffentlichkeitsarbeit,*
*Anleitung/Beratung von Praktikanten*
*Fort-, Weiter-, Zusatzausbildung,*
*Rahmenbedingungen und Organisation*

Ihre besonderen Bedeutungen und werden in den folgenden Ausführungen in jeweils zwei bzw. drei Schritten erläutert:

1. Jeder Unterpunkt wird kurz inhaltlich skizziert, um Grundlagen zu beschreiben, die dabei helfen können, in der Mitarbeiter/innengruppe darüber zu diskutieren bzw. andere Aspekte abzuleiten.
2. Nach jeder Themeneinführung folgt ein Brainstorming, in dem (bewusst ungeordnet!) kurze Aussagen zum Thema auf den Punkt gebracht werden. Einerseits dienen diese Punkte dazu, sie auf die eigene Praxis zu übertragen, zu bestätigen oder zu verwerfen, andererseits sollen sie eigene, neue, vielleicht bisher ungenannte Merkmale provozieren, um einen immer deutlicheren Bezug zur eigenen Einrichtung herzustellen. Diese vorgegebenen und neu gefundenen Aussagen können dann geordnet und für die Konzeption ausformuliert werden.
3. Nach einigen Unterpunkten sind Literaturhinweise angegeben, die zu dem entsprechenden Schwerpunkt vertiefende Informationen liefern.

## Vorwort und Einleitung

Wenn eine Konzeption das Ziel hat, Leserinnen und Leser für einen eher umfangreichen Text zu motivieren, dann kommt dem Vorwort bzw. der Einleitung eine besonders große Bedeutung zu. Es verhält sich dabei wie mit einem Buch, das Leserinnen und Leser in die Hand nehmen und betrachten. Zunächst wird in den meisten Fällen der Rückentext einer Publikation zur Kenntnis genommen, dann das Vorwort bzw. die Einleitung gelesen und anschließend punktuell und eher zufällig im Text geblättert.

Beim Vorwort oder bei der Einleitung ist es weiterhin ähnlich wie in einem Gespräch. Aus der Forschung der Kommunikationspsychologie ist es seit Langem bekannt, dass der Verlauf einer Unterhaltung entscheidend davon abhängt, *wie* die ersten Sätze formuliert wurden und *was* dem Hörer/der Hörerin bzw. den mitsprechenden Personen mitgeteilt wird.

Farblose, inhaltsleere, moralisierende oder missverständliche Einleitungen lassen das Interesse an einer Auseinandersetzung mit bestimmten Texten deutlich sinken, sodass die Absicht der Verfasser/-innen eines Textes, sich mit den Inhalten auseinanderzusetzen, zunichte gemacht wurde.

Vorworte bzw. Einleitungen für eine Konzeption sollten daher folgende Merkmale tragen:

- lebendiger Ausdruck,
- inhaltsorientierte Kurzeinführungen,
- annehmbare Formulierungen,
- verständliche Aussagen,
- motivierende Funktion.

Ein lebendiger Ausdruck lebt von einer bildhaften und abwechslungsreichen Sprache, die Leser/-innen vielleicht schmunzeln lässt, vielleicht auch zum zustimmenden Kopfnicken provoziert. So ist es sicherlich ein Unterschied, im Vorwort oder in der Einleitung einer Konzeption den Satz zu lesen, dass „in dieser Konzeption die wesentlichen Aussagen zur Arbeit der Kindertagesstätte formuliert wurden" oder z. B. Folgendes zu lesen: „Liebe Leserinnen, liebe Leser, kein Tag vergeht im Leben der Erwachsenen, ohne dass irgendwelche Medieneindrücke auf uns einströmen. Tägliche Meldungen im Fernsehen weisen auf Kriege und andere Unfassbarkeiten hin und auch die Tageszeitungen füttern die Erwachsenen mit großen Mengen eines vielfältigen Lesestoffes. Und jetzt kommt auch noch die Kindertagesstätte auf Sie zu und verlangt von Ihnen, ein sogenanntes „Konzeptionsheft" durchzulesen.

Zwei Unterschiede zu ihrer bisherigen Medienerfahrung kann es allerdings geben:

Erstens enthält dieses Konzeption keine „schlechten Nachrichten", wohl aber interessante Neuigkeiten.

Zweitens können Sie diese Konzeption zu einem Zeitpunkt lesen, den Sie selber bestimmen, denn unsere Inhalte sind jeden Tag von gleicher Aktualität. Da wir als Mitarbeiter/-innen davon ausgehen, dass sie ein neugieriger Mensch sind, versprechen wir Ihnen, viele Ihrer Fragen zu beantworten. ..."

Mit dem Merkmal „inhaltsorientierter Kurzeinführungen" ist der Umstand gemeint, dass gerade ein Vorwort oder eine Einleitung nicht zu umfangreich sein sollte. Hier gilt es, das Wesentliche auf den Punkt zu bringen. Ein Beispiel zur Erläuterung des Begriffes „Konzeption" könnte z. B. wie folgt lauten:

„Wie Sie schon auf der Vorderseite dieses Heftes gesehen haben, steht dort der Begriff „Konzeption". Es kann sein, dass Sie sich fragen, was sich hinter diesem Wort verbirgt. Das ist ganz einfach: Eine „Konzeption" ist eine genaue Zusammenfassung der Arbeitsschwerpunkte und aller wichtigen Informationen, die unsere Arbeit exakt beschreiben."

Annehmbare Formulierungen sind besonders dazu geeignet, dass sich Leser/-innen persönlich angesprochen fühlen und spüren, dass sie ernst genommen werden.

Es ist ein Unterschied, ob Leser/-innen auf die Formulierung stoßen, dass etwa „diese Konzeption für alle einen verbindlichen Wert habe" oder dass „diese Konzeption dazu beitragen soll, dass Mitarbeiter/-innen und Eltern in gleichem Maße die Verantwortung dafür tragen, dass die Aussagen im Interesse einer entwicklungsunterstützenden Erziehung aller Kinder einen verbindlichen Wert besitzen".

Verständliche Formulierungen verzichten weitestgehend auf Fremdwörter, doch wo sie angebracht erscheinen, müssen diese den Eltern auch erklärt werden. Das kann z. B. dadurch geschehen, dass hinter den Fremdwörtern eine in Klammern gesetzte Übersetzung zu lesen ist oder dass mit einem neuen Satz der entsprechende Begriff erläutert wird. In der Praxis kommt immer wieder die Frage auf, ob es nicht günstig ist, alle(!) Fremdwörter zu streichen. Das kann aus fachlicher Sicht in dieser Grundsätzlichkeit nicht unterstützt werden. Innerhalb der Elementarpädagogik kann es durchaus notwendig sein, gebräuchliche Fremdwörter oder Ausdrücke zu verwenden. Eine Begründung ist darin zu finden, dass auch die Kindertagesstättenpädagogik ihr eigenes Profil als wissenschaftliche Fachdisziplin nicht aufgeben darf, um sich „zu vereinfachen". Dennoch bleibt die Forderung davon unberührt, Fachlichkeit *und* ein allgemeines Verständnis miteinander zu verbinden.

Wenn das Vorwort oder die Einleitung eine „motivierende Funktion" besitzen soll, gilt es, Auflockerungen im Text zu nutzen. Das geschieht meist durch:

- treffende Zitate,
- Zeichnungen oder Bilder,
- Kinderaussagen oder
- selbst formulierte Reime.

In der Praxis hat es sich gezeigt, dass besonders prägnante Zitate von Pädagogen und Pädagoginnen einen aufmerksamkeitsprovozierenden Reiz besitzen. Dabei ist schon die andere Schreibweise eine Hauptmotivation, sich dem besonderen Text zuzuwenden.

Ein Vorwort oder eine Einleitung ist damit
- einladend und
- ansprechend,
- interessant und
- auffordernd.

Der Umfang beträgt in der Regel nicht mehr als eine halbe oder eine dreiviertel Seite und provoziert die Spannung, mehr zu erfahren und sich damit der inhaltlichen Ausführung einer Konzeption zuzuwenden.

Damit sich die Leser/-innen auf den folgenden Teil noch besser einlassen können, bietet es sich an, ein Inhaltsverzeichnis mit den thematischen Überschriften folgen zu lassen. Selbstverständlich sollte dafür eine ganze Druckseite zur Verfügung stehen, zumal enggesetzte Inhaltsverzeichnisse dem Anspruch einer Übersichtlichkeit widersprechen würden.

## 4.1 Der gesetzlich verankerte, eigenständige Erziehungs-, Bildungs- und Betreuungsauftrag einer Kindertagesstätte

Kindertagesstätten haben auf der einen Seite eine lange Tradition in der Bereitschaft, sich nach aktuellen bildungspolitischen Strömungen auszurichten (siehe „Vorschularbeit"), auf der anderen Seite eine überhöhte Bereitschaft, sich entsprechend den unterschiedlichen Erwartungen und geäußerten Anforderungen der Öffentlichkeit zu verhalten (siehe die bestehende Diffusität der Erwartungsvielfalt). Dadurch haben es besonders engagierte und fachkompetente Erzieher/-innen eher schwer, der Einrichtung ein eigenes Profil zu geben und den Auftrag der Kindertagesstätten nach außen zu tragen.

Grundlage für die Gestaltung des Erziehungs-, Bildungs- und Betreuungsauftrages in Tageseinrichtungen für Kinder ist das Sozialgesetzbuch und hierbei insbesondere das „Achte Buch mit dem Schwerpunkt der Kinder- und Jugendhilfe (KJHG)". Dabei finden sich in den Ausführungen keine genauen Schwerpunktnennungen der praktischen Arbeit (etwa vergleichbar mit den Rahmenlehrplänen der unterschiedlichen Schulen), sondern vielmehr die Eckwertbeschreibungen für verbindliche Arbeitsstrukturen. Im § 22 heißt es, dass die „Entwicklung des Kindes zu einer eigenverantwortlichen und gemeinschaftsfähigen Persönlichkeit gefördert werden soll" und sich das „Angebot pädagogisch und organisatorisch an den Bedürfnissen der Kinder und ihrer Familien orientieren soll". Dieses Kinder- und Jugendhilfegesetz wurde dann zur Grundlage der unterschiedlichen Kindertagesstättengesetzte genommen, in denen weitere Differenzierungen vorgenommen wurden/werden.

Aufgrund der Länderhoheit Deutschlands – als ein föderalistisches System – haben die einzelnen Bundesländer in den Kindertagesstättengesetzen bzw. Verordnungen und Richtlinien ihre besonderen Aufgaben spezifiziert. So unterschiedlich sie auch teilweise sind, so verbindlich ist dennoch in allen Fällen das KJHG.

### 4.1.1 Einführung

Unbestritten liegt der grundsätzliche Auftrag der Kindertagesstätten in der Aufgabe, Kindern dabei zu helfen, ihre persönliche Identität auf- und auszubauen, ihr Selbstwertgefühl zu erweitern, eigene sowie fremde Bedürfnisse miteinander abzuwägen und sich auf eine soziale Gemeinschaft einzulassen.

Dazu erscheinen einige Anmerkungen unumgänglich:

1. Durch die Veränderung heutiger Kindheiten kann sich die Kindertagesstätte *nicht* mehr auf eine Pädagogik vergangener Jahre berufen, sondern sie muss vielmehr der Aktualität der Gegenwart Rechnung tragen.

2. Es wird immer deutlicher – dies wird auch durch entsprechende Forschungsarbeiten unterstützt –, dass sich die vielfältigen und unterschiedlichen Irritationen heutiger Kindheiten nur dadurch beheben lassen, dass Kindertagesstätten sich weitaus mehr auf die Bedürfnisse von Kindern (wichtig: *nicht* auf ihre Wünsche!) konzentrieren, damit diese Sicherheiten und Verlässlichkeiten erleben können. Beides ist die Grundlage für eine notwendige Entwicklung von Kindern.

3. In dem Maße, in dem das Leben von Kindern durch Außenreize und Überangebote geprägt wird, in dem Maße muss es gelingen, Kindern zu einer erlebbaren Kindheit zu verhelfen. Das wird sicherlich nur dadurch geschehen können, wenn sich Erzieher/-innen als fachkompetente Bündnispartner/-innen von Kindern verstehen.

4. Die Eigenständigkeit der Elementarpädagogik wird sich nur dort durchsetzen, wo es durch Fachkompetenz gelingt, unberechtigte Erwartungen (z. B. durch viele Grundschulen und Eltern) durch Fachdiskussionen und klare Aussagen zurückzuweisen und mithilfe eines eigenen Profils zu verdeutlichen.

5. Sowohl in der Vergangenheit als auch in der Gegenwart haben es elementarpädagogische Einrichtungen nicht immer verstanden, pädagogische Ziele, Aufgaben und Schwerpunkte deutlich auf den Punkt zu bringen. Doch ist es immer so, dass gut gemeinte oder richtige Informationen ab dem Zeitpunkt missverstanden werden (können), ab dem es bei den Inhalten an Deutlichkeit und Prägnanz fehlt. Konsequenterweise muss es die Elementarpädagogik schaffen, mit folgerichtigen Aussagen für eine Transparenz ihres Auftrages zu sorgen.

6. Entwicklungsbegleitung von Kindern kann heute nur heißen, Kindern dabei zu helfen, sich aus eigenen Verwicklungen und Verstrickungen zu befreien, indem ihnen geholfen wird, sich mit zurückliegenden Eindrücken noch einmal auseinanderzusetzen. Eine Orientierung zur Zukunft ist nur möglich, wenn Vergangenheiten nicht mehr belasten oder die Seele eines Menschen in irgendeiner Form bedrücken.

7. Gerade die Zunahme eines deutlichen Kulturverfalls (gedacht ist hier z. B. an die Kultur des Helfens, des Abwägens von unterschiedlichen Bedürfnissen, der Pflege von langen Freundschaften, der Mithilfe, des Zuhörens usw.) erfordert es, dass es in einem verstärkten Maße um das Beachten kultureller Werte(!) gehen muss. Damit ist allerdings *nicht* das „Anerziehen" irgendwelcher Erwachsenennormen gemeint, sondern die Orientierung auf basale (= grundlegende) kulturelle Werte im Ungang miteinander. Letzteres bedeutet aber auch, kulturelle Ausdrucksformen von Kindern zu beachten und wertzuschätzen.

8 Kinderleben brauchen einen eigenen Entwicklungszeitraum „Kindheit" und genügend Zeit sowie Platz, sich in der immer weniger überschaubaren Gegenwart zu orientieren. Gerade Kindertagesstätten müssen es schaffen, Kindern diesen Erfahrungsraum zu bieten.

9. Wenn Kindertagesstätten einen „familienergänzenden" Auftrag übernehmen würden, hieße das, dass Elternaufgaben mit übernommen werden müssten. Darin liegt eine große Problematik, zumal es eher um eine „familienunterstützende"

Funktion gehen wird. Der Begriff einer „Ergänzung" könnte so verstanden werden, dass Kindertagesstätten dafür verantwortlich sind, fehlende oder ausgegrenzte Lebensbereiche von Kindern in einem besonderen Maße zu berücksichtigen. Eltern der Kinder besäßen damit eine Legitimation, den Kindertagesstätten bestimmte Aufgaben zu überlassen, sodass es dann unweigerlich in der Folge zu einer „familienersetzenden" Funktion kommen kann. Konstruktiv bedeutet das, dass Kindertagesstätten in einer engen Zusammenarbeit mit Eltern gemeinsame Schritte einer professionellen Entwicklungsbegleitung der Kinder suchen und entwickeln müssen, um Kindern bei ihrem Identitätsaufbau/-ausbau zu helfen. Dabei nutzen Erzieher/-innen durch das Wissen aus Fort-, Weiter- und Ausbildung die Chance, entwicklungspädagogische und -psychologische Erkenntnisse zu beachten und zur Grundlage ihrer Entscheidungen zu erklären.

10. Der Auftrag der Kindertagesstätten kann nicht mehr aus tradierten Zielen und Methoden abgeleitet werden, weil die Basiswerte im Vergleich zur Vergangenheit einer völligen Veränderung unterworfen sind. Mitarbeiter/-innen aus Kindertagesstätten müssen daher auf die Aktualität relevanter Forschungsergebnisse und Erhebungen achten, um „real kindorientiert" arbeiten zu können.

11. Das Modell einer „Einwirkungspädagogik" hat ausgedient, zumal bei diesem Anspruch das Kind als ein „defizitäres, unfertiges, zu lernen habendes und wildes Wesen" gesehen wurde/wird.

12. Der Auftrag der Kindertagesstätten, Kindern bei dem Auf-/Ausbau ihrer Selbstständigkeit und Autonomie zu helfen, ist nur dann einzulösen, *wenn* Eltern und Erzieher/-innen ihr „Bild vom Kind" ändern und ihnen so wichtige Merkmale zugestehen wie „Neugierde, Erfahrungen machen, Handlungslernen, Stolz erleben, Eigenwilligkeit und Kreativität".

13. Der Auftrag der Kindertagesstätten kann nicht mehr in einer – wie auch immer gestalteten – Angebotspädagogik liegen, bei der sich Kinder daran gewöhnen (werden/müssen), dass andere *für* sie denken und *für* sie planen. Angebote schaffen das Problem, die Rolle eines reagierenden Menschen zu übernehmen und das gegenwärtige und zukünftige Leben darauf auszurichten, dass *andere* für das eigene Wohlbefinden verantwortlich sind. Das hat bzw. hätte in der Persönlichkeitsentwicklung jüngerer und älterer Menschen dramatische Folgen, da z. B. Angebote und Konsumorientierung sehr nahe beieinander liegen. Selbstständigkeit hingegen fordert Menschen dazu auf, für sich *selber* zu sorgen, Bedürfnisse abzuwägen und gegebenenfalls zurückzustellen, aufzugreifen und umzusetzen.

14. Partizipationspädagogik (= aktive Teilhabe durch Mitsprache und Mitentscheidung) konfrontiert Kinder mit ihren eigenen Bedürfnissen, mit gemeinsam aufgestellten Regeln und gemeinsam geplanten Unternehmungen, sodass Kinder als Beteiligte sich in einen direkten Bezug zu den Verläufen ihrer Vorhaben sehen und bereitwilliger Verantwortung übernehmen.

15. Kinder lernen immer durch ihr Handeln (nicht aus dem Hören oder Sehen); insoweit ist es notwendig, dass der Auftrag für Kindertagesstätten in der Bereitstellung eines Handlungsraumes liegt, in dem *keine* künstlichen „Übungswelten" arrangiert, sondern reale Handlungsbezüge möglich sind. Didaktische Einheiten, die von Erwachsenen geplant und für Kinder zurechtgestellt werden, verlieren durch ihre vielleicht einmal bedeutsamen Berechtigungen aus heutiger Sicht immer stärker ihren Berechtigungswert.

16. Der heutige Auftrag der Kindertagesstätten kann nur umgesetzt werden, wenn keine Realitäten heutigen Kinderlebens ausgeschlossen werden. Integration der Lebenswelten schafft eine Identität, Segregation (= Ausgrenzung) schafft erneute Irritationen bei Kindern. Genau diese zu verringern ist der heutige, bedeutsame Auftrag.

Unter Berücksichtigung der o. g. Einflussmerkmale könnten die drei Grundaufträge für Kindertagesstätten wie in den nachfolgenden Definitionen erfasst werden. Auch wenn es schwierig ist, die Besonderheiten der drei Grundaufträge getrennt voneinander zu erfassen – zumal sie selbstverständlich in der Praxis miteinander vernetzt sind –, so ist es dennoch möglich, ihre Schwerpunkte zu beschreiben:

### Der Bildungsauftrag

Der *eigenständige* Bildungsauftrag von Kindertageseinrichtungen besteht in einer ganzheitlichen Entwicklungsunterstützung der Handlungs-, Leistungs- und Lernfähigkeit von Kindern im Sinne einer Persönlichkeitsbildung.

Dabei finden ethische, religiöse, künstlerische, wissenschaftliche und kommunikationsorientierte Werte ihre besondere Beachtung.

Der Bildungsauftrag ist nur bei einer für Kinder bedeutungsvollen, sinnverbundenen und alltagsorientierten Pädagogik umsetzbar.

### Der Erziehungsauftrag

Der *eigenständige* Erziehungsauftrag von Kindertageseinrichtungen besteht darin, Kindern aufgrund einer immer stärker als zerrissen erlebten Welt, eingegrenzter Lebensräume und zerteilter Zeiten vielfältige Möglichkeiten zu bieten und erleben zu lassen, Erlebnisse und Erfahrungen aus ihrem Alltag zu verarbeiten.

Damit sind Kinder in der Lage, ihre Identität zu finden, um im weiteren Verlauf ihrer Entwicklung zukünftige Lebenssituationen situationsangemessen zu verstehen und selbstkompetent mitzugestalten.

### Der Betreuungsauftrag

Der *eigenständige* Betreuungsauftrag von Kindertageseinrichtungen besteht darin, Kindern in erfahrbaren Beziehungen treu zu sein.

Das geschieht durch den Auf- und Ausbau fester Bindungsbeziehungen zu Kindern und durch eine respektvolle, zuverlässige Pflege der Beziehungen mit Kindern.

## 4.1.2 Brainstorming zum Schwerpunkt „Auftrag der Kindertagesstätte"

- Eigenständiger Auftrag der Kindertagesstätte (in Abgrenzung zur Grundschule und anderen Einrichtungen)
- Erziehungsauftrag (Verarbeitungshilfe für zurückliegende Erfahrungen, Eindrücke und Erlebnisse der Kinder)
- Bildungsauftrag (Unterstützung der Lern-, Leistungs-, Bildungs- und Handlungsbereitschaft der Kinder)
- Betreuungsauftrag (Aufbau einer zuverlässigen Beziehung zu Kindern)
- Abgrenzung – Gemeinsamkeiten zwischen den Begriffen „Erziehung" und „Entwicklungsbegleitung"
- Unterstützung kultureller Werteerfahrung (Das Erleben der Werte gegenüber einer kognitiven Vermittlung normativer Ansprüche)
- Auf-/Ausbau einer kindorientierten Spielkultur (Spielen als Grundlage des entdeckenden Lernens)
- Auf-/Ausbau einer Pflege der Sprach-/Sprechkultur (Zuhören und Verstehen, Unterhalten und Begreifen)
- Auf-/Ausbau einer Esskultur (Pflege eines wertschätzenden Speisens)
- Auf-/Ausbau einer Werkkultur (Verzicht auf Basteltätigkeiten, Hervorhebung des handwerklichen Arbeitens mit Kindern)
- Kindheiten heute und ihre Bedeutung für den Auftrag der Kindertagesstätten (Zerrissenheit erlebter Welten, eingegrenzter Lebensräume, zerteilter Zeiten)
- Eindrucksvielfalt der Kinderleben und ihre Bedeutung für den Auftrag der Kindertagestätte (Erleben von Zeit, Ruhe, Akzeptanz)
- Hilfen zum Auf-/Ausbau der Identität der Kinder (Begriffsbestimmung und Beispiele)
- Hinwendung zur Pädagogik der Gegenwart (Verzicht auf eine Zukunftsorientierung zugunsten der Beachtung kindorientierter Gegenwarten)
- Ganzheitlichkeit der Entwicklungsbegleitung (Vernetzung der Entwicklungsbereiche in für Kinder sinnzusammenhängenden Tätigkeiten)
- Unterstützung der Stärken (Verzicht auf das Gegenarbeiten kindeigener Schwächen)
- Kindern wird ein eigener Entwicklungszeitraum zugestanden (Kinder sind keine „unfertigen, kleinen Erwachsenen")
- Problematik vorgezogenen schulischen Arbeitens (Verzicht auf gelenkte/bewusst initiierte vorgezogene schulische Übungen)
- Unterstützung der Eigenverantwortung der Kinder (der Kindergarten als ein vielfältiger Erfahrungsraum)
- Unterstützung der langsamen Entwicklung zu einer Kindergemeinschaft (Individualentwicklung als Voraussetzung zum Auf-/Ausbau einer Sozialentwicklung)
- Familienunterstützende Funktion der Kindertagesstätte (Notwendigkeit der Zusammenarbeit mit den Eltern)

- Abgrenzung zum Begriff einer „familienergänzenden/familienersetzenden Funktion der Kindertagesstätte" (Klärung des Begriffs „Verantwortung" und Abgrenzungen zu unberechtigten Erwartungen)
- Auf-/Ausbau und Unterstützung der Selbstständigkeit der Kinder (Leben und Lernen mit Kindern in vielfältigen Erfahrungsräumen des alltäglichen Lebens)
- Unterstützung einer kulturübergreifenden Vielfalt in der Kindertagesstätte (Wertschätzung/Achtung anderer Kulturen und ihrer Besonderheiten)
- Aufnahme von Kindern mit Behinderungen und Beeinträchtigungen im körperlichen, seelischen und geistigen Bereich (Kindergarten als ein Spiel- und Erfahrungsort für alle Kinder eines umliegenden Wohnumfeldes)
- Ausrichtung der Inhalte auf reale Lebenssituationen (Verzicht auf künstliche Programme)
- Lernen in altersgemischten Gruppen (Verzicht auf altersgleiche Gruppen)
- Religiosität als tragender Pfeiler einer humanistischen Pädagogik (Religion und Wertekultur als ein integrierter Bestandteil der Kindertagesstättenarbeit)
- Akzeptanz und Unterstützung einer Gleichberechtigung von Mädchen und Jungen (Verzicht auf geschlechtsspezifische Differenzierungen)

## 4.1.3 Literaturverzeichnis
### Themenbereich: Auftrag der Kindertagesstätte

Fried, L., und Roux, S. (Hrsg.): Pädagogik der frühen Kindheit. Handbuch und Nachschlagewerk. Beltz Verlag, Weinheim und Basel 2006

Fees, K.: Werte und Bildung. Wertorientierung im Pluralismus als Problem für Erziehung und Unterricht. Verlag Leske + Budrich, Opladen 2000

Gauger, J.-D. (Hrsg.): Bildung und Erziehung. Grundlage humaner Zukunftsgestaltung. Bouvier Verlag, Bonn/Berlin 1991

Hammes-Di Bernado, E., und Hebenstreit-Müller, S. (Hrsg.): Innovationsprojekt Frühpädagogik. Professionalität im Verbund von Praxis, Forschung, Aus- und Weiterbildung. Schneider Verlag Hohengehren, Baltmannsweiler 2005

Laewen, H.-J., und Andres, B. (Hrsg.): Bildung und Erziehung in früher Kindheit. Bausteine zum Bildungsauftrag von Kindertageseinrichtungen. Beltz Verlag, Weinheim/Berlin/Basel 2002

Matzen, J. (Hrsg.): Die Konstruktion der Welt. Wie Kinder ihre Wirklichkeit entdecken. Bausteine für einen zukunftsfähigen Kindergarten. Schneider Verlag Hohengehren, Baltmannsweiler 2006

Schäfer, G. E.: Bildungsprozesse im Kindesalter. Selbstbildung, Erfahrung und Lernen in der frühen Kindheit. Beltz Verlag, Weinheim 2001

Schäfer, G. E. (Hrsg.): Bildung beginnt mit der Geburt. Beltz Verlag, Weinheim 2003

Schellhorn, W. (Hrsg.): SGB VIII/KJHG – Sozialgesetzbuch Achtes Buch: Kinder und Jugendhilfe. Luchterhand Verlag, Neuwied/Kriftel 2000

Wehrmann, I. (Hrsg.): Kindergärten und ihre Zukunft. Beltz Verlag, Weinheim 2004

## 4.2 Der pädagogische Ansatz

*Genug der seltsamen Stilblüten,*
*die in jenen Köpfen treiben,*
*die sich das Geschäft des Erziehers*
*so einfach vorstellen wie Klein-Moritz:*
*dort das Kind, hier ich.*
*Wenn ich es zu mir gezogen habe,*
*es also so ist wie ich (oder ich es mir vorstelle),*
*dann ist Erziehung gelungen.*

(Prof. Dr. Wolfgang Liegle)

Das entwicklungsbegleitende Handeln der Erzieher/-innen vollzieht sich nicht in einem „luftleeren Raum" oder geschieht zufällig, sondern ist das Ergebnis eines Zusammenspiels sehr unterschiedlicher Einflüsse und Faktoren. Zunächst hat die pädagogische Arbeitsgestaltung *immer* etwas mit der eigenen Lebensbiografie zu tun, mit Erfahrungen, Erlebnissen und Ereignissen in der eigenen Kindheit, Prägungen durch das Elternhaus und Einflüsse durch das soziokulturelle Umfeld, den Freundeskreis, Geschwister, Schulerfahrungen, Ausbildungseindrücke und biografische Aktualitäten der Gegenwart. Dabei prägen sich Motive zur Berufswahl, eigene Werthaltungen und Normen, Einstellungen und Haltungen heraus, die mit Erfahrungen und Absichten, Zielen und Umsetzungsmöglichkeiten verbunden sind. Nun kann daraus die Schlussfolgerung gezogen werden, dass „jeder Topf einen Deckel findet"; soll heißen, dass jedes Zusammenspiel seinen Niederschlag in einem bestimmten pädagogischen Ansatz findet.

Mitarbeiter/-innen in Kindertagestätten (dasselbe gilt ebenso für Ärzte/Ärztinnen oder Therapeuten/Therapeutinnen...) entdecken sich dabei in „ihrem Ansatz", *weil* er ihnen in ihrer Lebensgestaltung und -haltung entgegenkommt. „Selbstfindung oder Selbsterkenntnis *durch* den den praktizierten Ansatz" könnte demnach eine Aufgabe sein, der sich Mitarbeiter/-innen zuwenden könnten. Ein Beispiel mag diese Verbindung verdeutlichen: So ist es nachvollziehbar, dass Menschen mit einer grundsätzlichen Freude am Essen und einem ständigen Appetit eher weniger wählerisch in der Speisenauswahl sind als Menschen, die sich für ein bewusstes Essen entscheiden und eine sorgsame Wahl bzw. Zusammenstellung ihrer Speisen vornehmen. Die Art/Menge des Essens gibt also durchaus einen Einblick in die Lebensweise der betreffenden Menschen, in der Genuss oder eine reine Befriedigung des Hungers, Zeit oder Hektik, Pflege einer Esskultur oder die Missachtung kultureller Esssitten eine Rolle spielt.

Jeder pädagogische Arbeitsansatz offenbart vielerlei Merkmale.

So z. B.:

- die Sichtweise von Kindern,
- die Vorstellung von „Erziehung",
- Ziele der betreffenden Pädagogik,
- Schwerpunkte der Arbeit,
- Verständnis des „Lernbegriffes",
- das Rollenverständnis der „Erzieherin/des Erziehers",
- das Werteverständnis im Hinblick auf kulturelle Begriffe,
- die Betonung von „Methoden" im Gegensatz zur Bedeutung der „Person".

## 4.2.1 Einführung

Derzeit sind in der Elementarpädagogik viele pädagogische Ansätze im Gespräch. Sei es, dass sie durch ihre langjährige Tradition und ihre bekannten „Schöpfer" nicht an Aktualität verloren haben, sei es, dass sie durch bildungspolitische Strömungen oder langjährige Entwicklungen in das Bewusstsein der Elementarpädagogik gerückt sind. So existieren heute viele Ansätze in einem (mehr oder weniger konkurrierenden) Nebeneinander.: z. B.

- die „kindzentrierte Kindergartenarbeit,
- die „Freinet-Pädagogik",
- die „Pädagogik des Janusz Korczak",
- die „Montessori-Pädagogik",
- die „Pestalozzi-Pädagogik",
- die „Reggio-Pädagogik",
- die „Anthroposophie" (Waldorfpädagogik),
- der „offene Ansatz",
- der „lebensbezogene Ansatz",
- die „Pädagogik des Friedrich Fröbel",
- der „Situationsansatz",
- der „situative Ansatz",
- der „Situationsorientierte Ansatz",

Dazu gesellen sich bekanntermaßen eine Reihe neuer Versuche, sich in die Folge der „Ansätze" einzureihen, wie es z. B.

- der „Waldkindergarten" oder
- der „Bewegungskindergarten"

zeigt.

Jeder der zuerst genannten „pädagogischen Ansätze" hat ein (mehr oder weniger) deutliches Profil, das sich aus den genauen Inhalten unterschiedlicher Veröffentlichungen ergibt, und jeder Ansatz besitzt entsprechende Merkmale, um fassbar zu sein.

Grundlage einer Konzeptionserstellung und einer Entscheidung *für* oder *gegen* einen bestimmten Ansatz kann nur aus einer deutlichen Kenntnis der Ansätze heraus erfolgen. Leider zeigt die Praxis, dass in vielen Kindertagesstätten zwar ein bestimmter Ansatz zur Arbeitsgrundlage erklärt wird, doch lassen Beobachtungen in den Einrichtungen den Rückschluss zu, dass geäußerte Absichten, einen spezifischen Ansatz umzusetzen, *nicht* mit der Realität übereinstimmen. Gründe dafür sind auf unterschiedlicher Ebene zu finden:

1. Einige Ansätze haben es nicht vermocht, sich ins Bewusstsein einiger Erzieher/ -innen einzubringen.
2. Einige Ansätze haben es nicht geschafft, sich ein wirklich eigenständiges Profil zu geben.
3. Andere Ansätze wiederum beinhalten sehr unklare Aussagen und sind mit Widersprüchen ausgestattet, sodass Leser/-innen und Hörer/-innen irritiert sein müssen.
4. Einige Ansätze sind sehr schwer zu verstehen und schrecken so manche Erzieher/ -innen eher ab, als sie zu motivieren, tiefer in die Auseinandersetzung einzusteigen.
5. Andere Ansätze sind sehr einfach für die Praxis zu nutzen und scheinen(!) ihren Reiz darin zu besitzen, schnell und ohne große Veränderungen umgesetzt werden zu können.

Doch neben diesen (und sicherlich noch anderen Schwierigkeiten) gibt es auch weitere Gründe, die in den Kindertagesstätten selbst zu finden sind:

1. Viele Mitarbeiter/-innen lehnen es ab, sich mit Zeit und fachlicher Intensität und einer entsprechenden Sorgfalt in pädagogische Ansätze zu vertiefen.
2. Einige Mitarbeiter/-innen zeigen nur ein geringes oder gar ein fehlendes Interesse, sich mit Fachliteratur auseinanderzusetzen. Sie begründen es mit „fehlender Zeit" oder „anderen Schwerpunktsetzungen" in ihrem Leben.
3. Andere Mitarbeiter/-innen wiederum nutzen nur *einzelne* Passagen oder Stichworte aus einem Ansatz und reißen damit bestimmte Aussagen aus ihren bedeutsamen Vernetzungen heraus.
4. Wiederum andere Mitarbeiter/-innen nutzen einen bestimmten Ansatz nur wegen seiner „Aktualität" und aus einer Sorge heraus, sonst „nicht modern" zu sein.
5. Und einige Mitarbeiter/-innen lehnen bestimmte Ansätze im Vornherein ab, weil sie mit den Gründern oder Gründerinnen nicht zurechtkommen bzw. durch eigene Vermutungen sehr schnell dazu neigen, bestimmten Ansätzen eine „Theorielastigkeit" anzuhängen, *ohne* sich wirklich ernsthaft mit den Inhalten und Umsetzungsmöglichkeiten diskursiv auseinandergesetzt zu haben.

Pädagogische Ansätze haben sowohl etwas Reizvolles (Fassbarkeit der Pädagogik) als auch etwas Einengendes (Begrenzung eigener Interessen und Schwerpunkte), sodass es auch Mitarbeiter(innen)gruppen gibt, die sich daher keinem Ansatz zuordnen möchten.

Sei es aus einer Unkenntnis heraus, sei es aus einem subjektiven Erleben. Sie verfahren nach der Devise: „Ein bisschen davon und ein bisschen hiervon. Fertig ist der *eigene* Ansatz."

Grundsätzlich ist gegen ein solches Vorgehen sicherlich nichts einzuwenden, *wenn* diese Entscheidung nach intensiver Ansatzdiskussion auf der Grundlage einer faktenorientierten Auseinandersetzung geschieht. Doch darf dabei nicht der Umstand übersehen werden, *dass* es häufig als Alibi genutzt wird, sich nicht festlegen zu wollen/zu müssen.

Jede Konzeption trägt die Zielsetzung in sich – als Fortführung der Absicht der Mitarbeiter/-innen, die eigene Pädagogik transparent zu machen. Dabei kommt es auf die Stimmigkeit der Aussagen an, die durch eine Vernetzung der Gedanken in eine Deckungs(un)gleichheit gebracht werden können. (Beispiel: Wenn es etwa heißt, dass Kinder als Ausgangspunkt der Arbeit gesehen werden, bedeutet dies eine deutliche Mitbestimmung der Kinder. So wäre z. B. eine Konsequenz, dass auch Kinder bei der Neueinstellung von Mitarbeitern und Mitarbeiterinnen oder dem Einsatz von Praktikanten und Praktikantinnen gefragt werden würden, ob sie damit einverstanden sind, dass diese Neu-/Anstellung in Ordnung ist. Mitsprache: Grundsätzlich natürlich, aber... – und schon werden getroffene Aussagen deutlich relativiert.)

Daher ist es eine deutliche Aufgabe der Mitarbeiter/-innen, dass sich *alle* an der Diskussion und Entscheidung für/gegen bestimmte Ansätze beteiligen, Grundlagenliteratur dazu (unter den Mitarbeiter/-innen verteilt) lesen und Aussagen aus den Ansätzen miteinander vergleichen. Das hat nicht nur den Vorteil, sich im Nachhinein fachkompetent auszukennen, sondern auch Eltern deutlich zu informieren bzw. mit den Kollegen und Kolleginnen aus anderen Einrichtungen inhaltlich klar zu diskutieren.

## 4.2.2 Brainstorming zum Schwerpunkt „Der pädagogische Ansatz"

- Kennenlernen unterschiedlicher Ansätze der Elementarpädagogik (Besitz von Kenntnissen entsprechender Ansätze)
- Lesen entsprechender Fachbücher und Herausarbeitung der jeweils spezifischen Merkmale (in Kenntnis und Abwägung notwendiger Konsequenzen für die eigene Arbeit)
- Zustimmung/Ablehnung einer „beschützenden Pädagogik"
- Zustimmung/Ablehnung einer „Heile-Welt-Pädagogik"
- Zustimmung/Ablehnung einer „kinderverwaltenden Pädagogik"

- Zustimmung/Ablehnung einer „deutlich ausgerichteten Traditionspädagogik vergangener Zeiten"
- Zustimmung/Ablehnung einer „Anpassungspädagogik der Kinder auf eine Erwachsenenorientierte Welt"
- Zustimmung/Ablehnung einer „bewussten, leistungsorientierten Förderpädagogik"
- Zustimmung/Ablehnung einer Pädagogik, die sich parteilich für Kinder versteht (in Abgrenzung von externen Erwartungen)
- Entwicklungsbegleitung als Prozess (Kinder und Erwachsene sind gleichsam Lernende)
- Erziehung als Produkt (Kinder haben durch bestimmte Lerninputs zu erwartende/im voraus definierte Ziele zu erreichen)
- Problematisierung der Ansätze im Hinblick auf ihre Bedeutung für eigene Ansprüche und Erwartungen (Herstellen eines Zusammenhanges zwischen den jeweiligen Ansätzen und den eigenen Lebensbiografien)
- Pädagogische Ansätze und ihr besonderes Werte-/Ethikverständnis zur Arbeit mit Kindern (Klärung des eigenen Werte- und Ethikverständnisses)
- Pädagogische Ansätze und ihre „Sichtweisen von Kindern" (Herstellen von Beziehungen zur eigenen Sichtweise zum „Bild des Kindes")
- Bedürfnisse der Kinder und ihre Berücksichtigung in den jeweiligen Ansätzen (Kinder als „Objekte" oder „Subjekte" im Entwicklungsprozess)
- Bestandsaufnahme der Bedürfnisse der Kinder im Vergleich zu eigenen Bedürfnissen (Identifikation von Gemeinsamkeiten bzw. Unterschieden)
- Pädagogische Ansätze und ihre Dogmen (Identifikation von „festgesetzten Weisheiten" und ihre fachliche sowie persönliche Überprüfung)
- Dogmen im persönlichen Leben und ihre Überprüfung zur Aussagefähigkeit für Kinder (Klärung persönlicher „feststehender Weisheiten" im Hinblick auf das Recht einer Übertragung auf Kinder)
- Kinder als „Objekte" der Erwachsenenwelt (damit werden Kinder in ihrer Schwachheit gesehen)
- Kinder als „Subjekte und Akteure ihrer eigenen Entwicklung" (damit werden Kinder mit ihren besonderen Stärken und in ihrer Selbstständigkeit wertgeschätzt)
- Pädagogischer Ansatz und Öffnung zum Umfeld (Verzicht auf einen in sich abgeschlossenen Kindergartenalltag)
- Pädagogischer Ansatz und sein direkter Bezug zur Erfahrungswelt (Erfahrungslernen durch Handlungsaktivitäten)
- Pädagogischer Ansatz und seine Verbindung zum Auf-/Ausbau der Fähigkeiten von Kindern (Verzicht auf eine „Schulung" irgendwelcher Fertigkeiten durch isolierte Förderprogramme)
- Pädagogischer Ansatz und seine spezifische Inhaltsgestaltung (Projekte statt Programme, Lebensthemen der Kinder statt thematischer Lernabhandlungen)
- Identifikation von Schwierigkeiten in der Umsetzung von bestimmten pädagogischen Ansätzen (Suche nach Lösungs-/Verständniswegen)

### 4.2.3 Literaturverzeichnis
### Themenbereich: Pädagogische Ansätze

**Allgemein:**

Büttner, Chr., und Dittmann, M. (Hrsg.): Kindergartenprofile. Praxisberichte für die Ausbildung. Beltz Verlag, Weinheim und Basel 1999

Fthenakis, W. E., und Textor, M. R. (Hrsg.): Pädagogische Ansätze im Kindergarten. Beltz Verlag, Weinheim und Basel 2000

Knauf, T.; Düx, G.; Schlüter, D.: Handbuch pädagogische Ansätze. Praxisorientierte Konzeptions- und Qualitätsentwicklung in Kindertageseinrichtungen. Cornelsen Verlag Scriptor, Mannheim 2007

**Der Situationsansatz**

Colberg-Schrader, Hedi; Krug, Marianne; Pelzer, Susanne: Soziales Lernen im Kindergarten. Ein Praxisbuch des DJI. Kösel-Verlag, München 1991

Dittmann, Mara (Hrsg.): Werkstatt Situationsansatz in der Kindergartenpraxis. Ein Arbeitsbuch. Beltz Verlag, Weinheim 2000

Laewen, H.-J.; Neumann, K.; Zimmer, J. (Hrsg.): Der Situationsansatz – Vergangenheit und Zukunft. Kallmeyer'sche Verlagsbuchhandlung, Seelze-Velber 1997

Naumann, S.: Hier spielt sich das Leben ab. Wie Kinder im Spiel die Welt begreifen. Praxisreihe Situationsansatz. Ravensburger Verlag, Ravensburg 1998

Zimmer, J.; Preissing, C.; Thiel, T.; Heck, A.; Krappmann, L.: Kindergärten auf dem Prüfstand. Dem Situationsansatz auf der Spur. Kallmeyer'sche Verlagsbuchhandlung. Seelze-Velber 1997

Zimmer, J.: Das kleine Handbuch zum Situationsansatz. Praxisreihe Situationsansatz. Ravensburger Verlag, Ravensburg 1998

**Der situationsorientierte Ansatz in der sozialpädagogischen Praxis**

Krenz, Armin: Der Situationsorientierte Ansatz auf einen Blick. Herder Verlag, Freiburg 2004

Krenz, Armin: Der Situationsorientierte Ansatz in der Kita. Bildungsverlag EINS, Troisdorf, 2008

Simon, H.; Hungs, F.-J.; Singer, U.: Unser Kindergarten ist keine Insel. Situations- und Werteorientierung im Netzwerk Kindergarten. Bon Bosco Verlag, München 1998

Stoll, S.: Der Situationsansatz im Kindergarten. Möglichkeiten seiner Verwirklichung. Luchterhand Verlag, Neuwied/Kriftel 1997

**Der Waldkindergarten als pädagogischer Ansatz**

Miklitz, Ingrid: Der Waldkindergarten. Dimensionen eines pädagogischen Ansatzes. Cornelsen Verlag Scriptor, 3. aktualisierte und erweiterte Aufl. 2007

Schede, Hans G.: Der Waldkindergarten auf einen Blick. Herder Verlag, Freiburg 2000

**Waldorfpädagogik**

Internationale Vereinigung der Waldorfkindergärten (Hrsg.): Reihe: Arbeitsmaterialien aus den Waldorfkindergärten. Verlag Freies Geistesleben, Stuttgart (o. J.).

Jaffke, F.: Spielen und arbeiten im Waldorfkindergarten. Verlag Freies Geistesleben, Stuttgart 1991

Jaffke, F.: Waldorf-pädagogik; in: kindergarten heute Spezial. Herder Verlag, Freiburg 1996

Kirsch, J.: Die Waldorfpädagogik. Verlag Freies Geistesleben, Stuttgart 1997

Leber, S.: Die Menschenkunde der Waldorfpädagogik. Verlag Freies Geistesleben, Stuttgart 1995

Saßmannshausen, Wolfgang: Waldorf-pädagogik im Kindergarten. Herder Verlag, Freiburg 2003

Schad, W.: Erziehung ist Kunst. Pädagogik aus Anthroposophie. Verlag Freies Geistesleben, Stuttgart 1997

Seitz, M., und Hallwachs, U.: Montessori oder Waldorf? Kösel-Verlag, München 1996

## Der „lebensbezogene Ansatz"

Huppert, Norbert: Erleben und Bilden im Kindergarten. Der lebensbezogene Ansatz im Kindergarten als Modell für die Planung der Arbeit. Herder Verlag, Freiburg, 2. Aufl. 2002

## Kindzentrierte Kindergartenarbei

Hebenstreit, Sigurd: Kindzentrierte Kindergartenarbeit. Grundlagen und Perspektiven in Konzeption und Planung. Herder Verlag, Freiburg 1994

## Montessori-Pädagogik

Böhm, W. (Hrsg.): Maria Montessori – Texte und Gegenwartsdiskussion. Klinkhardt Verlag, Bad Heilbrunn 1990

Hebenstreit, S.: Maria Montessori – Eine Einführung in ihr Leben und Werk. Herder Verlag, Freiburg 1999

Holtstiege, Hildegard: Freigabe zum Freiwerden. Interpretationen zur Montessori-Pädagogik. Herder Verlag, Freiburg 1997

Holtstiege, H.: Montessori-Pädagogik und soziale Humanität. Perspektiven für das 21. Jahrhundert. Herder Verlag, Freiburg 1994

Holtstiege, H.: Das Menschenbild bei Maria Montessori. Grundzüge ihrer Anthropologie im Kontext der aktuellen Diskussion. Herder Verlag, Freiburg 1999

Ludwig, H. (Hrsg.): Montessori-Pädagogik in der Diskussion. Aktuelle Forschungen und internationale Entwicklungen. Herder Verlag, Freiburg 1999

Ludwig, H. (Hrsg.): Erziehen mit Maria Montessori. Ein reformpädagogisches Konzept in der Praxis. Herder Verlag, Freiburg 1997

Montessori, M.: Grundgedanken der Montessori-Pädagogik. Herder Verlag, Freiburg 1993

Steenberg, Ulrich: Montessori-Pädagogik im Kindergarten. Herder Verlag, Freiburg 2. Aufl. 2006

## Pestalozzi-Pädagogik

Hebenstreit, Sigurd: Johann Heinrich Pestalozzi. Leben und Schriften. Herder Verlag, Freiburg 1996

## Fröbel-Pädagogik

Schmutzler, Hans-Joachim: Fröbel und Montessori. Zwei geniale Erzieher. Was sie unterscheidet, was sie verbindet. Herder Verlag, Freiburg 1991

**Freinet-Pädagogik**

Dietrich, I. (Hrsg.): Handbuch der Freinet-Pädagogik. Eine praxisbezogene Einführung. Beltz Verlag, Weinheim und Basel 1995

Hellmich und Teigeler (Hrsg.): Montessori-, Freinet-, Walldorf-Pädagogik. Konzeption und aktuelle Praxis. Beltz Verlag, Weinheim und Basel, 3. Aufl., 1995

Klein, Lothar: Freinet-Pädagogik im Kindergarten. Herder Verlag, Freiburg 2002

Klein, L., und Vogt, H.: Freinet-Pädagogik in Kindertageseinrichtungen. Entdeckendes Lernen und vom „Hunger nach Leben". Herder Verlag, Freiburg 1998

**Reggio-Pädagogik**

Brockschnieder, Franz J., und Ullrich, Wolfgang: Reggio-Pädagogik im Kindergarten. Herder Verlag, Freiburg 2001

Dreier, Anette: Was tut der Wind, wenn er nicht weht? Begegnungen mit der Kleinkindpädagogik in Reggio Emilia. Beltz Verlag, Weinheim 5. Aufl.

Krieg, E. (Hrsg.): Hundert Welten entdecken – Die Pädagogik der Kindertagesstätten in Reggio Emilia. NDS Verlagsgesellschaft, Essen 1993

Malaguzzi, L.: Wenn das Auge über die Mauer springt. In: Senatsverwaltung für Jugend und Familie: Hundert Sprachen hat das Kind, Berlin 1992

Reggio Children (Hrsg.): Hundert Sprachen hat das Kind. Cornelsen Verlag Scriptor, 2002

Sommer, B.: Kinder mit erhobenem Kopf – Kindergärten und Krippen in Reggio Emilia, Luchterhand Verlag, Berlin 1999

**Der „offene Kindergarten"**

Becker-Textor, I., und Textor, M. R.: Der offene Kindergarten – Vielfalt der Formen. Herder Verlag, Freiburg 1997

Kühne Th., und Regel, G.: Erlebnisorientiertes Lernen im offenen Kindergarten. ebv, Hamburg/Rissen 1996

Regel, G., und Wieland, A. J. (Hrsg.): Offener Kindergarten konkret. ebv, Hamburg/Rissen 1993

Regel, Gerhard, und Kühne, Thomas: Arbeit im Offenen Kindergarten. Herder Verlag, Freiburg 2001

Regel, Gerhard, und Wieland, Axel Jan: Offener Kindergarten konkret. ebv, Hamburg/Rissen 2001

TPS – Offener Kindergarten: kindzentriert, partizipatorisch, kooperativ. TPS – Kallmeyer'sche Verlagsbuchhandlung, Seelze, Heft 2/2000

**Die Korczak-Pädagogik**

Klein, F.: Janusz Korczak. Sein Leben für Kinder – sein Beitrag für die Heilpädagogik. Verlag Julius Klinkhardt, Bad Heilbrunn 1996

Korczak, J.: Das Kind neben dir. Gedanken eines polnischen Pädagogen. Volk und Wissen Verlag GmbH, Berlin 2000

Korczak, J.: Das Recht des Kindes auf Achtung. Verlag Vandenhoeck + Ruprecht, Göttingen 6. Aufl. 1998

Kunz, L. (Hrsg.): Einführung in die Korczak-Pädagogik. Konzeption, Rezeption und vergleichende Analysen. Beltz Verlag, Weinheim 1994

Langhanky, M.: Die Pädagogik von Janusz Korczak. Dreisprung einer forschenden, diskursiven und kontemplativen Pädagogik. Luchterhand Verlag, Neuwied/Kriftel 1993

Lifton, B. J.: Der König der Kinder. Das Leben von Janusz Korczak. Verlag Klett-Cotta, Stuttgart 4. Aufl. 1991

### Der Waldkindergarten

Miklitz, I.: Der Waldkindergarten. Dimensionen eines pädagogischen Ansatzes. Beltz Verlag, Weinheim 3. Aufl.

Schede, H.-G.: Der Waldkindergarten auf einen Blick. Herder Verlag, Freiburg 2000

### Krippenpädagogik

Baacke, D.: Die 0–5-Jährigen. Einführung in die Probleme der frühen Kindheit. Beltz Verlag, Weinheim 1999

Beek, A. v. d.: Bildungsräume für Kinder von Null bis Drei. Verlag das Netz, Berlin/Kiliansroda 2006

Kammerer, D.: Die ersten drei Lebensjahre. Deutscher Taschenbuch Verlag, dtv, München 2004

Kasten, Hartmut: 0–3 Jahre. Entwicklungspsychologische Grundlagen. Beltz Verlag, Weinheim 2005

Kercher, A., und Höhn, K.: Kindergarten 2 Plus. Arbeitshilfe für Teams und Träger zur Betreuung, Bildung und Erziehung von zweijährigen Kindern im Kindergarten. KVJS Baden-Württemberg 2005

Largo, R.: Babyjahre. Piper Verlag, München/Zürich 2004

Reuys, E., und Viehoff, H.: Wir erforschen unsere Welt. Ideen und Spiele für die 1–3-jährigen. Don Bosco Verlag, München 2006

Vogel, Th.: Familienbegleitung. Anregungen zur Gestaltung von Eltern-Kind-Kursen im ersten Lebensjahr. GfG – Gesellschaft für Geburtsvorbereitung, Bundesverband e. V., Düsseldorf 2003

Wahlgren, A.: Kleine Kinder brauchen uns. Beltz Verlag, Weinheim und Basel 2006

Weber, C. (Hrsg.): Spielen und Lernen mit 0–3-Jährigen. Der entwicklungszentrierte Ansatz in der Krippe. Cornelsen Verlag Scriptor, Mannheim 2. Aufl. 2004

## 4.3 Religionspädagogik

*In dieser Zeit ...*
*Wir haben größere Häuser, aber immer kleinere Innenräume in uns selbst,*
*eine zunehmend größere Bequemlichkeit, aber weniger Zeit für*
*ein bewusstes Leben.*
*Immer mehr Wissen, aber weniger Sicht für das Wesentliche.*
*Mehr Experten, aber größere Schwierigkeiten.*
*Ständig mehr Erlebnisse, aber weniger Bildung.*
*Viele Informationen, aber immer weniger Interaktionskultur.*
*Wir rasen durch die Zeit, regen uns über vieles zu sehr auf,*
*lesen zu wenig, sehen zu viel fern und tun Dinge, die wenig*
*selbsterfahrungsorientiert und entwicklungsförderlich sind.*
*Wir wissen, wie man den eigenen Lebensunterhalt verdient –*
*aber nicht, wie man lebt. Wir haben dem Leben Jahre hinzugefügt,*
*aber nicht den Jahren Leben. Wir kommen zum Mond und zum Mars,*
*aber nicht mehr an die Türe zum Bewohner nebenan.*
*Wir haben den Weltraum erobert, aber nicht den Raum in uns.*
*Wir können Atome spalten,*
*aber nicht unsere Vorurteile und die Art der Oberflächlichkeiten,*
*zurückliegende und gegenwärtige Dinge der Welt zu betrachten,*
*zu verstehen und vor allem zu verändern.*

(unbekannter Verfasser)

Neben einer dringend notwendig gewordenen Diskussion über die Bedeutung unterschiedlicher „Ansätze in der Elementarpädagogik", wie sie in den letzten Jahren zu beobachten war, wurde gleichfalls in der Vergangenheit verstärkt das Verständnis von „Religionspädagogik" diskutiert. Dabei schieden sich schon – zu Recht – die Gemüter an der unterschiedlichen Begrifflichkeit:

- religiöse Erziehung,
- Erziehung zum Glauben,
- Religionspädagogik,
- Glaubensvermittlung,

- missionarisch-diakonische Pädagogik,
- christliche Erziehung
- ...

Gerade eine Diskussion dieser Begriffe (und ihrer damit eng verbundenen Haltung zu Kindern/um Glauben) sollte bei einer Konzeptionserarbeitung nicht zu schnell in einem verurteilenden Sinn oder durch Vorurteile gespeist geführt werden, geht es doch bei Kindertageseinrichtungen vor allem unter kirchlicher Trägerschaft darum, die Bedeutung der Aussagen auf das eigene Leben (die persönliche Lebensgestaltung) zu übertragen.

Nichts scheint so unfruchtbar zu sein, als zunächst Grundsatzfragen der Religionspädagogik „intellektuell" erfassen und diskutieren zu wollen, um bestimmte Grundaussagen auf die eigene Arbeit mit Kindern zu übertragen. Religionspädagogik – bzw. religiöse Fragen – beginnen immer bei der Auseinandersetzung mit der eigenen Person, etwa in der Suche nach einer Antwort auf die Frage,

- wie die eigene christliche Erziehung im Elternhaus/in der früheren Kirchengemeinde empfunden wurde,
- welche angenehmen bzw. unangenehmen Erfahrungen gemacht wurden und heute bewertet werden,
- welche Symbole des Christentums für die eigene Lebensgestaltung damals und heute von Bedeutung waren/sind,
- welchen Sinn das Christentum heute für das eigene Leben spielt und wie es gelebt wird,
- welchen Stellenwert christliche Symbole heute in der eigenen Familie besitzen und wie sie praktiziert werden.

Die Frage der (Aus-)Gestaltung des religionspädagogischen Auftrages kirchlicher Einrichtungen beginnt mit einer Bestandsaufnahme und Reflexion des eigenen Lebens, damit die Möglichkeit besteht, Fragen zur Religionspädagogik zunächst mit sich selber zu klären.

Unbestritten muss und darf ein Kindergarten unter kirchlicher Trägerschaft das Recht haben, Mitarbeiter/-innen aufzufordern, sich mit den „spezifisch kirchlichen/diakonischen Merkmalen" auseinanderzusetzen. Dasselbe gilt für die Trägervertreter. Leider war/ist es in vielen Kindergärten unter kirchlicher Trägerschaft üblich gewesen (Hinweis: nicht in allen, aber in vielen!), dass das Thema „Religionspädagogik" ein „Leben am Rande" geführt hat/führt. So beschränkte sie sich eher auf ritualisierte Formen der „Glaubensgestaltung", etwa beim Beten vor dem Essen, der Gestaltung kirchlicher Feste (innerhalb des Kindergartens und in der Kirche), dem Singen religiöser Lieder, dem Erzählen biblischer Geschichten, dem Zusammensein mit dem Pastor/ der Pastorin, der Teilnahme an Aktivitäten der Kirchengemeinde oder etwa beim Besuch des Kindergottesdienstes. Von den Mitarbeitern und Mitarbeiterinnen wurde häufig erwartet, sich auch im Gemeindeleben aktiv einzugeben und als Mitglied der Kirchengemeinde auch außerhalb des Kindergartenlebens ein „kirchliches Profil" zu zeigen.

Religionspädagogik kann je nach Sichtweise und Haltung der Mitarbeiter/-innen sehr unterschiedlich verstanden und diskutiert werden. Für die einen ist es eine „Einübung in christliche Traditionen", für die anderen ist es eine „lebendige Gestaltung religiöser Werte", für die eine dritte Gruppe wiederum ist es eine Kombination aus den beiden ersten Aussagen.

Für die einen ist es ein „Zusatzprogramm zur allgemeinen Elementarpädagogik", für die anderen offenbart sich eine lebendige Religionspädagogik gerade in der Integration christlicher Einstellungen in die Gesamtpädagogik. Für die einen ist es eine „Erziehung zum Glauben", für die anderen ist es „eine Theologie des Kindes". Immer treffen dabei Gegensätze aufeinander, die sich nicht nur im Gebrauch unterschiedlicher Worte niederschlagen, sondern die sich vor allem in einer grundsätzlichen Einschätzung religionspädagogischer Werte widerspiegeln. Genau diese *Werte* bedürfen in der Konzeptionserarbeitung oder -überarbeitung und selbstverständlich auch darüber hinaus einer breiten und intensiven Diskussion, wobei Trägervertreter/-innen, Pastoren und Pastorinnen und die Mitarbeiter/-innen bemüht sein sollten, ehrlich und neugierig Antworten auf gegenseitige Fragen zu finden. Religionspädagogik hat unbestritten dort ihren tiefen Sinn, wo sie eine „Theologie des Kindes" ist und ganzheitlich ausgerichtet und gestaltet ist. Erinnert sei an dieser Stelle an das Beispiel, in dem Eltern ihre Kinder zu Jesus tragen wollten und die Jünger sie davon abzuhalten gedachten, weil sie der Meinung waren, Kinder seien zu gering und Jesus für Kinder zu hehr. Doch Jesus entschied sich anders und verwahrte sich regelrecht gegen diese Zumutung als er sprach: „Lasset die Kinder zu mir kommen und wehret ihnen nicht ..."(Mark.10).

Oder als die Jünger Jesu sich über ihre Größe und Würde aufhalten, da nimmt Jesus ein Kind, stellt es neben sich und sagt: „Wer ein solches Kind aufnimmt, der nimmt mich auf." (Mark.9) Kinder sind etwas Besonderes – das Kostbarste auf dieser Welt, und wenn wir sie nicht ernst nehmen bzw. ihnen Gewalt antun – durch Taten oder Worte –, so sagt Jesus: „Einen Mühlstein soll der um den Hals bekommen, der Kinder misshandelt, und er soll im Meer ersäuft werden, wo es am tiefsten ist." (Mt. 18)

Religionspädagogik hat darüber hinaus also vom Kind aus zu beginnen, bei Lebensthemen der Kinder, ihren Sorgen und Nöten, ihren Freuden und ihrem Leid, ihren Traurigkeiten und ihrer Neugierde, ihrer Verschlossenheit und grenzenlosen Offenheit. Kinder lernen dann am besten, wenn sie spüren, dass *ihre* Fragen und Gefühle begleitet werden, dass *sie* es sind, die für weitergehende Impulse Verantwortlichkeiten in Gang gesetzt haben und nicht Erwachsene mit Themen/Moralisierungen beginnen, bei denen Kinder sich unverstanden und alleine fühlen (müssen). Religionspädagogik als eine Theologie vom Kinde aus versteht sich nicht als eine höhere Einsichtsvermittlung in einer besonders dafür arrangierten Atmosphäre, sondern in einem Ernstnehmen besonderer Kindersituationen und einem Einflechten religiöser Werte wie Vertrauen, Vergebung, Befreiung, Glück und Liebe. Das Evangelium ist eine frohe Botschaft, die Kindern und Erwachsenen Mut macht, das Leben zu gestalten, Erfahrungen im Leben zu strukturieren und in alltäglichen Zusammenhängen ganz praktisch zu erfahren. Religionspädagogik als eine diakonische Aufgabe nimmt Kinder ernst, gesteht ihnen selbstverständlich und gerne ein grundsätzliches Mitspracherecht zu und bemüht sich, dass Kinder sich in einer für sie immer fremderen Welt aufgehoben und verstanden fühlen.

## 4.3.2   Brainstorming zum Schwerpunkt „Religionspädagogik"

- Kirchen und ihre Mitverantwortung für den Kindertagesstättenbereich (Beschreibung bisheriger Mitverantwortung in der Gemeinde; Erörterung von Perspektiven und Notwendigkeiten)
- Selbstverständnis der Mitarbeiter/innen zur Religionspädagogik (Bestandaufnahme bisheriger Realitäten und ihre Bedeutung für die persönliche und berufliche Lebens-/Arbeitsgestaltung)
- Begriffsbestimmung zu „Religionspädagogik" gegenüber einer „religiösen Erziehung"
- Zustimmung/Ablehnung zum Begriff „Unterweisung im Gauben" (Problematisierung des Anspruchs einer „Glaubensunterweisung")
- Zustimmung/Ablehnung zur Aussage „Religiöse Erziehung ist ein Zusatzprogramm"
- Zustimmung/Ablehnung zur Aussage „Religionspädagogik ist ein natürlicher Teil des gemeinsamen Lebens mit Kindern" (Verdeutlichung anhand praktischer Beispiele)
- Religionspädagogik geschieht durch die Integration des Evangeliums in alltäglichen Erfahrungen und Erlebnissen.
- Religionspädagogik ist keine Einübung in „kultisch-rituelle Frömmigkeits- und Konfessionsriten"
- Religionspädagogik versteht sich nicht als eine Indoktrination christlicher Dogmen.
- Religionspädagogik ist gleichfalls keine Einübung in magische Vorstellungsmuster, mit denen Kinder überfordert sind.
- Religionspädagogik knüpft an den praktischen Erfahrungen der Kinder an.
- Vernetzung einer wertorientierten Entwicklungsbegleitung und einer kindorientierten Sicht des Lebens als ein wesentlicher Bestandteil einer Religionspädagogik.
- Religionspädagogik erfordert eine deutliche Solidarität mit Kindern
- Religionspädagogik erfordert die Wertschätzung der Würde von Kindern (als Ebenbild Gottes). (Bestandaufnahme zur Wertschätzung der Würde von Kindern)
- Christlichkeit legt Wert auf die Schaffung eines Vertrauensklimas zwischen Kindern und Erwachsenen. (Bestandsaufnahme zu den besonderen Merkmalen vertrauensbildender Möglichkeiten)
- Christlichkeit unterstützt die Erfahrung der Kinder, dass sie geliebt und verstanden, angenommen und getragen werden.
- Religionspädagogik legt Wert auf die Integration des Kindergartens in der Gemeinde. (in demokratischer Absprache und gegenseitigem Zugestehen der unterschiedlichen Kompetenzen in den Bereichen Theologie und Elementarpädagogik)
- Religionspädagogik verfolgt keine Anpassung von Kindern (Erarbeitung unterschiedlicher Merkmale von Anpassung und Befreiung)
- Religionspädagogik ist keine instrumentalisierte Form organisatorischer Rituale. (Beispiele lebendiger Christlichkeit)

- Religionspädagogik zeichnet sich durch ihre Qualität, nicht durch die quantitativen Aktionen in der Zusammenarbeit mit der betreffenden Kirchengemeinde aus. (Beispiele qualitativer Religionspädagogik)
- Religionspädagogik orientiert sich an den Herausforderungen der Gegenwart. (Beispiele einer christlichen Unterstützung kindlicher Entwicklungen)
- Gott ist weder eine Aufsichtsperson noch ein Erziehungsmittel (Beispiele für die Blockierung zum Aufbau eines Vertrauens)
- Religionspädagogik sorgt für ein Entwicklungsklima der Geborgenheit von Kindern und für eine Vermeidung irgendwelcher Angstfixierungen.
- Religionspädagogik unterstützt den Auf-/Ausbau einer christlichen Moral und verzichtet dabei auf moralisierende Merkmale. (Beispiele für den Unterschied zwischen „Moral" und „moralisierende Verhaltensweisen")

### 4.3.3 Literaturverzeichnis Themenbereich: Religionspädagogik

Betz, F.: Die Seele atmen lassen. Mit Kindern Religion entdecken. Kösel-Verlag, München 1989

Both, D., und Bingel, B.: Was glaubst du denn? Eine spielerische Erlebnisreise für Kinder durch die Welt der Religionen. Ökotopia Verlag, Münster 2000

Cavalletti, S.: Das religiöse Potential des Kindes. Religiöse Erziehung im Rahmen der Montessori-Pädagogik. Verlag Herder & Co. Wien 1994

Goecke-Seischab, M. L., und Harz, F.: Komm, wir entdecken eine Kirche. Räume erspüren, Bilder verstehen, Symbole erleben. Tipps für Kindergarten, Grundschule, Familie. Kösel-Verlag, München 2. Aufl. 2002

Harz, F.: Kinder und Religion. Was Erwachsene wissen sollten. Kallmeyer'sche Verlagsbuchhandlung, Seelze 1996

Jäggle, M., und Mayer-Skumanz, L.: Mit Kindern über den Glauben reden. Tyrolia-Verlag, Innsbruck/Wien 1994

Krenzer, R.: Grundkurs Glauben erlebbar machen. Spielgeschichten und Lieder für die religiöse Erziehung im Kindergarten. Verlag Herder, Freiburg 1996

Lorenz, G.: Mit Kindern Jesus kennenlernen. Ein Buch, von dem auch Erwachsene profitieren. Verlag Herder, Freiburg 1997

Niehl, F. W. et al.: Damit es wieder ein Fest wird ... Praxishilfen zur religiösen Erziehung im Kindergarten. Kösel-Verlag, München 2000

Scheilke, Ch. Th., und Schweitzer, F. (Hrsg.): Kinder brauchen Hoffnung. Religion im Alltag des Kindergartens. Gütersloher Verlagshaus/Verlag Ernst Kaufmann, Gütersloh 1999

Schweitzer, F.: Das Recht des Kindes auf Religion. Ermutigungen für Eltern und Erzieher. Gütersloher Verlagshaus/Verlag Ernst Kaufmann, Gütersloh 2000

Zink, H., und Zink, J.: Kriegt ein Hund im Himmel Flügel? Religiöse Erziehung in den ersten sechs Lebensjahren. Kreuz Verlag, Stuttgart 2003

## 4.4 Kinder im Mittelpunkt

*Die Mitgift,*
*die unsere Kinder am besten*
*auf die Unwägbarkeiten der Zukunft vorbereiten kann,*
*ist eine erneuerte Achtung*
*vor der Kindheit selbst.*
*Solcherart gestärkt,*
*können unsere Kinder zu starken,*
*belastbaren und kreativen Menschen werden,*
*die mit Kompetenz und Mut*
*der unbekannten Zukunft ins Auge sehen.*

(Cordes/Miller)

### 4.4.1 Einführung

Eine Konzeption dient neben einer Reflexion bisheriger Arbeitsschwerpunkte und einer deutlichen Erarbeitung neuer Perspektiven vor allem der Überprüfung der Aussage, eine „Pädagogik vom Kinde aus" zu gestalten. Allzu schnell werden solche – sicherlich überaus wichtigen – Aussagen vorgenommen, ohne allerdings den Wert dieses hochgesteckten Ziels in seiner ganzen Bedeutung zu erfassen.

Kinder kommen in den Kindergarten, um mithilfe der Mitarbeiter/-innen
- ihr Leben Stück für Stück weiterzuentwickeln,
- ihre Identität auf- und auszubauen,
- über viele Handlungsprozesse Antworten auf ihre Fragen zu bekommen,
- die ganze Vielfalt des Spielens zu genießen,
- sich mit sich selber und anderen auseinanderzusetzen,
- Freude und Glückserlebnisse zu haben,
- neue Erfahrungen zu machen bzw. bekannte Erfahrungen zu wiederholen,
- mit ausgeprägter Neugierde Unbekanntes auszuprobieren,

Dabei ist es notwendig, dass der Kindergarten ein Ort des gemeinsamen Lebens und Lernens ist, in dem sich Kinder wohlfühlen und erleben können. Allzu lange wurde – nicht zuletzt durch veraltete Ausbildungsordnungen in Fachschulen und durch die Vermittlung längst überholter Inhalte – *für* Kinder gedacht und geplant anstatt *mit* ihnen den Kindergartenalltag zu organisieren. So wundert es nicht, dass selbst im Kindergarten von drei Ausgangsmerkmalen gesprochen werden konnte: Kinder wurden verplant, ihre Erfahrungsräume eingegrenzt und ihre Erfahrungszeiten durch unterschiedliche Zeitstrukturvorgaben eingeengt. Zusätzlich entsprach es einer traditionellen Erzieher(innen)rolle zu glauben, dass Kinder mit Inhalten und vorgegebenen Methoden konfrontiert werden müssten, damit sie etwas *lernen*. Dieser Begrill zog sich wie ein roter Faden durch die gesamte Elementarpädagogik: Lernen als eine organisierte Form des Anleitens und Auseinandersetzens, um auf bestimmte Zukunftsanforderungen vorbereitet zu sein. Allzu schnell vergaß man dabei, dass Kinder gerade in ganz alltäglichen Handlungsvollzügen bedeutsame Erfahrungen machen und *selber* ihre eigenen Lernprozesse dadurch organisieren, indem sie sich mit für sie aktuellen Tätigkeiten aktiv auseinandersetzen. Meist sind es Erfahrungen, Erlebnisse und Ereignisse, die Kinder in ihren vielfältigen Aktivitäten zu verstehen versuchen, um „etwas klar zu kriegen". Durch die Fixierung der Elementarpädagogik auf eine vorweggenommene Zukunft wurden/werden Kinder in ausgeprägtem Maße ihrer Gegenwart beraubt, weil nur das Ferne, das zu Erwartende Gültigkeit besaß.

Eine Erklärung dafür ist schnell gefunden: Einerseits lag diesem Handeln ein „Bild vom Kinde" zugrunde, dass es offensichtlich ein „unfertiger Mensch" sei, der durch gezielte Angebote erst zu einem „reiferen, fertigen Menschen,, herangebildet werden musste. Zum anderen waren/sind auch immer die unterschiedlichen Erwartungen mancher Eltern mit dafür verantwortlich, dass die Zeit des Kindergartens für Kinder einen erfolgversprechenden Nutzen mit sich bringen sollte. Doch immer sind es *Kinder* „die diese Ansprüche auszuhalten hatten und die sich ggf. auch durch ihre besonderen Verhaltensweisen der Überforderung entgegenstellten (z. B. durch aggressive Abwehr, durch Rückzug oder andere Verteidigungsmechanismen). Kinder befanden/befinden sich immer mehr in einer Welt, die zunehmend verpädagogisiert und vertherapeutisiert wurde/wird. Viele Aspekte des Kinderlebens gestalten sich folgenotwendig in einer Umsetzung von pädagogischen Dogmen (= i. S. festgesetzter Weisheiten), etwa wenn es nicht mehr um eine ausgewogene, sondern um eine „ökologisch wertvolle Ernährung" geht, wenn dem Spiel der Kinder weniger eine lustbereitende Funktion zugestanden wird und vielmehr das Spielen und das Spielmaterial unter einem „Förderaspekt mit pädagogisch wertvollen Impulsen" begutachtet wird oder ganz natürliche Umfeld-/Umwelterfahrungen zu einer „naturnahen Ökologieerfahrung" gestaltet werden. Dazu kamen/kommen immer neue Spezialisierungen: Anstatt mit Kindern die Kindergartenräume zu durchforsten und sich von überflüssigen Materialien zu trennen, wurden „spielzeugfreie Räume" zu einem neuen Programm erklärt und Friedenserziehung hat in manchen Einrichtungen einen Vorrang vor der Tatsache, dass es doch eher darum geht, friedvoll mit Kindern den Alltag zu erleben. Anstatt die „pädagogischen Programme" in Kindergärten auf ihren Nutzen hin zu überprüfen, kamen immer wieder neue Spezialisierungen dazu, und dabei wurde/wird der Tatsache kaum Rechnung getragen, dass natürliche(!) Zusammenhänge und Vernetzungen eine immer geringere Bedeutung spiel(t)en. Kinder sind Kinder – verträumt und aktiv, zurückgezogen und lebendig, friedvoll und selbstbestimmt, egoistisch und sozial ausgerichtet; sie möchten einmal alleine sein oder mit anderen zusammenspielen, sind mutig und ängstlich, bilden Banden oder fühlen sich ausgeschlossen. Zu schnell und zu stark geschieht es, dass ursprüngliche Verhaltensweisen von Kindern unter einer „pädagogischen Erwachsensicht" beurteilt und verändert werden (sollen), sodass sich Kinder mit der Zeit immer weniger verstanden fühlen.

Für Kinder ist es ebenso notwendig, sich mit anderen Kindern auseinanderzusetzen und zu streiten, sich von anderen zurückzuziehen und mit bestimmten Kindern keinen Kontakt pflegen zu wollen, sich mit ganzer Macht gegen unangenehme bzw. unzutreffende Erwartungen zu wehren oder in einer großen Fantasiewelt zu leben, bei der die Realität in weiter Ferne liegt. Kinder mit Ängsten brauchen ihre „imaginären Freunde" (= ausgedachte Personen/Tiere) so lange, wie sie ihnen helfen, bestimmte Ereignisse zu überleben, und sie nutzen dann ihre Übertragungen auf bestimmte Figuren in ihren Lieblingsmärchen, solange ihnen diese Identifikationsmöglichkeiten zur Verfügung gestellt werden. Erinnert sei in diesem Zusammenhang an die dogmatische Herabwürdigung der Märchen in den Sechziger- und Siebzigerjahren.

Kinder brauchen die Möglichkeiten, sich dann zu bewegen, wenn sie sich in Stresssituationen befinden, und sie reagieren mit einem berechtigten Ärger, wenn sie immer wieder zur Ruhe gerufen werden. Kinder suchen vielfältige Möglichkeiten, einige Erfahrungen zu machen, und dabei ist es für sie nicht nachvollziehbar, dass offensichtlich einer propagierten „Aufsichtspflicht" mehr Bedeutung beigemessen wird als ihren Experimentierwünschen.

Kinder genießen es, wenn sie in Kinderkonferenzen, die regelmäßig stattfinden, ein offenes Ohr für ihre Wünsche und Bedürfnisse, Sorgen und Nöte, Ansprüche und Freuden finden, wenn sie erfahren, dass ihre Aussagen ernst genommen werden und sie Beachtung finden, wenn andere ihnen zuhören und vor allem ihre Aussagen bei abzusprechenden Regeln oder Vorhaben dazu führen, dass sie wertgeschätzt werden.

Kinder suchen im Kindergarten nach Möglichkeiten, sich aus Ängsten zu befreien und neue Hoffnungen aufbauen zu können, und sie vertrauen darauf, dass sich im Kindergarten andere Rituale ergeben als zu Hause. Um diese wenigen Forderungen durchzusetzen und weitere Notwendigkeiten zu erarbeiten, ist es für die Mitarbeiter/-innen hilfreich, möglichst alle Aussagen mit dem Schwerpunkt „Kinder im Mittelpunkt" mit vielen praktischen Beispielen zu füllen, um aus der Grauzone einer bloßen „Wortnutzung" herauszukommen.

### 4.4.2   Brainstorming zum Schwerpunkt „Kinder im Mittelpunkt"

- Mit Kindern leben und lernen (Abgrenzung zur Aussage „an Kindern arbeiten")
- Im „Jetzt und Heute" mit Kindern leben (Merkmale einer Gegenwartsorientierung)

- Streit unter Kindern ist etwas Normales (Verzicht auf ständige Klärungsversuche durch die Erzieher/-innen)
- Kinder haben ein Recht auf Respekt und Achtung (Beispiele zur Wertschätzung von Kindern in Abgrenzung zu Erlebnissen einer Geringschätzung)
- Kinder haben ein Recht auf Geheimnisse (Beispiele für den Kindergarten als einen Ort ungeteilter Zeiten in Abgrenzung zu Erlebnissen des Gedrängtwerdens und der Hektik)
- Kinder haben ein Recht auf Verständnis und Verlässlichkeit (Beispiele für den Kindergarten als einen Ort der Akzeptanz ihrer Persönlichkeit und des Erlebens von Sicherheit in Abgrenzung zu Erlebnissen von Verunsicherungen und Abwertungen ihrer Person)
- Kinder haben ein Recht auf das Erleben von Gewaltfreiheit (Beispiele für den Kindergarten als einen Ort für eine angstfreie Entwicklung in Abgrenzung zu Erlebnissen von angstbesetzten oder gewaltvollen Erfahrungen)
- Kinder haben ein Recht auf Bewegung und Ruhe (Beispiele für den Kindergarten als einen Ort der Lebendigkeit und Entspannung in Abgrenzung zu Erlebnissen der Unterdrückung von Bewegung bzw. der Provokation von Anspannungen)
- Kinder haben ein Recht auf Erfahrungsräume (Beispiele für den Kindergarten als einen Ort vielfältiger Erlebnisse in Abgrenzung zu Merkmalen einer isolierten und künstlichen Kinderwelt)
- Kinder haben ein Recht auf Mitsprache (Beispiele für den Kindergarten als einen Ort erfahrbarer Demokratie in Abgrenzung zu Erlebnissen autoritärer Strukturen)
- Kinder haben ein Recht auf gemeinsam getroffene Regelabsprachen (Beispiele für den Kindergarten als einen Ort für Kinder in Abgrenzung zu Merkmalen festgelegter Regeln und Verordnungen)
- Kinder haben ein Recht auf eigene Gefühlsausdrucksmöglichkeiten (Beispiele für den Kindergarten als einen Ort des Erlebens ihrer Emotionen in Abgrenzung zu Erlebnissen der Unterdrückung von Gefühlen)
- Mitgestaltung der Gegenwart unterstützt die Fähigkeit, auch die Zukunft mitzugestalten (Beispiele der aktiven und beteiligten Mitgestaltung der Tagesabläufe durch Kinder)
- Den Kindern zuhören (Kinder aussprechen lassen)
- Die Kinder in ihren eigenen Gedanken begleiten (Beispiele der Sprachbegleitung unter Verzicht auf Fragen)
- Kinder informieren statt sie zu belehren (Beispiele gelungener/misslungener Auseinandersetzungen)
- Kinder ernst nehmen (Beispiele, in denen Kinder nicht einer Lächerlichkeit oder anderen Verletzungen ausgesetzt waren/sind)
- Kinder haben ein Recht darauf, die Mitarbeiter/innen als engagierte Erwachsene zu erfahren, die Stellung beziehen (Beispiele für Engagement und deutliches Stellungnehmen)

- Durchführung von regelmäßigen „Kinderkonferenzen" (Möglichkeiten für Kinder und Erwachsene, Bedürfnisse und Wünsche zu thematisieren und Regelungen zu treffen)
- Kinder können auch bei entsprechendem Wunsch bei sogenanntem „schlechten Wetter" nach draußen (ehrliche Abwägung der Mitarbeiter/-innen zwischen eigenen Bedürfnissen und denen der Kinder)
- Überprüfung der Sinnbedeutung alltäglicher Morgen- und Abschlusskreise (freiwilliges Angebot für alle Kinder)
- Kinder im Rahmen der Möglichkeiten das Gehen eigener Wege in ihrer Schwerpunktsetzung gewähren (freiwillige Teilnahme bei den unterschiedlichen Projekten)
- Kindern ein Recht auf Kranksein zugestehen (Eltern auf die Notwendigkeit hinweisen, dass kranke Kinder zu Hause bleiben, um ihre Krankheiten in Ruhe und bei guter Fürsorge durch die Erwachsenen auskurieren zu können)
- Nähe(wünsche) von Kindern zulassen (keine Blockaden von kindgewünschten Zärtlichkeitsbedürfnissen)
- Akzeptanz von Ritualen, sofern sie von Kindern gebraucht werden (Rituale als Sicherheiten zur Orientierungshilfe im Tagesablauf)
- Akzeptanz von mitgebrachtem Spielzeug (nicht „nur" an sogenannten „Spielzeugtagen")
- Kindern auf ihre Fragen antworten (nicht auf spätere Zeitpunkte der Beantwortung vertrösten)
- Erfahrungen mit dem eigenen Körper akzeptieren (Kindern das Recht auf ihre eigene Sexualität zugestehen, sofern „Macht" oder Gewalt bzw. Zwang über andere ausgeschlossen sind)
- freies Frühstück (Kindern ein Recht auf ihr eigenes Essbedürfnis/Hungergefühl zugestehen)
- Kindern die Möglichkeit gewähren, sich schmutzig zu machen (z. B. beim Buddeln, Graben, Spielen mit Wasser, Matschen...)
- Neugierde der Kinder wertschätzen und unterstützen (gemeinsam mit Kindern aus ihrer Perspektive die Welt erfahren helfen)
- Lebendigkeit der Kinder akzeptieren (die unterschiedlichen Temperamente von Kindern wahrnehmen und tolerieren)
- das Gefühl der Kinder, Stolz zu erleben, deutlich unterstützen (kindeigene Handlungsversuche bejahen)
- Kinder in ihrer Vielfalt beobachten (das Handeln der Kinder beschreiben und verstehen, nicht verurteilen bzw. durch Vermutungen eigene Wahrheiten schaffen)
- Versprechen und Absprachen einhalten (Kindern das Gefühl der unbedingten Verlässlichkeit schenken)
- mit Kindern experimentieren und dem Prozess des Entstehens von Ergebnissen eine größere Bedeutung zugestehen als dem entstehenden Produkt
- Ausdrucksformen der Kinder verstehen wollen (sich in die Symbolik kindlicher Welten einarbeiten)

- Kinderzeichnungen akzeptieren ohne „ästhetische Korrekturen" (den Erzählwert der Bilder und Zeichnungen in seiner ursprünglichen Bedeutung begreifen)
- Auf „Besserwissereien" grundsätzlich verzichten (Machtkämpfe im Hinblick auf einen „Sieger" und einen „Verlierer" vermeiden)
- Wertschätzung und Zuneigung – unabhängig von erbrachten „Leistungen" – den Kindern schenken (mit Kindern die Vielfalt unterschiedlicher Ausdrucksformen erfahren und bewundern)
- Verzicht auf jede Form der Ironie (Kinder können sog. „Doppelbotschaften" nicht eindeutig verstehen)
- Vergleiche der Kinder miteinander vermeiden (Kinder in ihrer Einmaligkeit auf dem Hindergrund ihrer besonderen biografischen Erfahrungen sehen)
- Bloßstellungen von Kindern unterlassen (Beispiele für Bloßstellungen identifizieren)
- kein Kind ausgrenzen (Integration unterschiedlicher Ansprüche und Erlebniswelten)
- Märchen einen Stellenwert einräumen (Kenntnisse der Märchen nutzen, um Kindern in besonderen Problemlagen hilfreiche Identifikationssituationen/-figuren zur Verfügung zu stellen)
- auf gesonderte Spezialisierungen verzichten zugunsten einer ganzheitlichen Projektarbeit (Bewegungsermöglichung an allen Tagen statt fester, isolierter Turntage; mit Kindern einen Weg zur Ausgewogenheit des täglichen Frühstücks suchen statt einer verordneten „gesunden Ernährung"; Musik mit Kindern im täglichen Miteinander erleben statt einer „funktionsorientierten musikalischen Frühförderung")
- mit Kindern lachen und weinen, schimpfen und ärgern, sie in Ängsten begleiten und in ihrer ganzen Emotionalität verstehen (Gefühle erleben statt unterdrücken oder „zivilisieren")
- Kinder alleine lassen, wenn sie es wünschen (statt sie in soziale Bezüge integrieren wollen)
- mit Kindern die Tage zu Erlebnissen gestalten (statt langweilige Programme durchsetzen)
- mit Kindern spielen (statt aus einer Angst vor Beeinflussung heraus sich aus vielen Spielaktionen heraushalten)
- Kindern ein Freund/eine Freundin sein (statt aus einer „übergeordneten Rolle" heraus Kinder belehren)
- Geheimnisse von Kindern für sich behalten, wenn sie es so wünschen
- Entwicklungsbegleitung der Kinder als eine Aufgabe verstehen (Pädagogik nicht als eine „funktionalisierte Prägung" mit „methodischen Schwerpunkten" einschätzen und realisieren)
- mit Kindern Wagnisse eingehen (Gegebenheiten als Herausforderungen begreifen)

### 4.4.3 Literaturverzeichnis
### Themenbereich: Kinder im Mittelpunkt

Brazelton, T. B., und Greenspan, St. I.: Die sieben Grundbedürfnisse von Kindern. Was jedes Kind braucht, um gesund aufzuwachsen, gut zu lernen und glücklich zu sein. Beltz Verlag, Weinheim 2002

Carle, U.;/Grabeleu-Szcez, D., und Levermann, S.: Sieh mir zu beim Brückenbauen. Kinder in Bildungs- und Übergangsprozessen wahrnehmen, würdigen und fördern. Cornelsen Verlag Scriptor, Mannheim 2007

Friedrich, H.: Beziehungen zu Kindern gestalten. Beltz Verlag, Weinheim 3. Aufl. 2003

Greenspan, St. I.: Das geborgene Kind. Zuversicht geben in einer unsicheren Welt. Beltz Verlag, Weinheim 2003

Günster, U.: Kinder auf ihrem Weg begleiten. Ein Erziehungsratgeber. Verlag Ernst Kaufmann, Lahr 2007

Herm, S.: Gemeinsam spielen, lernen und wachsen. Entwicklungsbegleitung von Kindern mit und ohne Behinderung im Kindergartenalltag. Cornelsen Verlag Scriptor, Mannheim 3. Aufl. 2007

Koneberg, L., und Gramer-Rottler, S.: Die sieben Sicherheiten, die Kinder brauchen. Neues aus der Evolutionspädagogik. Kösel-Verlag, München 2006

Krenz, A.: Was Kinder brauchen. Aktive Entwicklungsbegleitung im Kindergarten. Cornelsen Verlag Scriptor, Mannheim 2007

Krenz, A.: Mit Kindern jeden Tag erleben. Ein pädagogisches Gedankenbuch. Verlag Peter Höll, Modautal 3. Aufl. 1996

Krenz, A.: Elementarpädagogik aktuell. Die Entwicklung des Kindes professionell begleiten. Gabal Verlag, Offenbach 2003

Largo, R. H.: Kinderjahre. Die Individualität des Kindes als erzieherische Herausforderung. Verlag Piper, München/Zürich 1999

Lindgren, A.: Steine auf dem Küchenbord. Gedanken, Erinnerungen, Einfälle. Verlag Friedrich Oetinger, Hamburg 2000

Mettler-v. Meibom, B.: Gelebte Wertschätzung. Eine Haltung wird lebendig. Kösel-Verlag, München 2007

Reggio Children: Ein Ausflug in die Rechte von Kindern. Aus der Sicht der Kinder. Luchterhand Verlag, Neuwied/Kriftel 1998

Winkler, W.: Warum Kinder so verschieden sind. Kinder besser verstehen und fördern. VAK Verlags GmbH, Kirchzarten 2006

## 4.5 Kinder unter 3

*Du hast mir das Lachen und die Freude gezeigt,*
*mich vom Stillstand befreit.*
*Du hast mir Geborgenheit und Sicherheit gegeben,*
*hast mir gezeigt, wie es ist zu leben.*
*Du hast in mir Zuversicht, Hoffnung, Ziele und Staunen geweckt,*
*hast gemeinsam mit mir die vielen, eigenen verborgenen Talente entdeckt.*
*Und dafür liebe ich Dich.*

(Siegfried Maier)

### 4.5.1 Einführung

In den letzten Jahren kann verstärkt beobachtet werden, dass sich einerseits immer mehr Kindergärten für Kinder unter 3 öffnen, andererseits aber auch zunehmend Kinderkrippen installieren. Das, was in den jungen Bundesländern vor der Wende üblich war, hält nun auch in den alten Ländern verstärkt Einzug. Die Gründe dafür sind vielfältig: auf der einen Seite sind Eltern aufgrund ihrer ökonomischen Situation dazu gezwungen, ihr Kind schon vor dem dritten Lebensjahr in eine Einrichtung zu geben, um den Lebensunterhalt finanziell zu meistern. Deutschland weist in diesem Zusammenhang eine Erwerbsbeteiligung von Müttern von etwa 50 % auf, wobei 2/3 der Frauen einer Teilzeitbeschäftigung nachgehen. Auf der anderen Seite gibt es aber auch Eltern, die sich von einem möglichst frühzeitigen Krippen- bzw. Kindergartenbesuch entsprechende entwicklungsförderliche Anreize für ihre Kinder versprechen. Das trifft vor allem für Eltern zu, die ihrem Einzelkind schon möglichst früh soziale Erfahrungen ermöglich wollen – ungeachtet der Aussage des Wissenschaftlers Ahnert, der da konstatiert: „Es gibt bis heute keine Belege für Entwicklungsdefizite, wenn intensive Kontakte zu Gleichaltrigen erst im Kindergartenalter einsetzen." (in: Keller, H., 2003, S. 489–524). Daneben gibt es auch Eltern, die zumindest eine begrenzte Stundenzahl an den Wochentagen ohne ihr Kind verbringen möchten. Ohne die Motive der Eltern zu werten, geht es zunächst grundsätzlich darum, bestimmte Qualitätsmerkmale einer Unterbringung von Kindern unter 3 herauszustellen (siehe Brainstorming), um sowohl die Wünsche und Bedürfnisse von Eltern mit denen der Kinder in Einklang zu bringen, ist doch aus der Bindungsforschung bekannt, dass gerade Kinder unter 3 ganz besondere Umfelderfahrungen machen müssen, um sich seelisch, körperlich und geistig gut entwickeln zu können. Dazu liegen u. A. unterschiedliche Langzeitstudien vor – in Deutschland ist es vor allem die „Regensburger Längsschnittstudie" (in Grossmann/Grossmann, 2004) und in den USA ist es das „Minnesota Parent Child Project" (Sroufe/Egeland/Kißgen & Suess). Hierbei hat es sich gezeigt, dass neben den elterlichen Einflüssen auch andere Beziehungs- bzw. Bindungspartner (wie z. B. Erzieher/innen) für Kinder eine große Entwicklungsbedeutung besitzen können.

Aufgrund der starken Nachfrage an einer Unterbringung von Kindern unter 3 in entsprechenden Tageseinrichtungen sind die jeweiligen Bundesländer unterschiedlich intensiv damit beschäftigt, für ein verstärktes Angebot für diese Altersgruppe zu sorgen – entsprechend dem Tagesstättenausbaugesetz (TAG). Eine dabei vereinbarte Zielperspektive für die Länder, die der Europäischen Union angehören, besteht in der Absicht, bis zum Jahr 2010 für mindestens 33 % der Kinder unter 3 entsprechende Betreuungsplätze anzubieten.

Doch eines erscheint gleich zu Beginn der Einleitung von großer Bedeutung zu sein: Kinder unter 3 haben andere Entwicklungsbedürfnisse als ältere Kinder, weil ein- und zweijährige Kinder entsprechend ihrer Entwicklung auch ganz besondere Entwicklungsbesonderheiten aufweisen. Es wäre entwicklungspsychologisch betrachtet völlig falsch, wenn man „rechnerisch" denken würde, das Alter der Zweijährigen ergäbe sich lediglich aus der Subtraktion eines Jahres, nämlich 3 – 1 = 2. Dem ist nicht so! Vielmehr sind die unter dreijährigen Kinder

a) inmitten der Entwicklung ihres eigenen Gefühlsverständnisses und ihrer Gefühlregulation;
b) dabei, ihre Basisemotionen wie Freude, Ärger, Trauer und Angst auf-, aus- oder abzubauen;
c) inmitten des Auf- und Ausbaues ihrer eigenen, unverwechselbaren Identität, ihrer Sicherheit und ihres Selbstwertgefühls;
d) inmitten ihrer Sprachentwicklung, die auf vielfältige Dialoge (und damit auf keine permanenten Verbote, direktiven Hinweise, Belehrungen, moralisierende Einschüchterungen ö. ä.) angewiesen ist.

Darüber hinaus
- lernen sie mit dem ganzen Körper, vor allem durch selbstständiges Handeln und nicht durch sozial-orientierte Erwartungen oder Hinweise;
- beobachten sie außerordentlich intensiv ihr Umfeld und ahmen gerne die Personen nach, die für sie bedeutsam erscheinen;
- suchen sie die Kommunikation und Interaktion mit beziehungsnahen Personen und möchten diese am liebsten häufig „ganz für sich in Beschlag nehmen";
- leben sie in der Gegenwart und konzentrieren sich daher stets auf das „Hier und Jetzt";
- sind sie aufgrund ihrer Wahrnehmungsoffenheit voller Aktivitätsenergie und daher sehr viel in Bewegung;
- möchten sie die Welt um sich herum verstehen, Zusammenhänge begreifen, Ursachen erforschen, Grenzen überschreiten und vorgesetzten Regeln im Sinne ihres Forscherdranges keine Bedeutung schenken;
- sind sie, wenn sie sich etwas in den Kopf gesetzt haben, fest dazu entschlossen, ihre Absichten auch umzusetzen, weil sie mit großem Interesse ihre vorhandenen Fähigkeiten austesten wollen;

- stecken sie voller Gefühle, denen sie gerne, ungebremst, laut und persönlich mehr oder weniger intensiv geprägt freien Lauf lassen;
- sind sie in der Lage, aus plötzlich neuen Wahrnehmungsimpulsen heraus unvorhersehbare Gefühlserlebnisse auszudrücken;
- reagieren sie zumeist sehr impulsiv und sind von ihrem Alter her betrachtet selbstverständlich noch nicht in der Lage, sich einen Impuls der Selbstkontrolle zu setzen.

Darüber hinaus benötigen sie vor allem eine viel stärker Bindung zu Personen, die zuverlässig für sie da sind, wenn sie diese brauchen und gleichzeitig regelmäßig versorgen. Die in Deutschland besonders beachteten Verhaltensbiologen, PD Dr. Gabriele Haug-Schnabel und Dr. Joachim Bensel schreiben dazu: „/.../ eine liebevoll zugewandte und verlässliche Bindungsperson, ob innerhalb oder außerhalb der Familie, sollte jedem Kind während seiner Kindheitsjahre zur Seite stehen. /.../ Der Glaube an sich selbst kommt nicht von allein. Zugewandt, einfühlsam und zuverlässig verfügbar müssen Entwicklungsbegleiter sein, Achtung und Liebe spüren lassen, damit ein Kind an sich zu glauben beginnt. /.../ Die Qualität einer Bindung zeigt sich am Vertrauen des Kindes in die Zuwendung und Beruhigungsfähigkeit der Bindungsperson beim Umgang mit Belastungen." (2004, S. 9/S. 13). Gleichzeitig brauchen Kinder eine klarere und Orientierung gebende Struktur im Tagesablauf, andere Spielmittel als ältere Kinder, andere Erfahrungsmaterialien und genügend Platz sowie Ruhe, um sich verstärkt mit sich selbst auseinander zu setzen. Dies alles ist eine unabdingbare Voraussetzung für eine stabile Individualentwicklung, auf der sich die weiteren „Stufen" einer Sozial- und Sachkompetenzentwicklung aufbauen. „Bildung durch Bindung" – diese Grundaussage, die in der schwedischen Pädagogik eine gewaltige Rolle spielt, trifft bei der Betrachtung einer bildungsaktiven Entwicklung von Kindern gerade für diese Altersgruppe in starkem Maße zu. Nur sichere Bindungen „versetzen Kinder in eine bestmögliche Ausgangslage" (Haug-Schnabel, G. + Bensel, J., 2004, S. 8). Prof. Dr. Gerhard Suess hat es in seinem Vortrag auf der Didacta 2006 in Hannover so ausgedrückt: „Die Bindungserfahrungen bereiten die Bühne für die Erfahrungswelt der Gleichaltrigen ... und Kinder werden durch ihre besonderen Bindungserfahrungen gleichsam auf ein Gleis gestellt, von dessen Verlauf abhängig sie zunehmend unterschiedliche Erfahrungen sammeln." Insofern brauchen Kinder Lebens- und Erfahrungsbedingungen, unter denen sie einerseits ihre seelischen Bedürfnisse befriedigt bekommen und andererseits von sich aus in hohem Maße aktiv werden können. Das sind die zwei wesentlichen Eckpfeiler einer entwicklungsunterstützenden Pädagogik. Stabile Bindungen zu angenehm erlebten Bezugspersonen, vielfältige Kontakt- und Kommunikationserfahrungen, Freiräume zur Entfaltung der kindeigenen Ausdruckspotenziale, Zeit für intensive Selbstauseinandersetzungen und Sicherheit vermittelnde Strukturen tragen erst dann dazu bei, dass Kinder unter 3 in ein entsprechendes Entwicklungsgeschehen eintauchen können. Kinder in diesem Alter sind permanent in Lernprozessen involviert und in ihrer geistigen Arbeit tätig. Sie besitzen geradezu hochleistungsfähige Lernmechanismen, mit denen sie ihr aktuelles Wissen und Können immer wieder überprüfen, in Frage stellen, erweitern und verfeinern. Dabei kommt gerade in diesem Alter der Gruppen- und Erlebnisatmosphäre eine zusätzliche Bedeutung zu: „In einer heiteren Atmosphäre kommen die kindlichen Lernstrategien am besten zum Tragen. /.../ Heiterkeit ist ein Merkmal besonders günstiger und belebender Erziehungsumwelten" (Haug-Schnabel, G. + Bensel, J., 2004, S. 8). Finden Kinder alle diese Ausgangsdaten nicht vor oder nur in einem sehr eingeschränkten Maße, dann werden alle angesetzten Fördermaßnahmen entweder ohne Wirkung bleiben oder – was noch dramatischer wäre – entwicklungsschädigende Folgen auf Kinder haben. Eine Voraussetzung für die Möglichkeit der Erweiterung der Mutter-Kind-Dyade durch Erzieher/innen ist, dass die Anzahl der Menschen, mit denen das Kind z. B. in der Kindergruppe zusammen ist, für das Kind **überschaubar** bleibt und ein **konstantes Zusammensein** möglich ist (Haug-Schnabel, G. + Bensel, J., 2004, S. 22). In diesem Zusammenhang empfiehlt das Kinderbetreuungsnetz der Europäischen Union folgende Gruppengrößen:

| Alter der Kinder | Gruppengröße |
| --- | --- |
| 24 bis 36 Monate | 5 bis 8 Kinder |
| 36 bis 48 Monate | 8 bis 12 Kinder |
| 48 bis 60 Monate | 12 bis 15 Kinder |

Als Personalschlüssel weisen die EU-Empfehlungen folgende Zahlen auf:

| Alter der Kinder | Erzieher/in: Kinder |
| --- | --- |
| 0 bis 24 Monate | 1:3 |
| 24 bis 36 Monate | 1:3 bis 5 |
| 36 bis 48 Monate | 1,5 bis 8 |
| 48 bis 60 Monate | 1,6 bis 8 |

(In: Kinder in Europa. November 2004, S. 14)

Und schließlich kommt der Eingewöhnungszeit und dem Verlauf der Eingewöhnung eine weitere Bedeutung zu. Stets muss es darum gehen, die Eingewöhnungszeit (und damit die allmähliche Trennung von den beziehungskonstanten Elternteilen) sehr behutsam und langsam zu gestalten. Dabei ist Folgendes zu beachten:

1. Die Eingewöhnungszeit muss von einem Elternteil über einen längeren Zeitraum (wenn möglich und nötig in der Regel bis zu vier Wochen, ggf. bis zu 8 Wochen) gewährleistet sein, so dass stets auch von einer Elternbegleitzeit ausgegangen wird. Es kann mit einer Stunde begonnen werden, wobei die Zeitspanne dann auf vier Stunden und länger langsam ausgeweitet wird. Als besonders günstig hat sich darüber hinaus herausgestellt, wenn Kinder einzeln neu aufgenommen werden, beispielsweise in einem Abstand von jeweils 7 bis 14 Tagen, um so die Zuverlässigkeit der elementarpädagogischen Fachkräfte (vom Begrüßungsritual bis zur Verabschiedung) zu gewährleisten.

2. In dieser Zeit sollten die Elternteile eine den elementarpädagogischen Fachkräften gegenüber zugewandte Haltung einnehmen, um dem Kind zu zeigen, dass das Kind den Erzieher/innen vertrauen kann.

3. Je stärker sich das Kind den Spiel- und Handlungsmaterialien, den anderen Kindern und/oder den elementarpädagogischen Fachkräften zuwendet, desto deutlicher drückt es damit aus, dass es die Eingewöhnungszeit als angenehm und sicher erlebt.

4. Je mehr die Erzieher/innen dem Kind zugewandt sind, je stärker sie (unaufdring-lich) mit dem Kind kommunizieren, je feinfühliger sie sich dem Kind gegenüber verhalten und je beständiger die Beziehung gepflegt werden kann, desto intensiver wird das Kind die Tiefe der Beziehungsqualität erleben, suchen, ausbauen und schließlich verringern können, um sich dann noch stärker auf andere Kinder und die Materialien einlassen zu können.

5. Kinder brauchen, um sich dem Spiel oder dem Umgang mit Materialien zuwenden zu können, ein hohes Maß an Angstfreiheit. Daher ist es wichtig, dass Kinder in ihrer Gruppenumgebung auch immer wieder in Entspannungssituationen kommen können.

6. Nach Bensel + Haug-Schnabel sind antwortbereite, sensible, kommunikationsfreu-dige und entwicklungsorientierte Erzieher/innen „das Maß für Betreuungsqualität schlechthin, besonders im Hinblick auf kognitive und sprachliche Fähigkeiten der Kinder in den ersten drei Lebensjahren." (2004, S. 28). Eine sorgsame Sprachpflege, sprachliche Stimulierungen als motivierende Anregungen für Dialoge und sprachlich begleitende Beschreibungen kindlicher Tätigkeiten sorgen für eine sprach- und intel-ligenzfördernde Entwicklung. Damit gilt für elementarpädagogische Fachkräfte, dass sie selbst immer wieder ihre Sprachkompetenzen überprüfen und dort ihre Kommu-nikationskultur erweitern, wo Veränderungen angezeigt sind.

7. Entwicklungspsychologische Untersuchungen haben immer wieder gezeigt, dass Kinder erst ab dem fünften Lebensjahr in der Regel eine soziale Kompetenz und ein moralisches Wissen erwerben (R. Largo; R. Oerter; H. Keller; R. Kohnstamm). Insoweit ist zu beachten, dass diese Kompetenzen noch nicht von Kindern unter 3 erwartet werden dürfen! Dies wäre eine große Überforderung für die Kinder und würde im Sinne eines Erwartungsdrucks durch Erwachsene eine Verängstigung von Kindern zur Folge haben.

Schaut man sich zum Schluss die grundlegenden Kriterien dafür an, wann Kinder wirklich in der Einrichtung „Krippe oder Kindergarten" angekommen sind, dann stößt man schnell auf folgende Merkmale:

a) Kinder kommen gerne und freiwillig in die Einrichtung.

b) Kinder suchen bei Konflikten, Problemen oder Ängsten gerne die Erzieher/innen auf und lassen sich dann schnell von ihnen beruhigen.

c) Kinder weinen nicht beim Abschied von den Eltern, wenn sie zur Einrichtung gebracht werden.

d) Kinder klammern sich beim Ankommen in der Einrichtung nicht an ihre Eltern sondern suchen schnell den Kontakt zu ihren Erzieher/innen oder zu den Kindern bzw. vertiefen sich schnell in eine Tätigkeit/ein Lieblingsspiel.

e) Kinder sind größtenteils in der Einrichtung entspannt, fröhlich und zumeist „gut drauf".

f) Kinder zeigen kein so genanntes „Abseits-Verhalten" – sie entfernen sich nicht aus sozialen Beziehungen und ziehen sich nicht häufig in Raumecken und alleine zurück.

g) Kinder sprechen gerne und wahrnehmungsoffen die Erzieher/innen an, um Hilfe zu bekommen oder Erlebnisse zu berichten.

h) Kleinstkinder lassen sich mit einem Gefühl des Wohlbefindens von den elementarpädagogischen Bezugspersonen gerne wickeln oder beim Toilettengang begleiten.

i) Kleinstkinder lutschen eher selten an ihrem Daumen oder zeigen kaum bis keine rhythmischen Selbstberuhigungsbewegungen.

## 4.5.2 Brainstorming zum Schwerpunkt „Kinder unter 3"

- Die Aufnahme von unter dreijährigen Kindern dient nicht dem Zweck, Aufnahme- oder Belegungslücken in Kindergärten zu schließen oder Arbeitsplätze zu sichern;
- nicht nur das ganze Kollegium der Einrichtung sollte formal einer Aufnahme von Kindern unter 3 zustimmen, sondern vielmehr sollte jede elementarpädagogische Fachkraft eine „innere, positive Einstellung" zur Aufnahme von Kindern unter 3 besitzen
- eine verstärkte Ausrichtung auf pflegerische Tätigkeiten bei den unter dreijährigen Kindern verhindert insgesamt eine notwendige Persönlichkeitsentwicklung
- es findet eine Begrenzung der Gruppengröße, in denen Kinder unter 3 aufgenommen werden, statt (bei maximal 15 Kindern: maximal fünf Kinder unter 3)
- die Raumgröße ist so ausgelegt, dass mindestens 4,5 qm Fläche pro Kind vorhanden ist, wobei ein eigener Schlafraum für die Kinder zusätzlich zur Verfügung steht
- das Außengelände gibt den Kindern ausreichende Möglichkeiten, vielfältige Sinnes- und Bewegungserfahrungen zu machen
- eine Anwesenheit von mindestens zwei Fachkräften pro Gruppe ist sichergestellt
- es gibt spezifische Aufnahmekriterien, so dass eine ausgewogene Alters- und Geschlechterzusammensetzung gesichert ist
- eine Kontinuität der Beziehungen zwischen Mitarbeiter/innen und Kindern ist gewährleistet
- der Tagesrhythmus richtet sich weitestgehend nach den körperlichen, seelischen und sozialen Bedürfnissen der Kinder
- Kinder unter 3 finden andere Kinder gleichen Alters vor
- Kinder erfahren bei der Aufnahme in die Einrichtung eine für sie selbst zeitlich angenehme Eingewöhnungszeit gemäß den Erkenntnissen aus der Bindungstheorie
- Kinder erleben das Maß an Ruhe, das ihnen ein Ruheerleben und Rückzug ermöglicht

- Kinder erfahren direkte Zugewandtheit und Liebe
- Kinder erleben Vertrauen, um eigene Stärken und Potenziale zu entdecken und weitestgehend zu nutzen
- Kinder erfahren das Gefühl, verstanden zu werden
- Kinder erleben im Umgang mit Erwachsenen und durch räumliche sowie strukturelle Gegebenheiten Sicherheit
- Kinder haben eine große Bewegungsmöglichkeit
- Kinder erfahren bei ihrer Körperpflege Intimität
- Kinder haben entsprechend ihrer Möglichkeiten einen Einfluss auf das Geschehen, so dass sie Selbstwirksamkeitsüberzeugungen aufbauen können
- Kindern werden ausgiebige Erfahrungsräume zugestanden
- Kinder haben die Möglichkeit, Gefühle auszudrücken
- Gefühle der Kinder werden ernst genommen
- Kinder erfahren im Alltag Gewaltfreiheit
- Kinder haben vielfältigste Möglichkeiten, ihrem Neugierdeerleben nachzugehen
- Erwachsene drücken im Umgang mit Kindern einen tiefen Optimismus aus
- Kinder können ihren Tätigkeiten mit viel Zeit nachgehen
- Kinder finden altersentsprechende Spielmittel vor
- Kinder erleben eine individuell geprägte Pädagogik, die auf ihre intraindividuelle Entwicklung ausgerichtet ist
- Kindern wird die Möglichkeit eingeräumt, ein positives Verhältnis zu sich selbst herzustellen und aufzubauen
- Kinder können ein schöpferisches Verhalten an den Tag legen
- Kinder werden dabei unterstützt, Ausdrucksfreude zu entwickeln und vertiefend zu erleben
- Kinder halten sich in einer anregungsreichen Umgebung auf (im Innen- und Außenbereich der Einrichtung) und die Mitarbeiter/innen stellen Situationen her, in denen die Kinder immer wieder selbstaktiv werden können
- Kindern wird so oft wie möglich ein konstruktives Feedback gegeben
- Kindern werden im pädagogischen Alltag keine vorgefertigten Lösungen angeboten, um die Selbsttätigkeit von Kindern immer wieder aufs Neue zu aktivieren
- Erwachsene gehen mit Kindern respektvoll und wertschätzend um
- regelmäßige Beobachtungen führen zu professionell verfassten Entwicklungsberichten
- Mitarbeiter/innen verstehen sich in Bezug auf ihre Kommunikations-, Interaktions- und Konfliktkultur als Vorbilder für Kinder
- Mitarbeiter/innen verstehen sich als Bindungspartner der Kinder und bieten ihnen daher achtungsvolle Beziehungen an
- Mitarbeiter/innen wenden sich den Aktivitäten der Kinder mit Aufmerksamkeit zu
- Mitarbeiter/innen besitzen einen aktuellen Wissensstand über entwicklungspsychologische Vorgänge der ersten drei Lebensjahre

- Mitarbeiter/innen versuchen, die Bedürfnisse der Kinder wahrzunehmen und zu befriedigen
- Mitarbeiter/innen verhelfen den Kindern zu Erfolgserlebnissen
- Mitarbeiter/innen stellen altersangemessene Erwartungen an das Kind und vermeiden damit konsequent Über- oder Unterforderungen
- es werden bewusst nur die Regeln im Alltag der Kinder integriert, die sich nachweislich als entwicklungsförderlich erweisen
- Konflikte unter den Kindern werden bemerkt und ruhig sowie beziehungsorientiert gelöst
- Musik, Bewegung, Sprachbegleitung, Vorlesegeschichten, Malen und Spiel sind die didaktischen Kernbereiche im pädagogischen Alltag
- an Spiel- und Handlungsmaterialien finden Kinder vor allem Holzbausteine (für das Bauspiel), Klangbüchsen, Greif-, Rassel- und Beißspielzeug, Stofftiere, Bälle, Spielfiguren, Puppen, Sandwagen, Eimer, Schaufeln, Siebe, Gießkannen, Sand- und Wassermühlen, Töpfe, Büchsen, robuste Bilderbücher, Fahrzeuge, Verkleidungssachen, Papierrollen, ungiftige Stifte, Decken, Kissen und Konstruktionsmaterial vor
- Mitarbeiter/innen begleiten ihr Handeln mit Kindern durch aktive und ruhige Sprachausführungen
- eine „strenge" Sauberkeitserziehung ist den Mitarbeiter/innen fremd
- bei kranken Kindern wird immer nach Möglichkeiten gesucht, dass sie zu Hause in Ruhe gesund werden können
- Ohnmachts-, Auslieferungs- oder Trennungserlebnisse sowie Beziehungsnöte oder Bedrohungsängste für Kinder werden erkannt und **verändert**

### 4.5.3 Literaturverzeichnis
### Themenbereich: „Kinder unter 3"

von der Beek, Angelika: Bildungsräume für Kinder von Null bis Drei. Verlag das Netz, Berlin 2006

Bertelsmann Stiftung (Hrsg.): Qualität für Kinder unter DREI in KiTas. Empfehlungen an Politik, Träger und Einrichtungen. Gütersloh o.J.

Blank-Mathieu, Margarete: Kinder in ihrer Entwicklung unterstützen. In: Krenz, Armin (Hrsg.): Handbuch für ErzieherInnen in Krippe, Kindergarten, Vorschule und Hort. Olzog Verlag, München. Loseblattwerk, Ausgabe 02/2008

Brazelton, T. Berry & Greenspan, Stanley I.: Die sieben Grundbedürfnisse von Kindern. Was jedes Kind braucht, um gesund aufzuwachsen, gut zu lernen und glücklich zu sein. Beltz Verlag, Weinheim und Basel 2. Aufl. 2002

Dinkmeyer, Don et al.: Das Elternbuch. Die ersten 6 Jahre. Beltz Verlag, Weinheim und Basel 2004

Hasselhorn, Marcus + Silbereisen, Rainer K.: Entwicklungspsychologie des Säuglings- und Kindesalters. Hogrefe Verlag, Göttingen 2008

Haug-Schnabel, Gabriele + Bensel, Joachim: Vom Säugling zum Schulkind. Entwicklungspsychologische Grundlagen. kindergarten heute spezial. Verlag Herder, Freiburg 2004

Haug-Schnabel, Gabriele: Zweijährige im Kindergarten – Ab zwei dabei -. In: Krenz, Armin (Hrsg.): Handbuch für ErzieherInnen in Krippe, Kindergarten, Vorschule und Hort. Olzog Verlag, München. Loseblattwerk, Ausgabe 09/2005

Haug-Schnabel, Gabriele & Bensel, Joachim: Kinder unter 3 – Bildung, Erziehung und Betreuung von Kleinstkindern. Kindergarten heute spezial. Verlag Herder, Freiburg 2006

Kammerer, Doro: Das dritte Lebensjahr. Ratgeber für Eltern. Deutscher Taschenbuch Verlag, München 2003

Kammerer, Doro: Die ersten drei Lebensjahre. Ein Elternbegleitbuch. Deutscher Taschenbuch Verlag, München 2004

Kasten, Hartmut: 0–3 Jahre. Entwicklungspsychologische Grundlagen. Beltz Verlag, Weinheim und Basel 2005

Keller, Heidi (Hrsg.): Handbuch der Kleinkindforschung. Verlag Hans Huber, Bern 2003

Knauf, Tassilo: Von der Krippe zur Bildungsarbeit mit Kindern von 0 bis 6 Jahren. Wechsel der Szenarien in Beispielen. In: klein & groß, Heft 01/2007 (S. 30–35)

König-Becker, Cornelia: Mein Kind von 0–6. Ein Elternhandbuch für die wichtigsten Jahre. Urania Verlag, Berlin 2002

Koneberg, Ludwig & Gramer-Rottler, Silke: Die sieben Sicherheiten, die Kinder brauchen. Neues aus der Evolutionspädagogik. Kösel-Verlag, München 2006

Laewen, Hans-Joachim et al.: Ohne Eltern geht es nicht. Die Eingewöhnung von Kindern in Krippen und Tagespflegestellen. Luchterhand Verlag, Neuwied/Berlin 3. Aufl. 2000

Landeswohlfahrtsverband Bade, Landesjugendamt (Hrsg.): Sind 2jährige reif für den Kindergarten? Ist der Kindergarten „reif" für 2jährige? Gutachten von der Forschungsgruppe Verhaltensbiologie des Menschen, Dr. Joachim Bensel & PD Dr. Gabriele Haug Schnabel. Karlsruhe 1999

Largo, Remo H.: Babyjahre. Piper Verlag, München 2005

Nay, Eveline/Grubenmann, Bettina/Larcher-Klee, Sabina: Kleinstkindbetreuung in Kindertagesstätten. Expertise für innovative Konzeptionen. Haupt Verlag, Bern 2008

Niesel, Renate: Betreuung und Bildung für Kinder unter drei Jahren. Eine gesellschaftliche Herausforderung. In: klein & groß, Heft 06/2006 (S. 7–10)

Maier, Julia: Selbstständigkeit bei Null- bis Dreijährigen. Ein Balanceakt zwischen Nähe und Distanz. In: klein & groß, Heft 04/2007 (S. 23–25)

Maywald, Jörg/Schön, Bernhard (Hrsg.): Krippen – Wie frühe Betreuung gelingt. Fundierter Rat zu einem umstrittenen Thema. Beltz Verlag, Weinheim 2008

Oberhuemer, Pamela: Kinder unter 3. Blick auf Europa. In: klein & groß, Heft 06/2006 (S. 29–31)

Sassé, Margaret & McKail, Georges: Eltern „up to date". Crashkurs kindliche Entwicklung. VAK Verlags GmbH, Kirchzarten bei Freiburg 2007

Stephan, Thea: Wege der Integration: Zweijährige in einer Kindertagesstätte. Herausforderungen, Stolpersteine, Chancen. In: Krenz, Armin (Hrsg.): Handbuch für ErzieherInnen in Krippe, Kindergarten, Vorschule und Hort. Olzog Verlag, München. Loseblattwerk, Ausgabe 07/2008

## 4.6 Besondere Schwerpunkte

*Wenn du begeisterungsfähig bist, kannst du alles schaffen.*
*Begeisterung ist die Hefe, die deine Hoffnungen himmelwärts treibt.*

*Begeisterung ist das Blitzen in deinen Augen,*
*der Schwung deines Schrittes, der Griff deiner Hand,*
*die unwiderstehliche Willenskraft und Energie*
*zur Ausführung deiner Ideen.*

*Begeisterte sind Kämpfer. Sie haben Seelenkräfte.*
*Sie besitzen Standfestigkeit.*

*Begeisterung ist die Grundlage allen Fortschritts.*
*Mit ihr gelingen Leistungen, ohne sie höchstens Ausreden.*

(Henry Ford)

Mit diesem Schwerpunkt in der Erarbeitung und späteren Aufnahme in die Konzeption ist gemeint, dass durchaus die Möglichkeit besteht, besondere Vorhaben oder Aspekte der individuellen Ausrichtung der unverwechselbaren Arbeit dieser Kindertageseinrichtung zu erwähnen und näher zu beschreiben. So könnte z. B. der besondere Schwerpunkt

- in der besonderen Pflege einer kunstpädagogischen oder handwerklich orientierten Arbeit,
- in der besonderen Außenraumgestaltung oder dem Naturerleben,
- in einer besonderen Wertstellung im Rahmen einer Werteorientierung,
- in der besonderen Ausrichtung der Bewegungspädagogik
- in der Pflege von Musik,
- in der intensiven Arbeit mit Märchen oder
- in der besonderen Beachtung einer forschenden und experimentellen „Bildungspädagogik" liegen.

Allerdings muss an dieser Stelle auch auf die Problematik eines solchen Schwerpunktes – sowohl in der Arbeit selbst als auch in der Beschreibung innerhalb der Konzeption – hingewiesen werden.

### 4.6.1 Einführung

Wenn von einer sogenannten „ganzheitlichen, kindorientierten und bedürfnisgeprägten" Pädagogik die Rede ist, dann sind ohne Zweifel auch immer die Kinder und deren aktive, allseitige Entwicklungsbegleitung der „besondere Schwerpunkt" dieser Institution. Der jeweilige Stellenwert von Kunst und Handwerk, der Naturbeachtung, einer tief geprägten Werteorientierung, der Bewegung, der Musik, der Märchen oder einer

„forschungsorientierten Pädagogik" ist dabei eine logische, automatische Konsequenz! Diese Schwerpunkte gehören wie selbstverständlich zu einer allseits orientierten Entwicklungsbegleitung.

Ebenso verhält es sich mit dem Schwerpunkt „Bildung".

Tatsache ist, dass das gesamte Kinderleben immer stärker einem Leben gleichkommt, das fast ausschließlich einer Aneinanderreihung von „pädagogischen Arrangements" entspricht. Es wird *für* Kinder gedacht und *für* sie geplant, *für* Kinder arrangiert und *für* Kinder gehandelt, anstatt zu begreifen, dass eine „Pädagogik vom Kinde aus" eine lebendig erlebte Pädagogik *mit* dem Kind ist.

Viele elementarpädagogische Fachkräfte haben sich schon vor Jahren darüber aufgeregt, dass Eltern ihren Kindern in immer jüngerem Alter immer mehr eigenständige Kindheitszeiten vorenthalten haben, indem sie die Tendenz unterstützt haben, Kinder in Arrangements unterzubringen. Mit dem Babyschwimmen, den Krabbelgruppen und frühkindlichen Förderprogrammen fing es an, zog sich über die ungezählten Kurse und Trainings für Kinder weiter (Montag: Ballett/Judo; Dienstag: Flöten-/Klavierunterricht; Mittwoch: Turnen/Fußball; Donnerstag: Reiten/Handball; Freitag: Tennis/frühes Lesenlernen; Samstag: Sportturniere; Sonntag: frei!?) und setzt(e) sich dann über die Kindergartenzeit fort. Viele Kinder hatten und haben ein Tagesprogramm, das dem eines Managers ähnlich ist.

Nun ergibt sich bei genauerer, zeitaktueller Betrachtung allerdings die Berechtigung, feststellen zu müssen, dass auch elementarpädagogische Einrichtungen diese beklagte Vertreibung der Kindheiten (im familiären Bereich) zunehmend selbst mitmachen, institutionell aktiv ausbauen und pädagogisch mit dem „neuen" Bildungsauftrag einer progressiven Frühpädagogik zu begründen versuchen. Dabei fällt allerdings auf, dass „Bildung" oftmals als eine von außen vorgegebene „Belehrung" verstanden wird, um kognitive Prozesse zu fördern, als ob es darum gehe, ein leeres Fass in möglichst kurzer Zeit zu füllen. Hier gibt es deutliche Parallelen zur Grundschulpädagogik! Und schnell wird noch vor alle künstlich hergestellten Lernsituationen die inhaltsleere Worthülse „ganzheitlich" davorgesetzt, um das Ganze pädagogisch zu legitimieren – ohne allerdings diesen Begriff mit LEBEN zu füllen. Eine solche Realität kommt nicht selten einem „**pädagogischen Aktionismus**" gleich.

Wenn dann noch die Begründung folgt, dass Eltern dies aber erwarten, muss schließlich die Frage gestellt werden dürfen, *warum* dann nicht gleich die Länderpolitik und die Eltern das „pädagogische Programm der elementarpädagogischen Einrichtungen" bestimmen und gestalten können und *warum* sozialpädagogische Fachkräfte überhaupt eine Ausbildung absolvieren müssen: Handlanger sind Hilfsarbeiter und bedürfen keiner eigenen Professionalität, die auf der anderen Seite aber ständig angemahnt und verlangt wird.

Betrachtet man sorgfältig die Fachliteratur im Feld der Kindheitsforschung aus den letzten 15 Jahren, fallen immer wieder dieselben Warnungen auf:

- Wir haben es mit „gehetzten Kindern" zu tun.
- Kinder stehen „unter einem vermehrten Dauerstress".
- Die Zunahme der „Vertreibung von Kindlichkeit" nimmt außergewöhnliche Maße an.
- Kinder „leiden zunehmend an typischen Managerkrankheiten".
- Kinder stecken „in dramatischen Beziehungsnöten".
- Das „Ende der Kindheit ist eingeläutet".
- Kindheit ist zunehmend „organisiert und isoliert".
- Kindheit ist heute schon lange „kein Kinderspiel mehr".

## Kinder

Elementare Erfahrungen, auf denen die weitere Entwicklung aufbaut, wie in Pfützen planschen, auf Bäume klettern, sich in Wäldern und hinter Büschen verstecken, über Zäune springen, in der Erde tiefe Höhlen ausbuddeln, mit Obstkernen weitspucken, in Brombeersträuchern Höhlen bauen, nachts mit Freunden unter freiem Himmel in einem Zelt schlafen, Klingelstreiche unternehmen und weglaufen, Grimassen ziehen und die Hosentaschen voller Schätze haben, sind nicht nachholbar!

Basteln hingegen kann man im Altenheim immer noch. (AK)

### Folgesituation: Kinder sind umgeben von einer erdrückenden Didaktik

Ausgehend von einer ständigen Zukunftsorientierung in der Elementarpädagogik ergeben sich notwendigerweise ungezählte Leit-, Richt- und Lernziele, die nun die Grundlage für eine „zeitgemäße Elementarpädagogik" bilden. Kinder sollen demnach „stark gemacht werden gegen Suchtverhalten" – und schon hielt die spielzeugfreie Didaktik Einzug in ungezählte Institutionen. Dabei wurde in der Praxis weniger bis gar nicht die Frage gestellt, wie Suchtverhalten schon als pränatale Disposition entstehen kann, was ein Familiensystem mit der Entstehung einer solchen Disposition zu tun hat und warum daher das Suchtproblem mehr als ein vernetztes Ganzes betrachtet werden muss! Kinder sollten lernen, sich gesund zu ernähren, und schon wurde das Essen zum „projektorientierten Lernfeld" erklärt. Anstatt eine genussorientierte Esskultur zu erleben i. S. einer vielfältigen ausgewogenen Ernährung, wurden Speisen daraufhin „gemeinsam begutachtet", was es „Gutes" oder „Schlechtes" an Speisen gibt, was „richtig" und „falsch" in der Speisenvielfalt existiert. Essen wurde für viele Kinder immer mehr zum „kognitiven Hürdenlauf".

Aufgrund beobachteter Sprachauffälligkeiten im Kindesalter schossen und schießen „Sprachtrainingsprogramme" wie Pilze aus dem feuchten Herbstboden eines Waldes und nebenbei wurden Erkenntnisse aus der Neurophysiologie dafür genutzt, das „Zeitfenster früher Zweitsprachmöglichkeiten" für das Erlernen einer Fremdsprache durch frühes Englischlernen auszufüllen. Und dies ungeachtet der Tatsache, dass viele Kinder noch nicht einmal in der Lage waren bzw. sind, ihre Muttersprache in voller Gestaltungsvielfalt zu beherrschen bzw. zu nutzen, Sprechfreude zu entwickeln und Sprachmotivation aufzubauen, die Liebe zu Worten herzustellen und mit der eigenen Sprache kunstvoll umzugehen.

Soziale Auffälligkeiten der Kinder waren/sind weiterhin Anlass genug, schon mit Kindern im Kindergartenalter „soziale Trainingsprogramme" durchzuführen, und es dauerte nur kurze Zeit, bis dann auch „Gewaltprophylaxe" zum didaktischen Schwerpunkt erklärt wurde. Gleichzeitig wurden Erwachsene (zu Recht) aufgeschreckt, wann immer neue Kindermisshandlungen an die Öffentlichkeit kamen. Und schon gehörte es in elementarpädagogischen Einrichtungen dazu, ein „Stark-mach-Programm" zu installieren im Sinne der Offensive: „Dein Körper gehört dir. Sag nein, wenn du etwas nicht willst. Es gibt gute und schlechte Geheimnisse!" Gleichzeitig wurden/werden Doktorspiele von Kindern in vielen Kindergärten argwöhnisch betrachtet und nicht selten kam/ kommt es dazu, dass vor allem Jungen schon im Kindergartenalter bei „beobachteten Doktorspielen" als potentielle Frühtäter etikettiert wurden/werden. Anstatt sich hier einer grundsätzlichen, offensiven Sexualpädagogik zu stellen, wurden/werden lediglich Sonderbereiche betrachtet, diskutiert und auf Elternabenden/kollegialen Sitzungen behandelt – fast immer unter völliger Ausblendung der eigenen Sexualbiografie und sinnverbundener Betrachtungen zum eigenen pädagogischen Alltag.

**Kinderseele**
Wer bringt dem Kind das Lachen bei? Die Sonne, die Blumen.
Wer bringt dem Kind das Singen bei? Die Vögel, wenn sie jubilieren.
Wer bringt dem Kind das Staunen bei? Alle Dinge, die es sieht.
Wer bringt dem Kind das Weinen bei? Die Menschen, wenn sie seine Seele verletzen.
Nur eine Kinderseele ohne Narben kann herzlich lachen!

(R. Timm)

Und so nahm/nimmt die **didaktisierte Pädagogik** ihren Lauf: Bewegungsfreudige Kinder erhalten die Möglichkeit, ihre Anspannungen und ungezügelten Kräfte im „Bewegungsraum" bzw. auf der „Bewegungsbaustelle" auszudrücken, für emotional irritierte Kinder werden/wurden „meditative Entspannungsübungen und katathyme Bilderlebnisse" angeboten, „Feuererziehung" scheint sich bei der „Behandlung ängstlicher Kinder im Kindergartenalter" besonders zu empfehlen und die Fülle einer erlebnisreichen „Tasterfahrungswelt" beschränkt sich nicht selten auf künstlich hergestellte

Wahrnehmungsfelder wie Tastwände und Fühlstraßen. „Hörerlebnisse" zur Differenzierung von Geräuschen „erfahren" Kinder über CD-/kassettengeprägte Geräuschquellen und ein frühes Lesenlernen wird Kindern über „kindgerechtes Frühlesenlernen" beigebracht, in Ausblendung der Kenntnis, dass sich gerade die Lesemotivation über das regelmäßige Vorlesen von situationsbedeutsamen Geschichten in bindungsfreundlichen Atmosphären entwickelt.

(Erinnert sei in diesem Zusammenhang an die Ergebnisse der Studie PISA 2000, bei der sich u. a. zeigte, dass schwedische Jugendliche vor allem deswegen eine so hohe Lesekompetenz besaßen, weil ihnen im Kindergartenalter regelmäßig und viel vorgelesen wurde.)

**Tabaluga:**
Ich wollte nie erwachsen sein, hab' immer mich zur Wehr gesetzt,
von außen wurd' ich hart wie Stein und doch hat man mich oft verletzt.
Irgendwo tief in mir bin ich ein Kind geblieben.
Erst dann, wenn ich's nicht mehr spüren kann,
weiß ich, es ist für mich zu spät.

(Peter Maffay)

Und schließlich werden die alten Arbeitsblätter einer vergangenen „Vorschulpädagogik" aus den verstaubten Schubladen der Materialräume wieder hervorgeholt (oder neue Arbeitsblätter gekauft), um Kinder auf diese Weise – durch tägliche kleine Arbeitseinheiten - direkt auf die Anfangssituation der ersten Schulklasse vorzubereiten. Schnell ist noch die Legitimation zur Hand: Die Kinder machen es aber gerne, die Eltern erwarten dies, die Bildung der Kinder muss doch gefördert werden „und so falsch kann das doch nicht sein". Wir Erwachsene – sozial- und sonderpädagogische sowie (psycho)therapeutische Fachkräfte – sind fleißig dabei, Kinder in immer mehr „pädagogisch-psychologische Arrangements" zu stecken, durch die sie immer weniger in der Lage sind/sein werden, ihren eigenen Gefühlen zu trauen, sich selbst zu entdecken und eigene Wege sorgsam mit einer begleitenden(!) Hilfe zu finden.

Kinder werden zwar in zunehmendem Maße theoretisch über viele Dinge dieser Welt berichten können, aber gleichzeitig immer weniger in der Lage sein, identisch und einfühlsam, sozial engagiert und auf der Grundlage verinnerlichter Werte ein kompetentes, ausgefülltes und glückliches Eigenleben(!) zu führen und selbstaktiv zu gestalten.

Die lebensprägende Reise vom Kleinkind zum Erwachsenen wird immer kürzer, brüchiger, komplizierter und unübersichtlicher. Schon Jean-Jacques Rousseau sprach davon, dass sich die pädagogische Arbeit zuallererst an der jeweiligen individuellen Entwicklung des Kindes(!) – nicht „der Kinder" – zu orientieren hat und nicht an dem, was nach Ansicht der Erwachsenen einmal aus den Kindern in Zukunft werden soll. So müssen Kinder die Lebensphase, in der sie sich befinden, in ganzer Weite und Tiefe (Aspekt der Quantität und Qualität) erleben und auskosten können, weil sie sich erst damit und dann eine feste Grundlage schaffen, um seelisch gesund weiter in ihrer Entwicklungs- und Erfahrungswelt vorankommen zu können.

Es besteht kein Zweifel darüber, dass die Art und Weise, wie Menschen Tag für Tag miteinander leben und umgehen, die Art und Weise prägt, wie die Menschen in der Gegenwart und zukünftig fühlen, handeln und denken! Es besteht ferner kein Zweifel darüber, dass Erwachsene in einer Leistungsgesellschaft ein hohes Maß an Wissen besitzen müssen, um Sinnverbindungen zwischen sich als Person und den Folgen ihres Handelns herzustellen, Lebensentwürfe strukturieren zu können, planvolle Ziele aufzustellen und Lebensplanungen zu entwickeln. Es besteht schließlich auch kein Zweifel darüber, dass Menschen in der Lage sein müssen, in der Zukunft selbstständig, verantwortungsvoll, autonom und kompetent ihr eigenes Leben gestalten zu können und sozialverträgliches Verhalten zu zeigen, geprägt durch eine konstruktive Umgangs- und Konfliktkultur.

*Doch war und ist die Elementarpädagogik eine Pädagogik vom Kinde aus!*

Die Lösung aus dem oben beschriebenen Dilemma der Kinder und einer dogmatisierten Frühpädagogik umfasst viele Aspekte, die nun in Kürze und nur thesenartig skizziert werden sollen: (1) Erwachsene müssen sich von dem Bild verabschieden, Kinder seien schon in den ersten 6 Lebensjahren zu perfektionieren; (2) Erwachsene müssen die ersten sechs Lebensjahre von Kindern als einen eigenen Entwicklungszeitraum „Kindheit" begreifen und ihre gesamte Arbeit darauf abstimmen; (3) Kinder brauchen eine Lernumgebung im Innen- und Außenbereich, in der sie handgreiflich, unmittelbar, aktiv, mit allen Sinnen, innerlich beteiligt und engagiert Erfahrungen machen können, die ihnen tatsächlich helfen, selbstständig, unabhängig und sozial beteiligt das Leben zu spüren; (4) Kinder brauchen vielfältige, reale Handlungsräume und keine künstlichen Welten; (5) Erwachsene müssen Kindern Herausforderungen zutrauen, die Kinder mit Mut und Engagement, Lebendigkeit und Stolz, Risikobereitschaft und Leistungserlebnissen ausfüllen können; (6) Erfahrungserlebnisse müssen Kindern Sicherheit vermitteln; (7) Erwachsene müssen mit Kindern leben, mit Kindern fühlen, mit ihnen planen – sie müssen sich dem Kind vor sich und dem eigenen Kindsein in sich direkt und unmittelbar zuwenden; (8) Erwachsene müssen sich der Perspektive der Kinder zuwenden und damit aufhören, Kinder in die Perspektive der Erwachsenen zu zerren; (9) Kinder brauchen weniger eine didaktische Vielfalt an Programmen als vielmehr Bezugspersonen, die sich selbst als den entscheidenden didaktischen Mittelpunkt begreifen – sie brauchen engagierte, lebendige, staunende, mitfühlende, wissende, handlungsaktive, mutige, risikobereite, zuverlässige Menschen um sich herum und keine besser wissenden Rollenträger(innen), die immer noch meinen, Belehrungen machten Kinder klug; (10) Erwachsene müssen sich als Bildungsvorbilder verstehen, weil es ihre Facetten der eigenen Sprache, ihr Sprechen, ihre vielfältigen Interessenschwerpunkte, ihre unersättliche Neugierde, ihre vielen Lebens- und Umfeldfragen, ihre unterschiedlichsten Aktivitäten, ihre Gefühlskompetenzen, ihr eigener Forscherdrang, ihre ausgeprägte Lernfreude und ihre hohe Motivation zum Beruf sind, die Kinder faszinieren und sie zu ihnen als Mensch hinziehen.

**Zusammenfassende Anmerkungen zum Konzeptionsaspekt „Besondere Schwerpunkte":**
Ohne Frage hat der Kindergarten einen eigenständigen Auftrag zu erfüllen, zu dem auch der Bildungsauftrag gehört. Dieser ist nicht nur im Kinder- und Jugendhilfegesetz verankert, sondern er ist auch in allen Kindertagesstättengesetzen der einzelnen Bundesländer festgeschrieben.

Allerdings stellt sich die Frage, *was* genau unter dem eigenständigen Bildungsauftrag von Kindergärten zu verstehen ist.

Solange in der Diskussion um Bildung und den Bildungsbegriff selbst ein Gedankenmodell dahintersteht, dass solche Vorstellungen wie etwa „Wissen übertragen", „den Kindern etwas beibringen", „kindliche Fertigkeiten durch gezielte Bildungsangebote trainieren" usw. beinhaltet – und dies zeigen vielfältige Untersuchungen – solange ist ein solches Bildungsmodell wissenschaftlich nicht tragbar. Bildung umfasst stattdessen ein *Lernen im Kontext von Erfahrungen*, mit denen ein Kind ganz aktuell verbunden und beschäftigt ist! Kinder geben jedweden Bildungsaspekten bekanntermaßen nur dann eine Bedeutung, wenn sie selbst der Ausgangspunkt für ihren „Bildungshunger" sind. Nur so werden sie Bildungserfahrungen integrieren und nutzen können. Sich mit etwas *beschäftigen zu wollen* heißt daher zunächst aus neurophysiologischer Sicht, in der Lage zu sein, sich mit etwas Bestimmtem *beschäftigen zu können*! Kinder sind bekanntermaßen immer auf der Suche, ihren Erfahrungen und allem Neuen einen Sinn zu geben – wird er gefunden und subjektiv für wert empfunden, sich mit dem Erlebten auseinanderzusetzen, so fangen Lernerfahrungen an und provozieren unterschiedliche Aspekte: Lerninteresse, Lernneugierde und Lernauseinandersetzungen. Dabei verknüpfen Kinder ihre Vorerfahrungen mit den aktuellen Erlebnissen und Erkenntnissen und schenken im besten Fall den „Bildungsinhalten" einen Sinn!

## 4.6.2 Literaturverzeichnis
### Themenbereich: Besondere Schwerpunkte

**a) Kunst und Werken**

Bostelmann, A., und Mattschull, H.: Bananenblau und Himmelgrün. Geschichten aus dem Kinderatelier. Luchterhand Verlag, Neuwied, Kriftel und Berlin 1999

Braun, D.: Handbuch Kunst und Gestalten. Theorie und Praxis für die Arbeit mit Kindergruppen. Herder Verlag, Freiburg 1998

Hietkamp, E.: Kunst erleben – Kunst begreifen. Cornelsen Verlag, Berlin 1998

Kathke, P.: Sinn und Eigensinn des Materials. Projekte, Anregungen, Aktionen. Band 1 und 2. Luchterhand Verlag, Neuwied/Berlin 2001

Seitz, M.: Kinderatelier. Experimentieren, Malen, Zeichnen, Drucken und dreidimensionales Gestalten. Kallmeyer Verlag in Verbindung mit Klett, Seelze-Velber 2006

van de Loo, O.: Kinder-Kunst-Werk. Künstlerisches Arbeiten mit Kindern und Jugendlichen. Ein Handbuch. Kösel-Verlag, München 2005

Wierz, J.: Vom Kritzelkratzel zur Farbexplosion. Kindliche Mal- und Gestaltungsfreude verstehen und fördern – mit zahlreichen praktischen Anregungen von 2–10 Jahren. Ökotopia Verlag, Münster 2004

Wierz, J.: Große Kunst in Kinderhand. Farben und Formen großer Meister spielerisch mit allen Sinnen erleben. Ökotopia Verlag, Münster 2000

## b) Außenraumgestaltung und Naturerleben

Grüger, C., und Weye, S.: Kinder in Bewegung mit Naturmotorik. Naturprozesse durch Bewegung erleben und verstehen – für Aktionen drinnen und draußen in Kiga, Hort und Grundschule. Ökotopia Verlag, Münster 2007

Krauss, J. R.: Der Abenteuerspielplatz. Planung, Gründung und pädagogische Arbeit. Ernst Reinhardt Verlag, München 2003

Lange, U., und Stadelmann, Th.: Spiel-Platz ist überall. Lebendige Erfahrungswelten mit Kindern planen und gestalten. Luchterhand Verlag, Neuwied/Kriftel/Berlin 2001

Lutz, E., und Netscher, M.: Handbuch ökologischer Kindergarten. Kindliche Erfahrungsräume neu gestalten. Herder Verlag, Freiburg 1996

Pappler, M., und Witt, R.: NaturErlebnisRäume. Neue Wege für Schulhöfe, Kindergärten und Spielplätze. Kallmeyer'sche Verlagsbuchhandlung, Seelze 2001

Seeger, Chr. und Roland: Naturnahe Spiel- und Begegnungsräume. Handbuch für Planung und Gestaltung. Ökotopia Verlag, Münster 2001

Wagner, R.: Naturspielräume gestalten und erleben. Ökotopia Verlag, Münster 1994

## c) Kulturell geprägte Wertepädagogik

Beil, B.: „Gutes Kind, böses Kind – Warum brauchen Kinder Werte?", Deutscher Taschenbuch Verlag, München 1998

Biermann, I.: Rituale machen Kinder stark. Praxisbuch für den Kindergarten. Kösel-Verlag, München 2003

de Saint-Exupery, A.: Man sieht nur mit dem Herzen gut. Verlag Herder, Freiburg 6. Aufl. 1993

Dreikurs, R. et al.: Familienrat. Der Weg zu einem glücklichen Zusammenleben von Eltern und Kindern. Verlag Klett-Cotta, Stuttgart 2003

Dreikurs, R. et al.: Kinder fordern uns heraus. Wie erziehen wir sie zeitgemäß? Verlag Klett-Cotta, Stuttgart 12. Aufl. 2004

Ehrensaft, D.: Wenn Eltern zu sehr … Warum Kinder alles bekommen, aber nicht das, was sie brauchen. Deutscher Taschenbuch Verlag, München 2003

Ferro, M.,und Jeammet, Ph.: Kinder und Werte. Erziehung in einer schwierigen Zeit. Beltz Verlag, Weinheim und Basel 2001

Frick, J.: Die Droge Verwöhnung. Beispiele, Folgen, Alternativen. Verlag Hand Huber, Bern. 3. überarb. Aufl. 2005

Krenz, A.: Kinder brauchen Seelenproviant für ihr gegenwärtiges und zukünftiges Leben. Ein Plädoyer für eine nachhaltige Bildung. ver.di – Vereinte Dienstleistungsgewerkschaft, Bundesverwaltung Berlin 3. Aufl. 2006

Krenz, A.: Werteentwicklung in der frühkindlichen Bildung und Erziehung. Cornelsen Verlag Scriptor, Mannheim 2007

Lindgren, A.: Steine auf dem Küchenbord. Gedanken, Erinnerungen, Einfälle. Verlag Friedrich Oetinger, Hamburg 2000

Mogel, H.: Geborgenheit. Psychologie eines Lebensgefühls. Springer Verlag, Heidelberg 1995

Neumann, U.: Wenn die Kinder klein sind, gib ihnen Wurzeln, wenn sie groß sind, gib ihnen Flügel. Ein Elternbuch. Kösel-Verlag, München 19. erw. und erg. Aufl. 2003

Neumann, U.: Lass mich Wurzeln schlagen in der Welt. Von den seelischen Bedürfnissen unserer Kleinsten. Kösel-Verlag, München 2004

Pighin, G.: Kindern Werte geben – aber wie? Ernst Reinhardt Verlag, München/Basel 2005

Standop, J.: Werte-Erziehung. Einführung in die wichtigsten Konzepte der Werteerziehung. Beltz Verlag, Weinheim 2005

Stöcklin-Meier, S.: Was im Leben wirklich zählt. Mit Kindern Werte entdecken. Kösel-Verlag, München 2003

von Hentig, H.: „Ach, die Werte!" Über eine Erziehung für das 21. Jahrhundert. Carl Hanser Verlag, München/Wien 1999

Waller, K.: Von Achtung bis Zivilcourage. Lexikon der Werte und Tugenden. Kreuz Verlag, Stuttgart und Zürich 2002

Wunsch, A.: Die Verwöhnungsfalle. Für eine Erziehung zu mehr Eigenverantwortlichkeit. Kösel-Verlag, München 2000

Wunsch, A.: Abschied von der Spaßgesellschaft. Für einen Kurswechsel in der Erziehung. Kösel-Verlag, München 2003

Wyrwa, H.: Damit unsere Kinder eine Zukunft haben. 21 Erziehungsstrategien für das 21. Jahrhundert. Kreuz Verlag, Stuttgart/Zürich 2001

## d) Bewegungspädagogik

Beins, H. J. (Hrsg.): Kinder lernen in Bewegung. Borgmann Media, Dortmund 2007

Bläsius, J.: Spiele in Bewegung bringen. Tischspiele als Basis neuer Spiel- und Bewegungsideen. borgmann publishing, Dortmund 2005

Kempf, H.-D., und Pfänder, B.: Kindergarten in Bewegung. Borgmann Media, verlag modernes lernen, Dortmund 2006

Köckenberger, H.: Rollbrett, Pedalo & Co. Bewegungsspiele mit Materialien aus Psychomotorik, Sport und Freizeit. borgmann publishing, Dortmund 2006

Miedzinski, K., und Fischer, K.: Die neue Bewegungsbaustelle. Lernen mit Kopf, Herz, Hand und Fuß. Modell bewegungsorientierter Entwicklungsförderung. Borgmann Media, Dortmund 2006

Sherborne, V.: Beziehungsorientierte Bewegungspädagogik. Ernst Reinhardt Verlag, München 1998

### e) Musik

Große-Jäger, H.: Freude an Musik gewinnen. Musikerziehung im Kindergarten. Herder Verlag, Freiburg 1999

Gruhn, W.: Kinder brauchen Musik. Beltz Verlag, Weinheim 2003

Hering, W.: Kinderleichte Kanons. Zum Singen, Spielen, Sprechen und Bewegen. Ökotopia Verlag, Münster 1996

Hirler, S.: Rhythmik. Spielen und Lernen im Kindergarten. Beltz Verlag, Weinheim 2005

Kreusch-Jacob, D.: Jedes Kind braucht Musik. Ein Praxis- und Ideenbuch zur ganzheitlichen Förderung in Kindergarten und Familie. Kösel-Verlag, München 2006

Kreusch-Jacob, D.: Musik macht klug. Kinder entdecken die Welt der Musik. Kösel-Verlag, München 1999

Widmer, M.: Alles, was klingt. Elementares Musizieren im Kindergarten. Verlag Herder, Freiburg 1997

### f) Märchen

Betz, F.: Märchen als Schlüssel zur Welt. Eine Anleitung zum Erzählen und zum Gespräch mit Kindern. Kaufmann Verlag, Lahr, 9. Aufl. 2001

Europäische Märchengesellschaft (Hrsg.): Traumhaus und Wolkenschloss. Märchen zum Erzählen und Vorlesen. Verlag Königsfurt, Kleinkönigsförde/Krummwisch 2003

Europäische Märchengesellschaft (Hrsg.): Märchen, an denen mein Herz hängt. Verlag Königsfurt, Krummwisch 2006

Hetmann, F.: Märchen und Märchendeutung – erleben und verstehen. Verlag Königsfurt, Kleinkönigsförde 1999

Kaminski, W.: Spiele mit Märchen. Gruppen- und Brettspiele für Kinder. Matthias-Grünewald-Verlag, Mainz 2001

Kast, V.: Vom gelingenden Leben. Märcheninterpretationen. Walter Verlag, Düsseldorf 1998

Münch, W.: Märchenbilder und ihre Geheimnisse. Analytisches Verstehen und Selbstspiegelung im Märchen. Verlag Brandes & Apsel, Frankfurt 2001

### g) Experimentieren und forschen

Bostelmann, A. et al. (2004): Die Töpferwerkstatt für Kinder. Experimentieren und kreatives Gestalten mit Ton. Don Bosco Verlag, München 2004

Crowther, I.: Im Kindergarten kreativ und effektiv lernen – auf die Umgebung kommt es an. Beltz Verlag, Weinheim 2005

Van Dieken, C. et al. (Hrsg.): Lernwerkstätten und Forscherräume in KiTa und Kindergarten. Herder Verlag, Freiburg 2004

Greine, R.: Erfindergarten: Ideen gegen Monotonie und Langeweile im Kindergarten. Beltz Verlag, Weinheim 2002

Hoenisch, N., und Nigemeyer, E.: Hallo Kinder, seid Erfinder! Abenteuer mit dem Alltäglichen. Beltz Verlag, Weinheim 2001

Krekeler, H., und Rieper-Bastian, M.: Spannende Experimente – Naturwissenschaft spielerisch erleben. Ravensburger Verlag, Ravensburg 2001

Laewen, H.-J., und Andres, B. (Hrsg.): Forscher, Künstler, Konstrukteure. Werkstattbuch zum Bildungsauftrag von Kindertageseinrichtungen. Beltz Verlag, Weinheim 2002

Schultze, M.: Tüfteln, grübeln, Ideen schmieden. Kinder erleben in kreativen Aktivitäten die spannende Welt der Erfindungen. Ökotopia Verlag, Münster 2004

Thiesen, P.: Wahrnehmen – Beobachten – Experimentieren: spielerische Sinnesförderung in Kindergarten und Grundschule. Beltz Verlag, Weinheim 2001

Weinhold, A.: Experimentieren und Entdecken: mehr als 30 Experimente zu Luft und Wasser. Ravensburger Verlag, Ravensburg 2004

## h) Bildung

Gardner, H.: Der ungeschulte Kopf. Wie Kinder denken. Verlag Klett-Cotta, Stuttgart 1993

Grossmann, K., und Grossmann, K. E.: Bindungen – das Gefüge psychischer Sicherheit. Verlag Klett-Cotta, Stuttgart 2004

Haug-Schnabel, G., und Bensel, J.: Grundlagen der Entwicklungspsychologie. Die ersten 10 Lebensjahre. Verlag Herder, Freiburg 2005

Holt, J.: Wie kleine Kinder schlau werden. Selbständiges Lernen im Alltag. Beltz Verlag, Weinheim 4. Aufl. 1998

Kagan, J.: Die Natur des Kindes. Beltz Verlag, Weinheim 2001

Krenz, A.: Was Kinder brauchen. Aktive Entwicklungsbegleitung im Kindergarten. Cornelsen Verlag Scriptor, Mannheim 5. Aufl. 2007

Krenz, A.: Mit Kindern jeden Tag erleben. Ein pädagogisches Gedankenbuch. Verlag Peter Höll, Modautal 3. Aufl. 1996

Largo, R. H.: Kinderjahre – die Individualität des Kindes als erzieherische Herausforderung. Verlag Piper, München 1999

Lee, J.: Abenteuer für eine echte Kindheit. Die Anleitung. Piper Verlag, München 2005

Neumann, U.: Lass mich Wurzeln schlagen in der Welt. Von den seelischen Bedürfnissen unserer Kleinsten. Kösel-Verlag, München 2004

Rau, J.: Den ganzen Menschen bilden – wider den Nützlichkeitszwang. Plädoyer für eine neue Bildungsreform. Beltz Verlag, Weinheim 2004

Lewis, R.: Leben heißt Staunen. Von der imaginativen Kraft der Kindheit. Weinheim/Basel 1999

Lindgren, A.: Steine auf dem Küchenbord. Hamburg 2000

Sautter, H. et al.: Beiträge zu einer Pädagogik der Achtung. Heidelberg 2004

Singerhoff, L.: Kinder brauchen Sinnlichkeit. Die Bedeutung und Förderung kindlicher Sinneswahrnehmung. Beltz Verlag, Weinheim 2001

Steininger, R.: Kinder lernen mit allen Sinnen. Wahrnehmung im Alltag fördern. Klett-Cotta Verlag, Stuttgart 2005

## 4.7 Bedeutung und Stellenwert des Spiels

*Wer bringt dem Kind das Lachen bei?*
*Die Sonne, die Blumen.*
*Wer bringt dem Kind das Singen bei?*
*Die Vögel, wenn sie jubilieren.*
*Wer bringt dem Kind das Staunen bei?*
*Alle Dinge, die es sieht.*
*Wer bringt dem Kind das Weinen bei?*
*Die Menschen, wenn sie die Seele verletzen.*
*Nur eine Kinderseele ohne Narben kann herzlich lachen.*

(R. Timm)

*Je länger man lebt, desto deutlicher sieht man,*
*dass die einfachen Dinge die wahrhaft größten sind.*

(Romano Guardini)

### 4.7.1 Einführung

Das Spielen der Kinder umfasst vor allem drei Kernbereiche: Zum einen dient das Spiel dem Aufbau sowie der Erweiterung der Persönlichkeit, Zum zweiten bildet es die Basis für den Erwerb bedeutsamer Lernprozesse, die auch für den Aufbau einer Schulfähigkeit notwendig sind und zum Dritten hilft es Kindern dabei, sich überhaupt in ihrer Welt zu orientieren und diese handelnd – also begreifend – zu erleben, als Vorstufe für den späteren Erwerb beruflicher Fertigkeiten.

**Welchen Wert hat das Spiel grundsätzlich in der Entwicklung des Menschen?**

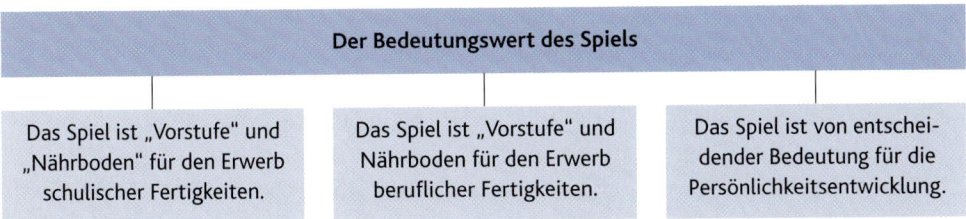

| Der Bedeutungswert des Spiels | | |
| --- | --- | --- |
| Das Spiel ist „Vorstufe" und „Nährboden" für den Erwerb schulischer Fertigkeiten. | Das Spiel ist „Vorstufe" und Nährboden für den Erwerb beruflicher Fertigkeiten. | Das Spiel ist von entscheidender Bedeutung für die Persönlichkeitsentwicklung. |

Was heißt das nun im Einzelnen? Persönlichkeitsentwicklung durch das Spiel geschieht dadurch, dass Kinder eine Selbstkompetenz erleben, die dazu beiträgt, dass sie in sich und in ihrem vielfältigen Handeln Vertrauen spüren, indem sie
- eigene Bedürfnisse wahrnehmen und umsetzen möchten,
- sich durch Motorik, Mimik und Gestik sowie Sprache äußern
- Neugierde und Eigeninitiative spüren,

- Handlungsabläufe mit Risiken versehen,
- Handlungsimpulse mit Gefühlen und kognitiven Aspekten besetzen
- Freude an der Umsetzung von Ideen finden,
- Möglichkeiten zur Problemdifferenzierung und -lösung suchen und erkennen können sowie
- ihr eigenes Tun mit Wertigkeiten belegen.

Persönlichkeitsentwicklung als der Auf- und Ausbau einer eigenen Identität verhilft Kindern dabei, sich in ihrer Besonderheit, ihrer Einmaligkeit wahrzunehmen und stolz auf eigene Leistungen zu verspüren. Ein Stolz, der neue Handlungs- und Gefühls- sowie Gedankenimpulse provoziert und Kinder in die Situation des Spiels immer tiefer eintauchen lässt. Hier gibt es nun vier Ausgangseckwerte zu beachten:

**Die vier Ausgangseckwerte:**
- Das Spiel ist keine angeborene Fähigkeit des Menschen: Spielen muss/will gelernt werden!
- Das Spiel entsteht aus der Neugierde heraus, aus „Welterkundungen", Beobachtungen und der Lebensfreude des Menschen!
- Das Spiel kann nur dort entstehen, wenn „Spannung und Entspannung" (als Lebens- und Erfahrungsrhythmus) im Tagesgeschehen erfahren werden kann
- Das Spiel muss zweckfrei und funktionsvielfältig sein!

Dabei bietet das Spiel der Kinder in seinen unterschiedlichen Formen und Gestaltungs- varianten eine Vielfalt für Lernprozesse unterschiedlicher Art. So ist bekannt, dass Kinder, die viel und intensiv spielen, u. a. folgende Verhaltensweisen in einem ausgeprägteren Maße zeigen als Kinder, die in ihrer Spielfähigkeit eingeschränkt werden:

a) Im emotionalen Bereich:
   ein tieferes Erleben von Gefühlen;
   ein besseres Verarbeiten von Enttäuschungen;
   eine höhere Toleranz bei Frustrationen;
   ein besseres Aushalten uneindeutiger (widersprüchlicher) Situationen;
   eine geringere Aggressionsbereitschaft;
   eine größere Zufriedenheit mit sich und in Situationen;
   einen höheren Optimismus und
   ein ausgeprägteres Verhältnis der vier Grundgefühle (Angst, Freude, Trauer und Wut).
b) Im sozialen Bereich:
   ein besseres Zuhörenkönnen bei Gesprächen;
   eine geringe Vorurteilshaltung anderer Menschen gegenüber;
   eine bessere Kooperationsbereitschaft;
   eine größere Vielfalt im Reagieren in Konfliktsituationen;

eine höhere Verantwortungsbereitschaft;

eine bessere Hilfsbereitschaft bei Notsituationen anderer;

ein intensiveres Schließen von Freundschaften;

eine höhere Bereitschaft, sich auf andere Personen einstellen zu können;

ein besseres Wahrnehmen von Bedürfnissen anderer;

eine höhere Regelakzeptanz sinnvoller Regelungen;

eine höhere Sensibilität bei der Wahrnehmung von Ungerechtigkeiten;

c) im kognitiven Bereich:

ein besseres vernetztes Denken;

eine höhere Konzentrationsfähigkeit;

ein besseres Langzeitgedächtnis;

eine erweiterte Wahrnehmung und eine bessere Differenzierung;

ein ausgeprägteres kausales Denken;

einen besseren Wortschatz;

eine differenziertere Sprache;

eine bessere Logik und eine

bewusstere Kontrolle im Hinblick auf eigenes Handeln.

d) Im motorischen Bereich:

eine differenziertere Grob- und Feinmotorik;

eine gute visuell-motorische Koordinationsfähigkeit;

eine flüssigere Gesamtmotorik,

eine raschere Reaktionsfähigkeit.

Kinder lernen im Spiel(en) also gerade die Fähigkeiten, die notwendig sind, um ein selbstständiges und teilautonomes Leben zu führen und Situationen so zu arrangieren, dass sie Mitgestalter **ihrer** Biografie sowie bestimmter Situationen sind. Es ist schon erstaunlich, dass dabei gerade das Spiel(en) die in Kindern liegenden Potenziale unterstützt und sie dabei im Grunde genommen auch alle Fähigkeiten *lernen*, die z. B. auch für einen späteren Schulbesuch erforderlich sind. Machen wir uns einmal eine einfache Gleichung bewusst: wenn also Kinder durch das Spiel(en) und mit dem Spiel(en) selbst sowohl Selbst-, Sach- und Sozialkompetenzen erweitern und (nebenbei) so wichtige Fähigkeiten für ihre Lebensgestaltung lernen, dann würde eine Begrenzung der Spielmöglichkeiten wiederum bestimmte Folgen nach sich ziehen, die einem Kind im späteren Leben zum Nachteil ausgelegt werden würden (z. B. in der Schule). Das Spiel unterbrechen oder unterbinden hieße, Kinder in ihrer Entwicklung zu behindern – so einfach kann die Aussage auf den Punkt gebracht werden.

Da Kinder in einer Welt voller Reizeinwirkungen leben und immer auf der Suche sind, was diese Impulse mit ihnen selbst zu tun haben könnten, nutzen sie die unterschiedlichsten Formen des Spiels, Außenimpulse mit inneren Bedürfnissen zu verbinden. Kinder stellen damit Vernetzungen zweier Welten her und erleben auf diese Art und

Weise ein Zusammenwirken unterschiedlicher Kräfte. Sie verinnerlichen damit einerseits die Außenwelt *und* äußern sich gleichzeitig durch ihr besonderes Spiel über ihre gefühlsbesetzte Innenwelt.

Vor Jahren lag es in der Aufgabenstellung, die Spielfähigkeit der Kinder auszubauen, und heute zeigen entsprechende Untersuchungen und Beobachtungen in der Praxis, dass durch übermäßige Außeneinflüsse immer weniger Kinder spielen können. Die Konsequenz für die Elementarpädagogik liegt auf der Hand: Die Spielfähigkeit als eine kindeigene Ausdrucks- und Erzählwelt muss verstärkt aufgebaut werden, um Kindern ihren ursprünglichen Reichtum an Ausdrucksverhalten wiederzubringen.

Kinder brauchen daher keine neuen Lernprogramme, auch wenn sie „spielerisch" zu bewältigen sind. Was Kinder brauchen sind Bedingungen, die ein intensives Spielen erlauben, Menschen, die sich als aktive Mitspieler/-innen von Kindern verstehen und Situationen, die ein vielfältiges Spielen unterstützen. Auf den Punkt gebracht heißt das, dass:

- Kinder ausreichend Platz zum Spielen brauchen und Räumlichkeiten von unnötigem Mobiliar entlastet werden müssen;
- dem Spiel(en) der Kinder eine oberste Priorität eingeräumt werden muss und Spieleinschränkungen – etwa für gezieltes Lernen – davon zeugen, dass wenig Kenntnisse über die Wirkungen des Spiels zur Verfügung stehen;
- das Spiel(en) der Kinder möglichst wenig unterbrochen werden darf, zumal ein Versenken in Spielhandlungen einer ernsthaften Arbeit gleichkommt;
- das Spiel(en) eher mit wenig Spielzeug auskommt, so dass Kinder sich veranlasst sehen, selber ihre Spiele zu arrangieren und Verantwortung für die Spielabläufe zu übernehmen;
- Kinder während ihres Spielens sehr viel Zeit brauchen (dürfen) und ein Bedrängen der Kinder deutlich kontraproduktiv im Sinne einer Spielvertiefung ist;
- Kinder die Möglichkeit erhalten müssen, Spielabläufe selber zu gestalten, Spielprozesse mit Pobieren und Versuchen ausfüllen zu können, um dabei wichtige Erfahrungen zu machen;
- Kinder in den Erwachsenen Spielpartner/-innen entdecken, die selber motiviert sind mitzuspielen, die sich auf den Boden begeben, keine Sorge um ihre Kleidung haben, sich schmutzig zu machen und voller Motivation selber zu spielbegeisterten Kindern werden;
- bestimmte ritualisierte Spielformen von Kindern akzeptiert werden müssen, weil sie Kindern dabei helfen, gerade durch bestimmte Wiederholungen etwas auf- oder nachzuarbeiten.

**Fragen, die sich die elementarpädagogischen Fachkräfte zum SPIEL immer wieder stellen sollten:**

- Welche aktive oder passive Rolle nehme ich während der Spielaktivitäten der Kinder und während des gesamten Tages ein?
- Bin ich – was mein eigenes Spielverhalten betrifft – den Kindern ein wirkliches Spielvorbild und was bedeutet das konkret für mich?
- Sehe ich das Spiel(en) im Alltag der Kinder auch als eine persönliche Weiterentwicklung für mich an? Wenn ja, in welchen Persönlichkeitsbereichen?
- Bin ich selbst mit „Herz, Kopf und Hand" beteiligt und von den vielfältigen Spielformen persönlich ergriffen?
- Gibt es innerhalb der 16 Spielformen, die Kinder im Sinne des Auf- und Ausbaus einer Spielfähigkeit brauchen, besondere Spielformen, die ich bevorzuge bzw. vernachlässige?
- Welchen Spielformen gebe ich in der spielpädagogischen Praxis überhaupt keine Chance und woran liegt das?
- Stehen den Kindern ausreichend Spielmittel zur Verfügung (welche genau?) oder gibt es (a) zu wenig/(b) zu viel Spielmittel?
- Besteht für die Kinder die Möglichkeit, bei jedem Wetter auch draußen zu spielen?
- Gibt es für die Kinder innerhalb und außerhalb der Einrichtung eine ausreichende Spielfläche?
- Können Kinder ihre Spiele in den meisten Fällen zu Ende spielen oder werden die Spieltätigkeiten der Kinder häufig (z. B. durch festgelegte Tagesplanstrukturen) unterbrochen?
- Habe ich bisher der VIELFALT des Spiels die wissenschaftlich belegbare „Lerneffizienz bei Kindern" tatsächlich zuerkannt und wie hat sich das in der praktizierten Pädagogik ausgewirkt?
- Bilde ich mich regelmäßig im weiten Bereich der SPIELPÄDAGOGIK fort? Wenn ja, wie und wo?
- Trage ich regelmäßig die hohe Bedeutung des Spiels in die pädagogische Öffentlichkeit, beispielsweise durch Elternabende oder bei Schulgesprächen?

In einer Konzeption sollte daher der Bedeutung des Spiels sicherlich ein eigener Punkt gewidmet werden, um diesen Stellenwert im Leben der Kinder gesondert herauszustellen. Das kann für viele „leistungsorientierte" Eltern ebenso hilfreich sein wie für folgende Bildungseinrichtungen (wie z. B. die Grundschule), aber auch für pädagogische/therapeutische Fachdienste und einige Mitarbeiter/-innen selbst, um gerade hier den besonderen Bildungsauftrag zu dokumentieren.

Es wäre ein Drama für die Entwicklung vieler, wenn der Kindergarten diesen Freiraum zur Spielgestaltung und von Spielerlebnissen nicht nutzen würde und einer „gezielten

Beschäftigung" von Kindern Vorrang einräumen würde. Wie kann es anders als ein Widerspruch erlebt werden, wenn z. B. in späteren Jahren Kinder mit besonderen Schulschwierigkeiten wieder über spezifische spieltherapeutische Verfahren zu einer Verbesserung ihrer Schulfähigkeit herangeführt werden.

Gerade die Mitarbeiter/-innen in Kindergärten sind es, die eine Spielatmosphäre unterstützen oder einschränken, indem sie sich als Akteure begreifen oder „nur zuschauen". Das Spiel(en) ist eine lebendige Auseinandersetzung mit sich, mit Materialien und mit anderen Menschen und Kinder beobachten und spüren sehr differenziert, welchen Stellenwert das Spiel(en) in ihrer erlebten Praxis(!) erhält. Spiele vollziehen sich nicht in erster Linie auf irgendwelchen Tischen (Brettspiele) sondern geschehen dort, wo das Leben pulsiert: auf freien Flächen, in Höhlen und Buden, auf Bäumen und dem Boden, in Abseiten und selbstgebauten Holzhütten, im Wald und auf Feldern, in Knicks und im Buschwerk, in uneinsehbaren Ecken und bei lebendigen Festen. Dazu ist an dieser Stelle eine Übersicht über die Spielformen angebracht

## Die 16 Spielformen

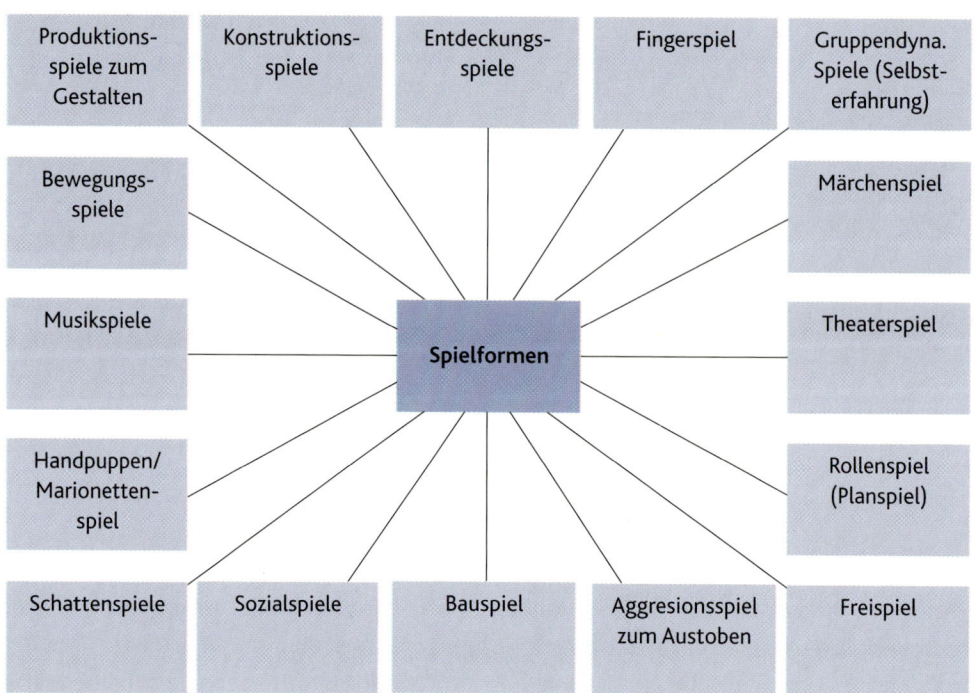

## 4.7.2 Brainstorming zum Schwerpunkt „Bedeutung und Stellenwert des Spiels"

- Begriffsbestimmung der Worte „Spiel" und „Spielen"
- Spielen als zentrale Tätigkeitsform des Lebens der Kinder (Setzung eigener Ziele mit einem hohen Maß an Eigenaktivität)
- Das Spielen der Kinder trägt eine Eigendynamik in sich und trägt zu einem Eigenleben bei (Schwierigkeit der Begrenzung von Spielhandlungen)
- Zusammenhang von Spielmotivation und Spielumgebung (Begrenzung der Spielmaterialien als Voraussetzung des Auf-/Ausbaus der kindlichen Spielwünsche)
- Spielgestaltung als ein Versuch der Auseinandersetzung mit der Umwelt, des Umfeldes, gemachter Erlebnisse und bedeutsamer Ereignisse
- Zugestehen eines großen Freiraums für das Spielen der Kinder
- Echtes Interesse an den Spielaktivitäten der Kinder zeigen (Motivation durch ein aktives Teilhaben am Spiel)
- Erhöhung des Selbstwertgefühls durch vorgenommene Spielhandlungen (Kinder erleben sich als Bewirker ihrer Aktionen und sind stolz auf ihr Können)
- Spielen unterstützt die Persönlichkeitsentwicklung der Kinder (Unterstützung der Lern-, Leistungs- und Bildungsfähigkeit)
- Spielen hat eine „heilende Wirkung" (Spielen dient u. a. der Aufarbeitung vergangener Sinneseindrücke)
- Besonderheiten unterschiedlicher Spielformen:
  - das Rollenspiel (als aktives Symbolisieren der Selbst- und Fremdwahrnehmung)
  - das Freispiel (als Erlebnis nacharbeitender Vergangenheit bzw. zukünftigen Begreifens bestimmter Situationen)
  - das Interaktionsspiel (als eine soziale Spieltätigkeit)
  - das Fantasiespiel (als ein Versuch der Kinder, mit Gedanken und Gefühlen zu experimentieren)
  - das Bauspiel (als Ausdruck der Freude am Herstellen von selbst gewählten Produkten)
  - die Regelspiele (mit ihrer Bedeutung für sozial-moralische Entwicklungen eigener Werte)
  - Bewegungs- und Tanzspiele (als Ausdruck rhythmischer Empfindungen und der Freude ganzheitlicher Motorik)
  - Fantasiespiele (als ein symbolischer Ausdruck des eigenen Identitätserlebens)
  - Strategiespiele (aus der Freude/Spannung heraus, kognitive Lösungswege zu entdecken)
  - Aktionsspiele (aus dem eigenen Erlebnis heraus, sich deutlich zu erfahren und Beteiligter zu sein)
  - das Theaterspiel (als Ausdruck einer Freude, sich in einer Rolle oder in besonderen Ereignissen zu erleben)

- Aggressionsspiele (als eine besonders aktive und erlebnisorientierte Ausdrucksform)
- das Marionettenspiel (als Hilfe zur Identifikation mit bestimmten Figuren)
- das Schattenspiel (zur Auseinandersetzung und Verarbeitung von Ängsten)
- Konstruktionsspiele (aus Freude heraus, geplante Gedankenwelten in Spielwelten umzusetzen)

- Aufbau einer Spielfähigkeit (Handlungslernen durch die „Ernsthaftigkeit des Spiels")
- Ausbau der Spielfähigkeit (Ausbau von Erfahrungs- und Handlungsräumen)
- Zusammenhänge zwischen Spiel- und Schulfähigkeit (Kinder „lernen" im Spiel notwendige Kompetenzen im Hinblick auf die Anforderungen durch die Schule:

| | |
|---|---|
| emotionale Kompetenz: | – Ausgeglichenheit – durch den Abbau von Spannungen, |
| | – Belastbarkeit – durch das ständige Wiederholen bei Misserfolgen, |
| | – Vertrauen – durch den Stolz auf eigenes Leistungsvermögen; |
| soziale Kompetenz: | – Kontaktpflege – durch den Aufbau und das Erleben sozialer Bezüge, |
| | – Toleranz – durch das Zurückstellen eigener Bedürfnisse, |
| | – Regelbeachtung – durch notwendige Absprachen mit den Mitspieler/innen; |
| motorische Kompetenz: | – Reaktionsvermögen – durch schnelle Aktionsmotorik, |
| | – Auge-Hand-Koordination – durch gezielte Umsetzungen der Handmotorik in Verbindung mit visuellen Abschätzungen, |
| | – Steuerung der Feinmotorik – durch kognitive Umsetzungsstrategien; |
| kognitive Kompetenz: | – Konzentration – zielgerichtete Aufmerksamkeit auf eine Tätigkeit, |
| | – Erkennen von Kausalzusammenhängen – durch Verkündungen von Ursache und Wirkung, |
| | – Wahrnehmungsfähigkeit – durch die Entscheidung zur Beobachtung; |

- Spiel und Persönlichkeitsentwicklung (Kinder bauen durch die unterschiedlichen Spielaktivitäten ihre Identität auf/aus)
- Spiel unterstützt die Übernahme von Rollen (als Grundlage der Entwicklung von Intelligenz)
- kognitive Prozesse vollziehen sich in Interaktionssituationen (das Spiel ist dabei eine hervorgehobene Aktivität)

- Spielen braucht Platz und Raum (Herstellen von genügend Freiflächen zum Spielen)
- Vermeidung von Spielunterbrechungen (Spielaktionen sollten zu Ende geführt werden können)
- Verringerung/Abschaffung sog. „didaktischen Spielmaterials" (didaktisches Spielmaterial entspricht keiner Ganzheitlichkeit und erfüllt nicht den Anspruch einer „Zweckfreiheit")
- freie Materiennutzung im Spiel (Verbindung unterschiedlicher Materialien in einer Spielaktivität)
- Kinder haben das Recht, alleine zu spielen (Unterstützung und Bejahung des individuellen Spielens)
- Ablehnung von Dogmen gegen geschlechtsspezifisches Spielzeug/Spielen (Jungen und Mädchen können selbstverständlich in gleichem Maße mit Puppen, Holz, Fahrzeugen usw. spielen)
- Zulassung von Aktionsspielzeug (keine Ausgrenzung irgendwelchen Spielzeugs)
- Kinder können im Spiel ebenso Wildheit ausdrücken wie Ruhe (Ausbau der eigenen Spieltoleranz aufseiten der Erwachsenen)
- Ablehnung eines sog. Spielzeugtages (Kinder können zu jeder Zeit ihr persönliches Spielzeug von zu Hause in den Kindergarten mitbringen)
- Teilnahme der Erzieher/-innen am Spiel der Kinder, wenn sie es wünschen (Beteiligung als Mitspieler(in)
- grundsätzliche Begrenzung der Spielmaterialien („Weniger das Viele als vielmehr das Wenige", Montessori)
- Beobachtung und Auswertung von Spielaktivitäten der Kinder (Verstehen der Symbolik einzelner Spielhandlungen)
- Spielen und Risikofähigkeit (Spielprozesse der Kinder unterstützen und mutig mit ihnen neue Spielvorhaben ausprobieren)

## 4.7.3 Literaturverzeichnis
Themenbereich: „Bedeutung und Stellenwert des Spiels"

**a) Theorie**

Auerbach, St.: Spielerische Intelligenz. Mit welchem Spielzeug Kinder in welchem Alter am besten spielen – und welches sie am meisten fördert. Beust Verlag, München 2001

Fritz, J.: Theorie und Pädagogik des Spiels. Juventa Verlag, Weinheim 1993

Heimlich, U.: Einführung in die Spielpädagogik. Klinkhardt Verlag, Bad Heilbrunn 1993

Mogel, H.: Psychologie des Kinderspiels. Die Bedeutung des Spiels als Lebensform des Kindes, seine Funktion und Wirksamkeit für die kindliche Entwicklung. Springer Verlag, Heidelberg 2. Aufl. 1994

Oerter, R.: Psychologie des Spiels. Ein handlungstheoretischer Ansatz. Beltz Verlag, Weinheim 1999

Pohl, G.: Kindheit – aufs Spiel gesetzt. Warum Spielen nötig ist, damit Kinder ihre körperlichen, seelischen und geistigen Fähigkeiten entfalten können und was sie dazu brauchen. Dohrmann Verlag, Berlin 2006

vom Wege, B., und Wessel, M.: Spielen im Beruf. Spieltheoretische Grundlagen für pädagogische Berufe. Bildungsverlag EINS, Troisdorf 2004

## b) Praxis

Bartl, A., und Bartl, M.: Umweltspiele noch und noch. Tolle Spielideen für drinnen und draußen. Herder Verlag, Freiburg 1990

Baum, H.: Spiele aus Großmutters Zeit. Für Kinder von heute entdeckt. Herder Verlag, Freiburg 1995

Braun, D.: Handbuch Kreativitätsförderung. Theorie und Praxis für die Arbeit mit Kindern. Herder Verlag, Freiburg 1999

Denk, B.: Tanz der Kinder. Improvisierte Bewegungsspiele als Lebenskunst. Luchterhand Verlag, Neuwied/Berlin 2001

Geissler, U.: Wilde Spiele. Spiele, Spaß und Abenteuer für tobelustige und verwegene Gruppen. Ökotopia Verlag, Münster 1995

Grigo, E.; Knecht, G.; Lusch, B.: Spiele und Spielgeräte selber machen. Ein Werk-Spiel-Buch. Kallmeyer'sche Verlagsbuchhandlung, Seelze 1999

Liebertz, Ch.: Das Schatzbuch ganzheitlichen Lernens. Grundlagen, Methoden und Spiele für eine zukunftsweisende Erziehung. Don Bosco Verlag, München 2000

Mala, M., und Nemeth, G.: Professor Knickrichs Abenteuer-Spielbuch. Kinderspiele aus aller Welt. Ökotopia Verlag, Münster 1994

Meyer, H.: Werkbuch Tiere. Tierfiguren und Tiermotive aus diversen Materialien. Haupt Verlag, Bern 2000

Partecke, E.: Lernen in Spielprojekten. Praxishandbuch für die Bildung im Kindergarten. Beltz Verlag, Weinheim 2004

Partecke, E.: Kommt, wir wollen schön spielen. Praxishandbuch zur Spielpädagogik im Kindergarten. Juventa Verlag, Weinheim und München 2002

Steiner, H.: Gemeinsam gestalten. Arbeitsbuch zur integrativen Kreativitätsförderung. borgmann publishing, Dortmund 1992

vom Wege, B., und Wessel, M.: Spielketten und Spielaktionen. Herder Verlag, Freiburg 2000

Wehle, G.: Schattenspiel – ein Spaß für groß und klein. Luchterhand Verlag, Neuwied 1991

## 4.8 Die Person der elementarpädagogischen Fachkraft als Bindungs- und Bildungsträger

*Liebe ist die größte Macht auf Erden*
*Pflicht ohne Liebe macht verdrießlich.*
*Erziehung ohne Liebe macht widerspruchsvoll.*
*Gerechtigkeit ohne Liebe macht hart.*
*Freundlichkeit ohne Liebe macht heuchlerisch.*
*Ordnung ohne Liebe macht kleinlich.*
*Verantwortung ohne Liebe macht rücksichtslos.*
*Klugheit ohne Liebe macht gerissen.*
*Wissen ohne Liebe macht rechthaberisch.*
*Wahrheit ohne Liebe macht ungeduldig.*
*Macht ohne Liebe macht gewalttätig.*
*Besitz ohne Liebe macht geizig.*
*Ehre ohne Liebe macht hochmütig.*
*Glaube ohne Liebe macht fanatisch.*
*Ein Leben ohne Liebe ist sinnlos.*

(A. Lassen)

### 4.8.1 Einführung

Dreh- und Angelpunkt der Gestaltung der gesamten pädagogischen Arbeit sind die Erzieher/-innen der Einrichtung, die mit ihrer ganzen Persönlichkeit und ihren Kompetenzen die Atmosphäre (das Wachstumsklima) in der Institution „Kindergarten" prägen.

Lange Zeit herrschten dabei eher Begriffe vor, die einer typischen Rollenvorstellung einer „Kindergärtnerin" entsprachen: so „kümmerten sie sich" um die Kinder, versuchten, „ein gutes Sozialverhalten herzustellen", regelten den Tagesablauf und achteten auf eine bestimmte Ordnungsstruktur, legten Wert auf „jahreszeitliche Traditionen mit entsprechenden Tätigkeiten" und „gestalteten" nach diesen Vorstellungen – teilweise mit Kindern – „die Räume unter Beachtung bestimmter Dekorationsregeln".

Sie „nahmen vor allem die Sorgen anderer auf sich" und „ließen sich auch dann ablenken, wenn sie gerade mit bestimmten Kindern einer bestimmten Tätigkeit nachgingen" und „verzichteten in großen Maße auf eine fachausgerichtete Selbstdarstellung im Interesse der Sache". Auf den Punkt gebracht kann das Verhalten mit den Begriffen „verstehen", „helfen", „sorgen" „für andere denken", „sich aufopfern" und

„regeln" umschrieben werden. Vielleicht ist es zu gewagt, das Wort „Ersatzmütter" in diesem Zusammenhang heranzuziehen, doch bei genauerem Hinschauen scheint dieser Begriff durchaus seine Berechtigung zu besitzen.

Diese Vorstellung wird selbst heute noch genährt: So war in der Zeitschrift „Freundin" im Berufsspezial vom 10.5.1995 (Heft 11) folgendes zu lesen: „Kindergärtnerin: Aufgaben – Die eigentliche Berufsbezeichnung, wie sie z. B. auch beim Arbeitsamt verwendet wird, lautet Erzieherin. Im Kindergarten betreut sie meist vormittags Kinder von drei bis sechs Jahren. Sie macht mit ihnen Gruppenspiele, Ausflüge, kleine Lernprogramme wie Lesen, Uhrzeit üben, aber auch Basteln gehört zu den Beschäftigungen..." Dieser Text, der darüber hinaus *keine* weiteren Angaben zu weiteren Aufgaben nennt, dokumentiert auf eine geradezu unverantwortliche Art und Weise genau das Bild in der Öffentlichkeit, das lange Zeit vorherrschte und auch heute noch in manchen Köpfen Wahrheit ist. Dem *muss* deutlich widersprochen werden, richten sich die Ziele und Aufgaben doch nach dem KJHG, den Kindertagesstättengesetzen der einzelnen Bundesländer und nach dem Berufsbild der Erzieher/-innen, wie es z. B. durch den „Bundesverband e. V. Erzieher/-innen und Sozialpädagogen/-innen e. V." nicht klarer und treffender ausgedrückt werden konnte. So ist klipp und klar das Profil umrissen:

„Das pädagogische Handeln der Erzieher/-innen geschieht im **Spannungsverhältnis** vielfältiger, oft widersprüchlicher Erwartungen, die von Kindern, Eltern, Trägern und der Allgemeinheit an die Erzieher/-innen herangetragen werden. Die Erzieher/-innen verstehen sich in erster Linie als **Partner/-innen der Kinder** (...) und **Anwälte/ Anwältinnen ihrer Interessen.**

Sie treten insbesondere für die Erhaltung und Verbesserung der Lebensbedingungen von Kindern (...) aller Schichten, Nationen und Religionen ein. Von diesem Standpunkt aus **müssen** sie **ständig neu** die Berechtigung der Ansprüche prüfen, die an sie gestellt werden. Sie **treffen ihre Entscheidungen** für ihr erzieherisches Handeln auf der Grundlage einer **kritischen Auseinandersetzung** sowohl **mit den pädagogischen Traditionen** als auch mit **neuen wissenschaftlichen Erkenntnissen** und **bildungspolitischen Strömungen.** Das pädagogische Handeln der Erzieher/-innen hat die Förderung der **Gesamtpersönlichkeit** des Kindes (...) zum Ziel und geht damit über bloße Bewahrung oder die Schulung einzelner Fähigkeiten und Fertigkeiten hinaus. Sie **berücksichtigen** die **Bedürfnisse der Kinder (...), ihre Lebenssituation** und die **Entwicklungsaufgaben** der jeweiligen Altersstufe. Der Erzieher/die Erzieherin **kann** ihren Erziehungsauftrag im **lebendigen Bezug** zur christlichen Gemeinde gestalten." (Lübeck 1985)

Durch diese Sätze wird in deutlicher Form auf drei Persönlichkeitsmerkmale der Erzieher/-innen aufmerksam gemacht: ihre Identität, ihre Autonomie und ihre Kompetenz, wenn es etwa darum geht,

- Pädagogik als einen dauernden Spannungsprozess zu verstehen (und gestellte Erwartungen sorgsam voneinander abzugrenzen),
- Anwalt/Anwältin und Bündnispartner/-in von Kindern zu sein (und sich damit parteilich auf die Seite der Kinder zu stellen),
- die Lebensbedingungen von Kindern zu sehen und verbessern zu helfen (und sich damit deutlich gemeinwesenorientiert zu orientieren),
- die Berechtigung von Außenansprüchen kontinuierlich abzuwägen (und sich für bzw. gegen unberechtigte Ansprüche zur Wehr zu setzen),
- pädagogische Traditionen auf ihren Sinn hin zu überprüfen (und sie fachkompetent infrage zu stellen),
- neue wissenschaftliche Erkenntnisse zu kennen und zu beachten (und diese in das eigene Arbeitsverständnis zu integrieren),
- bildungspolitische Strömungen zu erkennen (und diese sorgsam abzuwägen im Hinblick auf ihre Bedeutung),
- die Gesamtpersönlichkeit der Kinder zu beachten (und damit teilisolierte „Förderprogramme" zu meiden),
- Bedürfnisse von Kindern zum Ausgangspunkt der Arbeit zu setzen (und nicht eigene Wünsche/Bedürfnisse in den Vordergrund zu bringen)
- Entwicklungsaufgaben wahrzunehmen (und damit Kinder in ihrer Persönlichkeit zu begleiten),
- Religionspädagogik in einen lebendigen Bezug zur Gemeinde hineintragen zu können (und damit über eine „Wortverkündigung" hinauszugehen).

Berufliche und persönliche Identität umfasst in ihrer Ganzheitlichkeit ebenfalls drei Aufgaben:

1. Erzieher/-innen haben die Aufgabe zu erfüllen, eine Auseinandersetzung mit sich selbst zu pflegen, indem sie sich bemühen, ihre eigene Biografie (mit all den besonderen Erfahrungen, Erlebnissen und Ereignissen) zu erhellen und ihre Einstellungen und Werte zu reflektieren, ihre jeweiligen Berechtigungen zur Pädagogik abzuwägen, Widersprüche zu identifizieren und zu klären, sich von Fremdbestimmungen zu befreien und statt auf der Ebene einer „Meinungsdiskussion" zu einer Basis der Fachauseinandersetzung zurückzufinden. Das kann am besten geschehen, wenn die vielfältigen Möglichkeiten genutzt werden, um
   - Anforderungen an sich selbst zu stellen,
   - Selbsterfahrung auf sich zu nehmen,
   - das „eigene Kind" in sich zu entdecken und Schmerzaspekte (z. B. auch mit fachkompetenter Hilfe) zu verarbeiten,
   - Neugierde, Mut und Interesse an Neuem zu zeigen und
   - Persönlichkeitsentwicklung *vor* die Aufgabe einer Fachkompetenzerweiterung zu setzen.

2. Erzieher/innen haben die Aufgabe wahrzunehmen, ihre Fachkompetenz kontinuierlich zu erweitern, um einerseits die Elementarpädagogik als eine eigenständige Fachdisziplin qualifiziert umzusetzen, andererseits den Kindern und Eltern damit die Möglichkeit zu bieten, den Kindergarten als einen Ort qualitätsorientierter Pädagogik zu *erleben*.

   Dies ist vor allem dann möglich, wenn
   – Fachdiskussionen gepflegt,
   – Fort- und Weiterbildungsseminare besucht,
   – Fachliteratur regelmäßig gelesen
   – und auch berufspolitische Auseinandersetzungen geführt werden
   – Fachkompetenz, geprägt durch ein vernetztes Denken, bei dem Sinnzusammenhänge neu hergestellt und Sinnbedeutungen in zunehmendem Maße erkannt werden, prozessorientierte Vorgehensweisen geplant und umgesetzt sowie neue Handlungsweisen selbst- und fachkritisch betrachtet werden.

3. Und schließlich kommt der Sozialkompetenz eine nicht weniger bedeutsame Rolle zu. Soziale Bezüge – zu Kolleginnen, Eltern, Kindern, dem Träger, der Öffentlichkeit – gestalten eine Kommunikationskultur, und so ist es nicht unerheblich, wenn:
   – Zuverlässigkeit gezeigt,
   – Klarheit in Diskussionen dokumentiert,
   – Wahrnehmungsoffenheit für andere Menschen gelebt,
   – Vorurteilsfreiheit von anderen erlebt,
   – Kooperation gesucht,
   – Konfliktkultur realisiert,
   – Auseinandersetzungen auf einer inhaltlichen Ebene gepflegt,
   – Machtkämpfe für überflüssig erlebt,
   – Spontaneität freigesetzt wird und
   – Einigungsversuche unternommen werden.

Identität im Beruf meint eine Verschmelzung von persönlicher und fachlicher Tiefe, sodass gerade diese „Stimmigkeit" den Kindern und ihren Eltern eine Sicherheit vermittelt, die dazu geeignet ist, einander zu vertrauen und miteinander nach gemeinsamen Wegen der Gestaltung des Arbeitsalltags zu suchen. Nichts ist für die Öffentlichkeit, Eltern und Kinder irritierender als wenn sie spüren (müssen), dass Worte, Ansprüche und Handlungsweisen nicht deckungsgleich sind. Erzieher/-innen haben – wie alle Erwachsenen – eine Vorbildfunktion für Kinder, und es wird von dem Augenblick in jeder Einrichtung von einer lebendigen personenorientierten Pädagogik die Rede sein können, wenn sich persönliches Wachstum der Fachkräfte darin zeigt, dass Kinder eine *reale* Mitbestimmung erhalten, Erzieher/-innen einer *realen* Bedürfnisorientierung vom Kinde aus Platz und Zeit schenken, Eltern eine *reale* Annahme ihrer besonderen Situationen erleben und die Öffentlichkeit ein *reales* Bild vom Kindergarten erhält.

## 4.8.2 Brainstorming zum Schwerpunkt „Die Person der elementarpädagogischen Fachkraft als Bindungs- und Bildungsträger"

- Auseinandersetzung zum Selbstverständnis der eigenen Rolle (Erzieher/-in vs. Entwicklungsbegleiter/-in)
- Interessenvertreter/-in der Bedürfnisse der Kinder (in Abwägung und Abgrenzung zu den Erwartungen der Eltern)
- Ablehnung persönlichkeitsverletzender Disziplinierungen von Kindern (mit den Stärken der Kinder, nicht gegen ihre Schwächen arbeiten)
- Humor zeigen (Pädagogik als eine Chance begreifen, mit Kindern zu leben und von ihnen zu lernen)
- auf Machtkämpfe/Gewinnansprüche in Konfliktsituationen verzichten (ein Verhältnis zur demokratischen Partnerschaft anstreben)
- Konfliktbegleiter/-in, keine Konfliktlöser/-in sein (Konflikte mit Kindern lösen, nicht für Kinder Lösungen vorgeben)
- Vorbildfunktion wahrnehmen, mit allen Fehlern und Schwächen (kein unerreichbares „Modell" darstellen)
- Fröhlichkeit und Freude ausdrücken (Pädagogik nicht als ein überernstes „Geschäft" ansehen)
- Gefühle mit Kindern erleben (eigene Gefühle der Traurigkeit, Freude, Wut und Angst zeigen)
- sich auf die Ebene von Kindern begeben (Ereignisse aus dem Blickwinkel von Kindern betrachten)
- Pädagogik als eine Fachdisziplin mit Zeit ausfüllen (Kinder nicht zu irgendwelchen Arbeitsergebnissen drängen)
- Ausdrucksformen des Kinderlebens verstehen und begreifen (die Symbolik des Verhaltens, des Spiels, ihrer Aktivitäten, der Sprache, ihrer Träume, ihrer Bewegung und ihres Malens/Zeichnens erklären und Kindern helfen können)
- Selbsterfahrung auf sich nehmen (erlebte Grenzen hinterfragen und in Beziehung zur eigenen Biografie setzen)
- sich im eigenen „Kind-Sein" entdecken (eigene Bedürfnisse erkennen und reflektieren)
- methodisches Wissen in die eigene Persönlichkeit integrieren (Methoden nicht um einer Methodik/eines Zieles wegen anwenden wollen)
- den Kindern Fantasie und Kreativität zugestehen (mit Kindern unterschiedliche Handlungsspielräume ausprobieren und gemachte Erfahrungen auswerten)
- das eigene Konfliktverhalten prüfen (Reflexion der Konfliktkompetenz)
- Vertrauen in die eigenen Kräfte und in Kinder setzen (Vertrauen statt Misstrauen, mutig sein statt Sicherheiten verfestigen)
- Neugierde zum Ausdruck bringen (Fragen stellen statt vorschnelle Antworten finden)

- Spannungen wahrnehmen und für sich thematisieren (Uneindeutigkeiten erklären und lösen können)
- Anwalt/Anwältin von Kindern sein (eigene Bedürfnisse ehrlich mit denen der Kinder abwägen)
- Ansprüche für sich selber formulieren (Ziele zur eigenen Persönlichkeitsentwicklung setzen)
- kritische Auseinandersetzung mit pädagogischen Traditionen (Überprüfung der Aktualität und Sinnbedeutung tradierter Wiederholungen)
- Überprüfung bestehender Regeln (Sinn und Unsinn existenter Regelungen unter der Fragestellung, wem sie dienen und für wen sie wirklich hilfreich sind)
- Ausbau eines demokratischen Umgangs miteinander (Besprechung und Festlegung von Regeln – gemeinsam mit Kindern in Kinderkonferenzen)
- Ständige Auseinandersetzung mit neuen Erkenntnissen aus den Fachdisziplinen Psychologie und Pädagogik (Anspruch im Hinblick auf die stetige Verbesserung des eigenen Wissens)
- Auseinandersetzung mit vergangenen oder aktuellen bildungspolitischen Strömungen in der Kindertagesstättenpädagogik (Ablehnung bildungspolitischer Strömungen unter dem Aspekt einer Aktualität)
- Anspruch der Wahrnehmung von Realitäten (Vermutungen und eigene Fantasien identifizieren und zugunsten bestehender Realitäten aufgeben)
- Reflexion täglicher Arbeitsvollzüge (Verabschiedung von Routine und Verhaltensmustern)
- Stellung beziehen (sich in Diskussionen und Konflikten stellen)
- eigene Standpunkte auf der Sachebene vertreten (sachliche Auseinandersetzungen führen und Resignationen keinen Platz einräumen)
- die tägliche Arbeit als einen kontinuierlichen Prozess akzeptieren (Produktorientierungen vernachlässigen, um gemeinsam mit Kindern Lösungsversuche zu unternehmen)
- falsch getroffene Entscheidungen korrigieren (eigene Fehler vor Kindern und Erwachsenen eingestehen)
- trotz aller Prozessorientierung eigene, reflektierte Ziele verfolgen (Arbeitsprozesse strukturieren)
- ein ausgeglichenes Verhältnis zwischen der Übernahme und der Abgrenzung von Verantwortung finden („so viel wie möglich, so wenig wie nötig")
- eigene Erfahrungen machen und auswerten (Verzicht auf Vorurteile bzw. Vorinformationen über Kinder)
- Standpunkte von Zeit zu Zeit überdenken und ggf. verändern (die Aktualität von Standpunkten beachten)
- Kritik an sich selber üben (statt an anderen Menschen oder deren Vorhaben/Arbeitsergebnissen)
- sich auf Grenzerfahrungen einlassen (Sicherheiten zugunsten neuer Erfahrungen aufgeben)

- Anforderungen an sich selber stellen (Aktivitäten entwickeln und nicht auf Impulse/ Aufforderungen anderer warten)
- Zuverlässigkeit zeigen (Absprachen einhalten und verlässlich sein)
- an der Eigenmotivation arbeiten (sich selbst für die Arbeitsanforderungen motivieren)
- Sinnzusammenhänge erkennen (Entwicklung eines systemischen Denkens)
- sich von sog. „Alltagstheorien" befreien (Wahrnehmungsoffenheit den Kindern und der Arbeit entgegenbringen)
- Widersprüche zwischen eigenen Aussagen und gezeigtem Handeln identifizieren und lösen (Handlungsweisen und Sprachverhalten in eine Deckungsgleichheit bringen)
- Beschreibungen von Ereignissen vornehmen statt Bewertungen platzieren
- Konzentration und Aufmerksamkeit der Arbeit entgegenbringen (eigene Probleme lösen, um sich den beruflichen Anforderungen stellen zu können)
- Innovationsfreude zeigen (neuen Arbeitsimpulsen und Gedanken offen gegenüberstehen)
- sich mit gemeinsam getroffenen Ziele identifizieren (Übereinstimmung zwischen Zustimmung und eigenem Verhalten)
- Bedürfnisse und Wünsche offen aus-/ansprechen (Offenlegung eigener Gefühle und Intentionen)
- Aussagen mit Fakten belegen (aktive Unterstützung der Erweiterung einer breiten Fachlichkeit)
- an einem deutlichen Profil der Einrichtung mitarbeiten (Ausbau der eigenen Professionalität)
- Akzeptanz anderer Kulturwerte (Begreifen der unterschiedlichen kulturellen Werte in einer multikulturellen Gesellschaft)
- Kindern und Erwachsenen zuhören (Unterstützung einer personbezogenen Umgangskultur in der gesamten Einrichtung)
- Fachauseinandersetzungen fordern und fördern (Zeiträume durch Fachauseinandersetzungen nutzen)
- Abhängigkeiten erkennen und lösen (Verwirklichung der für Kinder gesetzten Ziele wie z. B. Selbstständigkeit und Autonomie zunächst für sich selbst in Anspruch nehmen)
- auf Moralisierungen verzichten (informieren statt überzeugen wollen)
- den eigenen Beruf nicht an erster Stelle zur persönlichen Selbstverwirklichung nutzen (Kinder sind kein „therapeutisch-pädagogisches Mittel" für einen Wachstumsprozess anderer)
- mit Kindern jeden Tag erleben (alltägliche Herausforderungen mit Kindern annehmen)

### 4.8.3 Literaturverzeichnis
### Themenbereich: „Die Person der elementarpädagogischen Fachkraft als Bindungs- und Bildungsträger"

Becker-Stoll, F., und Textor, M. R. (Hrsg.).: Die Erzieherin-Kind-Beziehung. Zentrum von Bildung und Erziehung. Cornelsen Verlag Scriptor, Mannheim 2007

Beher, K.; Hoffmann, H.; Rauschenbach, T.: Das Berufsbild der Erzieherin. Vom fächerorientierten zum tätigkeitsorientierten Ausbildungskonzept. Luchterhand Verlag, Neuwied/Kriftel 1999

Frick, J.: Die Kraft der Ermutigung. Grundlagen und Beispiele zur Hilfe und Selbsthilfe. Verlag Hand Huber, Bern 2007

Garske, K.: Pädagogik in Kindertagesstätten. Eine Studie zu den Konsequenzen pädagogischer Defizite für die Leitungstätigkeit. Verlag Peter Lang, Frankfurt am Main 2003

Goleman, D. (Hrsg.): Die heilende Kraft der Gefühle. Gespräche mit dem Dalai Lama über Achtsamkeit, Emotion und Gesundheit. dtv, München 2000

Gruntz-Stoll, J.: Probleme mit Problemen. Ein Lei(d)tfaden zur Theorie und Praxis des Problemlösens. borgmann publishing, Dortmund 1994

Hartmann, M.; Röpnack, R.; Funk, R.: Kompetent und erfolgreich im Beruf. Wichtige Schlüsselqualifikationen, die jeder braucht. Beltz Verlag, Weinheim 2005

Krenz, A.: Elementarpädagogik und Professionalität. Lebens- und Konfliktraum Kindergarten. Grundsätze zur Qualitätsverbesserung in Kindertagesstätten. Gabal Verlag, Offenbach 2005

Missildine, W. H.: In dir lebt das Kind, das du warst. Vorschläge zur Bewältigung des Alltags. Verlag Klett-Cotta, Stuttgart 17. Aufl. 2007

Morgenroth, H.: Den roten Faden finden. Auswege aus dem Labyrinth unseres Lebens. Kösel-Verlag, München 1995

Müller, C. W.: Menschen zu Menschen bilden. Cornelsen Verlag Scriptor, Mannheim 2007

Pommerenke, U.: Ich kann's – ich mach's. Persönlichkeitsentwicklung im ErzieherInnenberuf. Cornelsen Verlag Scriptor, Mannheim 2007

Potreck-Rose, F.: Von der Freude, den Selbstwert zu stärken. Verlag Klett-Cotta, Stuttgart 2006

Rückert, H.-W.: Schluss mit dem ewigen Aufschieben. Wie Sie umsetzen, was sie sich vornehmen. Verlag Piper, München 2005

Schwarz, A. A., und Schweppe, R.P.: Der Träumer, der Weise, das innere Kind. Personale Integration – die Vielfalt der Persönlichkeit entdecken. Kösel-Verlag, München 2004

Seitz, R.: Schöpferische Pausen. Besinnen, Genießen, Da sein. Kösel Verlag, München 2001

Stavemann, H. H.: Im Gefühlsdschungel. Emotionale Krisen verstehen und bewältigen. Psychologie Verlags Union, Verlagsgruppe Beltz, Weinheim 2001

# 4.9 Zusammenarbeit der Mitarbeiter/-innen

*„Auch wir sind die Verfasser der anderen;*
*wir sind auf eine heimliche und unentrinnbare Weise*
*verantwortlich für das Gesicht, das sie uns zeigen.*
*Verantwortlich nicht für ihre Anlage,*
*aber für die Ausschöpfung ihrer Anlage."*

(aus dem ersten Tagebuch von Max Frisch)

**Ausgangsthese:**
**Ein Team (mit Innenqualität) ist Modell für jeden Bildungsprozess in Kinder-**
**tagesstätten**
Ein Team
- ist die Quelle für jede gute Pädagogik mit Kindern,
- ist der Mittelpunkt einer lebendigen Kommunikation,
- thematisiert Probleme und überwindet Konflikte,
- ist der Motor für effiziente Zielfindungen,
- überwindet lähmende Kommunikations- und Interaktionsstörungen, schafft permanent Leistungssteigerungen und einen konstruktiven Leistungswettbewerb (nach außen) ohne Verlierer im Inneren,
- ist ein Ort der Leistungsmotivation (durch gegenseitige Hilfestellungen und Modellorientierungen),
- dient als Korrektiv für idealisierte Vorstellungen und Allmachtsfantasien Einzelner.

Es gibt eine Reihe von treffsicheren Aussagen, die die hohe Bedeutung einer Teamarbeit auf den Punkt bringen. So heißt es z. B.

*„Ein Team ohne Entwicklung lebt wie ein Fisch ohne Wasser."*
*Oder:*
*„Ein Kindergarten ohne Teamarbeit ist wie ein trockener Garten in der Wüste."*
*Oder:*
*„Ein Kindergarten kann nur so gute Arbeit leisten, wie aus den Mitarbeitern*
*und Mitarbeiterinnen ein Team geworden ist."*

## 4.9.1 Einführung

Teamarbeit begegnet uns in seiner Begrifflichkeit auf unterschiedlichen Ebenen: In Stellenausschreibungen wird ein „Interesse an der Teamarbeit vorausgesetzt", in Kindergärten finden regelmäßige „Teamsitzungen" statt und in fortschrittlichen Ausbildungsschulen wird das „Team-teaching" besonders hervorgehoben. Teamarbeit hat sich in seiner besonderen Wertigkeit als ein Maßstab dafür herausgebildet, ob ein „Einzelkämpfer-(innen)tum" überwunden und stattdessen eine gute Zusammenarbeit gefunden wurde.

Das Problem ist häufig dabei, dass das Wort „Team" genutzt, dennoch eher selten realisiert wird. Zu schnell und oberflächlich sind Menschen in den unterschiedlichen Arbeitsbereichen dabei – so auch in der (Elementar-)Pädagogik – diesen Begriff zu nutzen, ohne die hohen Anforderungen und gestellten Ansprüche zu erfüllen.

Gleichzeitig gibt es immer wieder sogenannte „Mythen" zur Beschreibung des Teambegriffs:

**Mythen zur Vorstellung von Teamarbeit:**

Mythos Nr. 1:
„Es gibt gute und schlechte Teams."

Mythos Nr. 2:
„Jedes Gruppenmitglied bringt sich entsprechend seinen persönlichen, individuellen Fähigkeiten und Fertigkeit ein."

Mythos Nr. 3:
„Ein Team ist eine freundliche, beziehungsgesteuerte Arbeitsgruppe, in der „Harmonie" im Vordergrund steht."

Wo die Auseinandersetzung über Inhalte erforderlich ist, werden stattdessen häufig Beziehungskämpfe ausgefochten – heimlich oder verdeckt.

Wo klare Arbeitsorganisationen zum Tragen kommen müssen, werden stattdessen Desorientierungen und Irritationen gezeigt. Wo es eigentlich um die strukturierte Diskussion wesentlicher Aspekte der Elementarpädagogik geht, werden stattdessen Nebensächlichkeiten oder untergeordnete Aspekte behandelt und erörtert. Wo es eigentlich um die Entwicklung von Perspektiven in der Arbeit/für die Einrichtung geht, werden stattdessen verlorene Sicherheiten gesucht und nehmen damit der Neugierde ihren Raum.

Wo es um die Aufdeckung von zurückliegenden und noch immer wirksamen Restkonflikten geht, werden diese eher zugedeckt und mit dem Mantel der „Unberührbarkeit" abgesichert.

Wo es um die deutliche Übernahme von Eigenverantwortung und das Zeigen von Kompetenzen geht, werden stattdessen Verantwortlichkeiten delegiert und Zurückhaltungen gepflegt.

Wo es um das Herausfinden/Herausstellen eines eigenen Pofils geht, werden stattdessen vorschnell eigene Positionen zurückgenommen.

Wo es um die Wertschätzung einer diskursiven Erörterung von Problemen geht, wird stattdessen eine Harmonie angestrebt, um nicht als Einzelne(r) aufzufallen und Stellung beziehen zu müssen.

Wo Absprachen getroffen wurden und im Sinne der Einrichtung ihre Einhaltung von besonderem Wert ist, werden oftmals die Ergebnisse bestimmter Absprachen „vergessen" und in den Hintergrund gerückt. Wo es um die schnelle Weitergabe von wichtigen Informationen an alle geht, werden stattdessen nur Einzelne mit den Informationen versorgt, sodass ein unterschiedliches Informationsniveau existiert. Wo es um die Erörterung völlig neuer Ideen und Projektvorhaben geht, werden stattdessen von einigen Mitarbeitern und Mitarbeiterinnen sofort Grenzen aufgezeigt, warum dieses oder jenes nicht möglich ist.

Die Reihe der offensichtlichen Widersprüche könnte an dieser Stelle endlos fortgesetzt werden, doch geht es hier weniger um ein Offenlegen von Diskrepanzen als vielmehr um eine Bestandsaufnahme der *realen* Zusammenarbeit. Gerade der leichtfertige und sorglose Umgang mit dem Begriff „Team" verdrängt die eigentlichen(!) Schwierigkeiten so mancher Mitarbeiter(innen)gruppe, sodass (un)beabsichtigt der Eindruck entstehen muss, dass es „in diesem Team" stimme.

Nicht umsonst heißt es in entsprechenden Fachbüchern immer wieder, dass gerade eine gute Teamkultur dafür mitverantwortlich ist, ob
- eine Krankheitsrate unter den Mitarbeitern und Mitarbeiterinnen niedrig ist,
- die Fluktuation unter den Angestellten ein sehr geringes Ausmaß zeigt,
- die Eltern sich in der Einrichtung wohlfühlen und die geleistete Arbeit akzeptieren,
- innere Kündigungen und Aussteigetendenzen der Mitarbeiter/-innen kaum bis gar nicht festzustellen sind,
- Träger sich in einem nur geringen Maße in die Arbeit einblenden,
- die Arbeitsmotivation und -freude der Mitarbeiter/-innen stark ausgeprägt ist,
- die Konfliktkultur gepflegt und die Umgangskultur wertgeschätzt wird.

Daher geht es zunächst kurz um eine möglichst genaue Beschreibung, was ein Team eigentlich kennzeichnet und eine Teamarbeit so erfolgreich macht:

**Definition: Teamarbeit**
„Ein Team ist eine konstruktiv tätige Arbeitsgruppe,
in der alle Gruppenmitglieder an der Bewältigung
einer gemeinsamen Aufgabe beteiligt sind

und anstehende Probleme gemeinsam lösen –
auf der Grundlage gegenseitiger Achtung/Wertschätzung,
aktiver und gleichberechtigter Kooperation
sowie selbstständiger,
motivierter, anstrengungsbereiter und
initiativer Aktivitäten.
Ein Team hat Visionen, arbeitet an Perspektiven
und orientiert sich an notwendigen, wesentlichen und grundlegenden Herausforderungen einer qualitätsorientierten Pädagogik." (Armin Krenz)

Bevor eine Mitarbeiter(innen)gruppe tatsächlich zu einem Team heranwachsen kann, sind viele Vorarbeiten nötig:

- Antipathien Einzelnen gegenüber sind zu thematisieren,
- vergangene Verletzungen in bestimmten Beziehungen müssen angesprochen werden,
- Unklarheiten gehören auf den Tisch und verlangen nach Klärung,
- Zurückhaltungen in den Diskussionen müssen aufgegeben und in Aktivitäten *aller* gewandelt werden,
- Mitarbeiter/-innen müssen den Wunsch haben, grundsätzlich miteinander und nicht übereinander zu sprechen,
- Gruppen haben sich zu öffnen, sodass Cliquen keine Existenzberechtigung besitzen,
- autoritäres Denken muss in partizipatorischer Teilnahme münden,
- Neid oder Missgunst verlieren ihre Bedeutung, weil gemeinsame Zielsetzungen im Vordergrund stehen und Vorurteile durch die Zusammenarbeit aufgelöst werden können.

Teamarbeit geschieht nie um ihrer selbst willen sondern hat ihre direkten Auswirkungen auf die Qualität der Arbeit, auf den Umgang mit Eltern und vor allem auch auf die Gestaltung der Atmosphäre im täglichen Zusammensein mit den Kindern. Mitarbeiter/-innen in der Elementarpädagogik stehen für die Entwicklungsbegleitung der Kinder Modell und sind damit Vorbild, sodass die deutlichen Verknüpfungen zwischen der Kommunikations-(un)kultur der Mitarbeiter/-innen und der der Kinder/Eltern nicht übersehen werden dürfen! Natürlich ist keine Mitarbeiter(innen)gruppe alleine durch ihr Zusammensein in der Lage, ein Team zu bilden. So gilt es, sogenannte „Stolpersteine" zu erkennen und diese gemeinsam – nicht in Zweiergesprächen(!) – auf Gesamtsitzungen zu klären, etwa in der Beantwortung folgender Fragen:

- Besteht unter allen eine Einigkeit über das Ziel der Arbeit?
- Stehen alle hinter diesem gemeinsamen Ziel und arbeiten alle aktiv an dieser Zielerreichung?

- Sind die Werte bestimmter Aussagen/der Ziele klar?
- Findet eine sachorientierte Auseinandersetzung über bestimmte Fragen statt oder haben Beziehungskämpfe/Aus-/Abgrenzungen zwischen einzelnen Mitarbeitern und Mitarbeiterinnen einen zur Zeit höheren Stellenwert?
- Sind alle Mitarbeiter/-innen an einem persönlichen Wachsen und einer Zunahme der Fachkompetenz interessiert und was unternehmen *alle,* diesen Wachstumsprozess aktiv zu unterstützen?
- Werden Gedanken und Gefühle offen ausgesprochen, ohne Ängste vor „Nackenschlägen" haben zu müssen/zu vermuten?
- Trägt das Klima dazu bei, dass ein Zuhören und Aussprechenlassen Vorrang hat vor Unterbrechungen und Abwertungen?
- Ist das Eingestehen von Fehleinschätzungen und Fehlern grundsätzlich möglich oder werden solche Äußerungen bewertet und zum späteren Nachteil der Person gegen sie genutzt?
- Werden Gestaltungsmöglichkeiten in der Einrichtung genutzt oder treten Risikobereitschaft und Mut eher in den Hintergrund?
- Haben die Mitarbeiter/-innen den Schwung/Elan, eigene Ziele mit Kollegen und Kolleginnen gemeinsam umzusetzen, oder stehen eher Trägheit und Desinteresse im Vordergrund, sodass Entwicklungen gebremst werden?
- Werden unterschiedliche Einschätzungen zu bestimmten Dingen fair und ausgewogen diskutiert oder mit unfairen Mitteln gegeneinander ausgetragen?

**Effiziente Teamarbeit wird durch fünf Elemente nachhaltig geprägt:**

**Ziele**
(z. B. Themen, Aufgaben, Arbeitsinhalte)

**Personen**
(z. B. Lernbereitschaft, Arbeitsmotivation, Anstrengungsbereitschaft, Belastbarkeit, Visionen, Reflexionsfähigkeit)

**Gruppe**
(z. B. Arbeitsatmosphäre, Vertrauen, direkte Kommunikation, Selbstdisziplin)

**Struktur**
(z. B. Sachorientierung, ein gutes Zeitmanagement, Mitverantwortung aller, Aufgabenorientierung, Differenzierung von Wesentlichem und Unwesentlichem)

**Leitungskontext**
(Leitungsstil, Fachkompetenz der Leitungskraft, humane und effiziente Leitungsqualitäten)

Es mag sicherlich auch mit daran liegen, dass bestimmte Bedingungen in einer Mitarbeiter(innen)gruppe bzw. in der Elementarpädagogik überhaupt bzw. unter einer bestimmten Trägerschaft und ihrer Repräsentanten teamförderliche/hinderliche Merkmale aufweisen, doch dürfen diese nicht als vorschnelle Alibis genutzt werden, einen derzeitigen Zustand zu manifestieren und sich selber dabei aus der Verantwortung zu ziehen. Dafür gibt es vielerlei Möglichkeiten, eingeschlagene Wege oder feste Strukturen zu verändern. Entscheidend ist der Wille *und* das methodische „Know-how", eingefahrene Straßen zu verlassen und neue Wege zu bauen. Dies ist im Interesse aller zu versuchen, zumal in der Elementarpädagogik die große Chance besteht, dass *Kinder* und *Eltern* Konsensfindungen wahrnehmen und im Sinne einer Imitation übernehmen können.

Von dem Augenblick an, in dem Stolpersteine in der Teamentwicklung verändert und aus dem Wege geräumt werden, beginnt eine intensive und kommunikationsorientierte Zusammenarbeit, sodass einer notwendigen und erfolgversprechenden Sachorientierung immer weniger im Wege steht.

**Merkmale eines gelungenen Organisationsklimas im Team:**

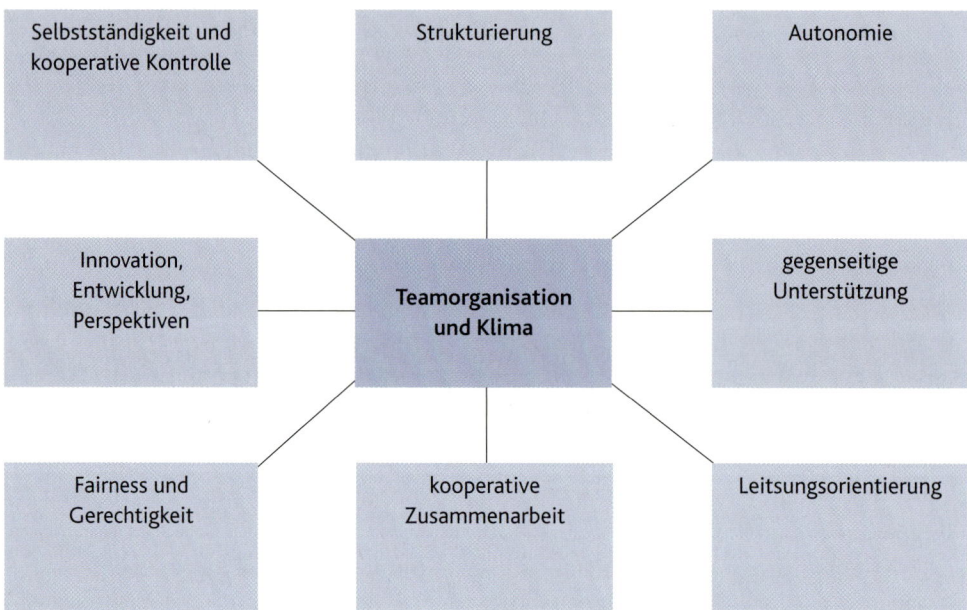

So werden mit der Zeit die acht großen Merkmale eines gelungenen Organisationsklimas im Team erreicht:

Das bedeutet nicht, dass immer wieder neue Konflikte auftauchen können, nur besteht jetzt der Unterschied, dass z. B. bei deutlicher Beachtung einer Konfliktkultur diese Schwierigkeiten anders – nämlich konstruktiv – aufgenommen werden, sodass Klarstellungen als Befreiung von Vermutungen/Unterstellungen und Deutlichkeiten als Lösungen von Unsicherheiten verstanden werden können. Etwa wenn es darum geht, dass z. B. vorschnell der Satz fällt, dass es „um eine Akzeptanz aller Mitarbeiter/

-innen im Team geht". Nun, Akzeptanz kann selbstverständlich nur dort bestehen, wo jede Mitarbeiterin/jeder Mitarbeiter sich handelnd – und damit sichtbar – bemüht, Ziele zu verfolgen, Werte zu reflektieren, Methoden zu hinterfragen, Begriffsdefinitionen mit sich und anderen zu klären sowie Neues zu probieren.

**Fragen, die sich die elementarpädagogischen Fachkräfte immer wieder zur „Teamarbeit" stellen sollten:**

### Prüfstand für „heimliche Normen" im Kollegium:

**Beziehungsnormen**

z. B.:

Wer spricht mit wem (nicht) und welche Gesprächspartner/innen ziehe ich vor/ lasse ich mehr oder weniger „links liegen"?

Wer sitzt bei wem und habe ich auch meinen „Lieblingsplatz" in den jeweiligen Räumen der Einrichtung?

Wer macht Vorschläge und gehöre ich auch zu den konstruktiven Impulsgebern?

Wer wird unter den Mitarbeitern und Mitarbeiterinnen geschützt – durch wen und wie?

Wer spricht am meisten im Kollegium, wer schweigt am häufigsten und welche Hintergründe könnte das haben?

Wessen Rat wird gerne und wohlwollend angenommen, wessen Rat wird häufig und ohne genauere Prüfung verworfen?

**Kommunikationsnormen**

z. B.:

Werden Aggressionen geäußert – wenn ja, wie, und wenn nicht, warum?

Gibt es Tabus im Kollegium – auf der persönlichen oder inhaltlichen Ebene, – die grundsätzlich nicht thematisiert werden? Welche Gründe können dafür verantwortlich sein?

Wird immer wieder über ein bestimmtes Thema „gesprochen" – wenn ja, welche Bedeutung hat dies für eine uneffiziente Zielplanung?

Können Gesprächsbeiträge auch „emotionalisiert" sein oder müssen alle Gefühle in Gesprächen „herausgenommen" werden?

**Gefühlsnormen**

z. B.:

Werden offene oder heimliche „Abneigungen" ausgesprochen oder „unter den Teppich gekehrt"?

Enden emotionalisierte Auseinandersetzungen in konstruktiven Lösungen?

Wird auch des Öfteren (von Herzen) gelacht?

Ist im Kollegium Humor ausdrücklich erwünscht?

**Sanktionsnormen**

Welche „Bestrafungen" (verbal/nonverbal) gibt es bei Verletzungen einer Gruppen-
norm?

Kommt es im Kollegium zum Mobbing? Wenn ja, gegen wen, seit wann, warum und
wer ist daran beteiligt?

**Bedürfnisnorm**

Werden Wünsche/Hoffnungen/Klärungsbedürfnisse offen von allen Mitarbeitern
und Mitarbeiterinnen ausgesprochen oder nur von einigen wenigen?

Werden Bedürfnisse und Erwartungen nach „Ranghöhe" geäußert?


## 4.9.2 Brainstorming zum Schwerpunkt „Zusammenarbeit der Mitarbeiter/-innen"

- Regelmäßige Arbeitssitzungen (wöchentlich/14-tätig für eine festgelegte Zeit-
spanne)
- Struktur der Arbeitssitzungen (Tagesordnung festlegen, Protokollführung)
- Wechsel der Gesprächsleitung (Delegation der Leitung/der Gesprächsmodera-
tion)
- Rechtzeitige Bekanntgabe der Tagesordnungspunkte bei den Arbeitssitzungen
(Aushang der Tagesordnung mit der Möglichkeit zur Themenergänzung)
- Vorbereitete Tagesordnungspunkte (Übernahme der Verantwortung für bestimmte
Tagesordnungspunkte durch die betreffenden Personen)
- Regelmäßige Information aller Mitarbeiter/-innen (Weitergabe von bedeutsamen
Inhalten)
- Bildung von kleinen Arbeitsgruppen (regelmäßig Treffen von Mitarbeitern und Mit-
arbeiterinnen zur Bearbeitung/Behandlung spezifischer Fragestellungen)
- Kenntnis über den besonderen institutionellen Auftrag (Wissen zum Erziehungs-,
Bildungs- und Betreuungsauftrag)
- Austausch über die Konsequenzen der gültigen Ländergesetze (Wissen zu den
Besonderheiten des betreffenden Kindertagesstättengesetzes und seiner Ausfüh-
rungsbestimmungen)
- Erörterung struktureller Eingrenzungen (Diskussion über vorhandene Zwänge und
Erörterung von Möglichkeiten, diese zu verändern)
- Auseinandersetzung über unterschiedliche Wertmaßstäbe (Austausch über per-
sonabhängige Werte und Normen)
- Uneindeutigkeiten und Kränkungen ansprechen (Offenlegung verdeckter Schwie-
rigkeiten)

- Orientierung der Diskussionen an Problemkernen (Ablösung von Fixierungen auf Problemmantelpunkte)
- Offenlegung der unterschiedlichen Toleranzbreiten und -grenzen (Kennenlernen der eigenen Entscheidungs- und Belastungsspielräume)
- Kooperation statt Konkurrenz (Offenlegung von Machtkämpfen in der Mitarbeiter(innen)gruppe)
- Klärung der Beziehungsqualitäten (Offenlegung der Beziehungsmerkmale z. B. durch ein Soziogramm)
- Diskussionsbeteiligung aller Mitarbeiter/innen (Offenlegung unterschiedlicher Aktivitäten Einzelner und Besprechung der damit verbundenen Folgen)
- Übernahme von Selbstkritik (Selbstoffenbarung der einzelnen Mitarbeiter/-innen)
- Äußerung von Fremdkritik (Probleme auf den Punkt bringen)
- Gemeinsame Suche nach Lösungsmöglichkeiten (Übernahme von Verantwortung durch alle Mitarbeiter/-innen)
- Thematisierung von Tabuthemen (Offenlegung „heimlicher Regeln")
- Thematisierung des Faktors „Macht" (Diskussion zur Nützlichkeit von Macht bzw. zur Destruktivität von Machtmissbräuchen)
- Problematisierung der Folgen von Neid, Missgunst und Eifersucht (Kraftverschwendung im Hinblick auf die inhaltliche Arbeitskonzentration)
- Thematisierung der Folgen von Arbeitsverweigerung (Diskussion zu Verhaltsweisen, die dem „Kindheits-Ich" entsprechen)
- Thematisierung der Folgen von Untergruppen/Cliquenbildung (Unmöglichkeit des Aufbaus eines „Teams")
- Verzicht auf die Ausnutzung von Schwächen Einzelner (Übernahme von Selbstverantwortung)
- Analyse der eigenen Umgangskultur (Bestandsaufnahme der Kommunikationsstrukturen)
- Mitarbeiter/-innen sind Vorbild und Modell für Kinder (Kenntnis über die atmosphärische Wirkung der Qualität einer guten Zusammenarbeit auf Kinder)
- Offenheit in der Kommunikation der Mitarbeiter/-innen untereinander (Bestandsaufnahme über Konsequenzen bei sog. „Regelverstößen")
- Verbindlichkeit von Absprachen (Zuverlässigkeit als Hauptbestandteil zur Glaubwürdigkeit)
- Zutrauen statt Misstrauen (mit den Stärken der Mitarbeiter/-innen, nicht an ihren Schwächen arbeiten)
- Einschätzung von Auseinandersetzungen als ein konstruktives Arbeitsmoment (Auseinandersetzungen bringen verbrauchte Kräfte zurück und befreien von Vermutungen und Unterstellungen)
- Konsensfindung statt Resignation (Verfolgung von Zielen bis zu brauchbaren Lösungswegen)

- Eigenes Interesse an persönlicher Weiterbildung (Motivation zur kontinuierlichen Selbsterfahrung)
- Eigenes Interesse an fachlicher Fortbildung (Motivation zur ständigen Erweiterung der Fachkompetenz)
- Neugierde an der Arbeit der anderen Mitarbeiter/-innen (Offenheit für die Arbeitssituationen der anderen)
- Pflege der Beziehungen untereinander (Interesse an einer deutlichen Gruppenentwicklung)
- Mitverantwortung aller im Hinblick auf die Erreichung von Zielen (eigene Verantwortlichkeiten erörtern unter Berücksichtigung der Stärken und Schwächen einzelner Mitarbeiter/-innen)
- Nichtakzeptanz von Entschuldigungen und Ausreden (Identifizierung unehrlicher Äußerungen)
- Klärung der Rollen, Akzeptanz der Leitungskraft (Leitung als ein durchaus hilfreiches und konstruktives Element in Mitarbeiter(innen)gruppen sehen und begreifen)
- Klarheit in Auseinandersetzungen (Verzicht auf unklare Beiträge)
- Mut und Risikofähigkeit einbringen (Entlastung durch das Aussprechen von „Wahrheiten")
- Entscheidungsräume und -grenzen klären (Erörterung von Handlungsspielräumen und ihren Begrenzungen)
- Offenlegung von Verschleierungstaktiken (direktes Ansprechen von Gegebenheiten)
- Nichtakzeptanz egozentrischer Verhaltensweisen einzelner (Offenlegung destruktiver Egoismen)
- Mitarbeiter(innen)gruppen als Reflexionsinstrument von Beziehungsstörungen und Schwachstellen der Arbeit (Offenlegung von destruktiven Beispielen, die die Arbeit/das Kommunikationsklima belasten)
- Ernstnehmen aller Mitarbeiter/innen (Verzicht auf Ironie oder Sündenbockfixierungen)
- Innovationsfreude zeigen (Aufgeschlossenheit im Hinblick auf neue Arbeitsimpulse)
- Persönliche Freundschaften in Mitarbeiter(innen)gruppen thematisieren (Diskussion der Problematik persönlicher Freundschaftsbeziehungen im Hinblick auf die Bildung von Untergruppen)
- Zuhören als Voraussetzung für eine inhaltliche Beurteilung des Gesagten (Ausredenlassen und Entscheidung für ein inhaltliches Abwägen der fremden und eigenen Gedanken)
- Unter-/Überforderungen ansprechen (Unterschiede der Kompetenzen herausstellen und Lösungswege bei Veränderungswünschen erörtern)
- Grenzen der Geduld aufzeigen und ansprechen (Niemand ist gezwungen, sich die Probleme anderer zu den eigenen machen zu lassen)

- Unbrauchbare Lösungsversuche verwerfen und hilfreiche Wege neu erarbeiten (Motivation statt Resignation)
- Persönliche Probleme außerhalb der Mitarbeiter(innen)gruppe klären (Schwierigkeiten, die in der Person oder im privaten Bereich liegen, müssen durch die Person selbst gelöst werden)
- Aufgreifen der brauchbaren Ideen anderer (aktive Mitarbeit in der Weiterformulierung fremder Ideenansätze)
- Vermeidung von Kommunikationsabbrüchen (Stellungskämpfe in der Mitarbeiter(innen)schaft vergiften die Atmosphäre und belasten die Beziehung zu Kindern)
- Veränderung eines defensiven Verhaltens Einzelner (Problematisierung des Zustandes im Hinblick auf die Konsequenz von Untergruppenbildungen)
- Kenntnis über Methoden zur „Teamentwicklung" (Information über methodische Hilfen – gerade aus dem Arbeitsfeld der Organisationspsychologie)
- Vornahme deutlicher Zielformulierungen (zielorientiertes Vorgehen bei Problemstellungen)
- Unterstützung eines kritischen Denkens (Vernetzungen und Verknüpfungen bei den spezifischen Themen bemerken und beachten)
- Fairness auch in schwierigen Situationen zeigen (Schläge „unter der Gürtellinie" grundsätzlich vermeiden)
- Regelmäßige Bestandsaufnahme zur „Teamentwicklung" (z. B. selbsterfahrungsorientierte Fortbildung der gesamten Mitarbeiter(innen)gruppe zweimal im Jahr)
- Demokratisches Treffen von Entscheidungen (Abstimmungen vornehmen nach ausführlichen Inhaltserörterungen)
- Gemeinsame Besprechung neuer Aufgaben-/Funktionsverteilungen (Beteiligung aller beim Abwägen neuer Delegationsanforderungen)
- Kriterien der Arbeitseffektivität festlegen und überprüfen (Pädagogik fassbar und transparent für sich und andere machen)

### 4.9.3 Literaturverzeichnis
### Themenbereich: „Zusammenarbeit der Mitarbeiter/-innen"

Burchat-Harms, R.: Konfliktmanagement. Wie Kindergärten TOP werden. Luchterhand Verlag, Neuwied/Kriftel 2001

Conrad, B.; Jacob, B.; Schneider, P.: Konflikt Transformation. Konflikte werden gelöst – Unterschiede bleiben bestehen. Junfermann Verlag, Paderborn 2003

Fisher, K.; Rayner, St.; Belgard, W.: Tipps für Teams. 416 Regeln für den Teamerfolg. verlag moderne industrie, Landsberg 1995

Gamber, P.: Ideen finden, Probleme lösen – Methoden, Tipps und Übungen für Einzelne und Gruppen. Beltz Verlag, Weinheim 1996

Huth, A.: Gesprächskultur im Team. Cornelsen Verlag Scriptor, Mannheim 2007

Kellner, H.: Konflikte verstehen, verhindern, lösen. Hanser Verlag, München 2000

Krenz, A.: Teamarbeit und Teamentwicklung. Grundlagen und praxisnahe Lösungen für eine effiziente Zusammenarbeit. Verlag gruppenpädagogischer Literatur, Wehrheim 2. Aufl. 2004

Meier, R.: Erfolgreiche Teamarbeit. 25 Regeln für Teamleiter und Teammitglieder. Gabal Verlag, Offenbach 2006

Müller-Fohrbrodt, G.: Konflikte konstruktiv bearbeiten lernen. Zielsetzungen und Methodenvorschläge. Verlag Leske + Budrich, Opladen 1999

Oboth, M., und Seils, G.: Mediation in Gruppen und Teams. Praxis- und Methodenhandbuch. Konfliktklärung in Gruppen, inspiriert durch die „Gewaltfreie Kommunikation". Junfermann Verlag, Paderborn 2005

Pesch, L., und Sommerfeld, V.: Teamentwicklung. Wie Kindergärten TOP werden. Cornelsen Verlag Scriptor, Mannheim 2002

Pohl, M., und Witt, J.: Innovative Teamarbeit zwischen Konflikt und Kooperation. Sauer-Verlag, Heidelberg 2000

Rhode, R.; Meis, M.S.; Bongartz, R.: Angriff ist die schlechteste Verteidigung. Der Weg zur kooperativen Konfliktbewältigung. Junfermann Verlag, Paderborn 2003

Schulz von Thun, F.: Das innere Team in Aktion. Rowohlt Verlag, Reinbek 2004

Stöger, G.: Besser im Team. Stärken erkennen und nutzen. Beltz Verlag, Weinheim 2000

Will, F.: Was bremst mein Team? 20 Situationen und ihre Lösungen. Beltz Verlag, Weinheim 2002

## 4.10  Zusammenarbeit mit Eltern

*Es ist eine Kunst,*
*jemanden in seinen reifen Möglichkeiten wahrzunehmen und ihm diese*
*Möglichkeiten zu bestätigen, also nicht nur in dem,*
*was er ist, sondern sogar in dem, was er sein und werden könnte.*

(Martin Buber)

*Erfülltsein entsteht, wenn ich das, was ich mir wünsche,*
*in das Leben anderer bringe nach dem Motto: Sei die Quelle!*

(Neale Donald Walsch)

### 4.10.1  Einführung

Zunächst mag auffällig sein, dass in diesem Kapitel nicht von „Elternarbeit" sondern von „Zusammenarbeit mit Eltern" die Rede ist. Der Begriff „Elternarbeit" entstammt einer langen Tradition innerhalb sozialer Einrichtung, in der es oberstes Ziel gewesen ist, „an Eltern zu arbeiten", sie in der Position der „falsch denkenden Menschen" zu sehen und sie dahingehend zu beeinflussen, dass Dinge und Geschehnisse anders beurteilt werden müssen. Demgegenüber versucht die Wortzusammenstellung „Zusammenarbeit mit Eltern" ein anderes Bild und eine andere Vorstellung zu vermitteln. Kindergartenarbeit ist *immer* auf eine Zusammenarbeit angewiesen, sodass es ihre Aufgabe ist, sich gemeinsam mit Eltern zu den unterschiedlichen Fragestellungen auseinanderzusetzen und Lösungen auf bedeutsame Fragen/Probleme zu finden. Das bedeutet allerdings *nicht*, dass der Kindergrten sein eigenständiges Profil und seinen besonderen Erziehungs-, Bildungs- und Betreuungsauftrag durch Elternerwartungen verändert. Vielmehr liegt es im Interesse kindorientierter Kindergärten, mit Eltern **das Gespräch zu suchen**, um notwendige Ziele transparent zu machen und gemeinsame Hilfen zu erarbeiten. So unterschiedlich wie Kinder in ihrer jeweiligen Persönlichkeit sind, so unterschiedlich sind auch die Erwartungen vieler Eltern an den Kindergarten. Die einen fordern eine strikte und gezielte Vorschularbeit mit ihren Kindern, die anderen lehnen diese Forderung ab und möchten vor allem, dass sich ihre Kinder im Kindergarten wohlfühlen. Die einen verlangen ein Mitentscheidungsrecht bei wichtigen Angelegenheiten, andere wiederum möchten ein Mitspracherecht, um eigene Ansichten zu verdeutlichen. Die einen Eltern messen die Qualität der Kindergartenarbeit an der Menge der „erarbeiteten Produkte", andere wiederum wissen um die einschränkte Aussagekraft solcher Ergebnisse und freuen sich mehr über die Entwicklung der Kinder im Hinblick auf ihre Selbstständigkeit, ihre Erweiterung der Kreativität und die Zunahme ihrer Lebendigkeit. Die einen können sich beim Bringen oder Holen der Kinder kaum von dem Kindergarten trennen, andere wiederum vermeiden es, den Kindergarten zu betreten. Immer drückt die Nähe bzw. Distanz der Eltern zum Kindergarten ihre Beziehung zur Institution „Kindergarten" bzw. zu den Mitarbeiter/-innen aus, und so ist es die Aufgabe der Einrichtung und der Erzieher/-innen, zunächst **ein Klima des Vertrauens** und einer gewünschten Beziehung zu vermitteln, damit Eltern sich mit ihren Erwartungen, Hoffnungen und Befürchtungen verstanden und gut aufgehoben wissen. Aus dieser Atmosphäre heraus beginnt nun die Zusammenarbeit i. S. einer familienunterstützenden Aufgabe. Was heißt das genau? Familienunterstützung versteht sich als eine Funktion der Mitarbeiter/innen, nicht nur die Kinder, sondern auch im Rahmen der Möglichkeiten die Eltern (= das System der Familie) bei der schwierigen Aufgabe der „Erziehung" zu begleiten. Um einen Pkw zu fahren, bedarf es eines Führerscheins und einer Prüfung; um einem Kind das Leben zu schenken und es „zu erziehen" bedarf es in der Praxis mehr als nur eines „gesunden Menschenverstandes". Doch viele Eltern sind demgegenüber durch die vielfältigen Verpflichtungen und Außenansprüche – durch die Realitäten des Lebens – in zunehmendem Maße bei der Entwicklungsbegleitung ihrer Kinder verunsichert und irritiert: da werden eigene Erfahrungen zum Ausgangspunkt der „Kindererziehung" gemacht, Zukunftssorgen auf Kinder übertragen, persönliche oder berufliche Irritationen in das Leben der Kinder hineingetragen und entsprechende Verunsicherungen durch widersprüchliche Kenntnisse aus Unterhaltungen/Erziehungsratgebern/Hinweise von Kinderärzten und -ärztinnen erlebt. Viele Eltern befinden sich daher ebenso wie ihre Kinder auf der Suche nach „objektiven Wahrheiten" und stellen daher berechtigterweise die typischen Fragen: „Ja, was mache ich aber, wenn ..." oder „Was würden Sie mir in meiner Situation denn raten?"

Der Kindergarten darf sich bei allen Erwartungen durch die Eltern sicherlich nicht in eine Position hineindrängen lassen, ergänzende oder sogar ersetzende Aufgaben zu übernehmen, sonst würde er in diesem Fall schnell zu einer Einrichtung heranwachsen, die einerseits primäre Elternaufgaben übernehmen würde, andererseits auch die dafür notwendige Verantwortung auf sich zöge. Um dieser Überforderung und gesellschaftlich gefährlichen Entwicklung entgegenzutreten, muss es ihm gelingen, **Eltern im Kindergarten zu integrieren** und ihnen das Gefühl des Willkommenseins zu vermitteln. Drei Schwerpunkte sind dabei im Vordergrund zu sehen: Auf der einen Seite geht es um die **Elternbildung**, bei der die pädagogischen Fachkräfte auf der Grundlage ihrer Kompetenz die Aufgabe haben, Eltern umfassend zu informieren, sodass durch ein neues Wissen ein neues Verständnis in der Beurteilung bestimmter Sachverhalte entstehen kann. Dieses wiederum kann eine neue Haltung provozieren und zu einem neuen Verhalten führen. Sei es in diesem Zusammenhang das Thema „Märchen und ihre Bedeutung für Kinder", „Die psychosexuelle Entwicklung von Kindern im Kindergartenalter"; die Frage, „Was Kinder für eine gesunde seelische Entwicklung brauchen" oder „Warum das heutige Spielzeug von Kindern so geliebt wird".

Immer geht es um Informationen, mit denen Eltern sich aus einer neuen Perspektive heraus auseinandersetzen *können*. Worum es nicht gehen darf, ist der Wunsch, Eltern zu etwas zu überreden oder durch bestimmte Aussagen zu überzeugen. Dadurch entstehen schnell beziehungsorientierte Machtauseinandersetzungen zwischen Erziehern und Erzieherinnen und Eltern, die eher dazu führen, dass Beziehungsstörungen auftreten und sich verfestigen können.

Auf der anderen Seite geht es um **Elternberatung**. Viele Eltern suchen nach Antworten auf schwierige Fragen, wobei eine beratende Funktion des Kindergartens darin liegt, gemeinsam mit Eltern neue Orientierungspunkte zu entdecken, um Planungs- und Entscheidungshilfen zu erarbeiten. Es ist bedauerlich, dass viele Einrichtungen in der Sozialarbeit/Sozialpädagogik immer spezialisierter geworden sind, weil damit eine Zerrissenheit ganzheitlicher Sichtweisen verbunden ist. So können pädagogische Fachkräfte mir einer entsprechenden Berater(innen)ausbildung durchaus die Aufgabe übernehmen, pädagogisch-therapeutische Arbeit mit Eltern zu leisten, um mit ihren Möglichkeiten herauszufinden, Probleme mit anderen Handlungsstrategien zu meistern.

Zum Dritten geht es um die vielfältigen Chancen der **Elternmitarbeit**, bei der die Eltern deutlich spüren können, wie wichtig und bedeutsam ihre Arbeitsbeiträge für den Kindergarten, die Mitarbeiter/-innen und vor allem die Kinder sind. Sei es bei der

Planung/Herausgabe von Elternbriefen/Kindergartenzeitungen, sei es bei der Raum-/ Außengeländegestaltung, der Vorbereitung/Durchführung von Elternabenden und Festen, der Vorbereitung und Hilfe bei Ausflügen der Besuchs-/Aktionsfahrten, bei der Initiierung von Elterntreffen oder der Planung und Durchführung gemeinwesenorientierter Aktivitäten.

Beispiele aus der Praxis belegen immer wieder, dass sich Eltern zurückziehen oder eine weitere Zusammenarbeit ablehnen, wenn ihnen mit Vorurteilen und Vorwürfen, Entgegenhaltungen und Unverständnis begegnet wird – wer würde von den Mitarbeitern und Mitarbeiterinnen auch schon selber in solchen Fällen einen Wunsch zur Mitarbeit verspüren?

Ausgangspunkt vieler Auseinandersetzungen bildet die Erörterung der wichtigen Frage zur „Mitbestimmung bzw. Mitentscheidung" bei wesentlichen inhaltlichen Fragen. Aus elementarpädagogischer Sicht sollte bei allem Ernstnehmen der Eltern, der Akzeptanz ihrer Bedürfnisse und ihrem Engagement für bestimmte Wunschrealisierungen dennoch nicht der Fehler begangen werden, dass Eltern Entscheidungsrechte zugestanden wird. Das mag sich in dieser Klarheit vielleicht unverständlich/verständnislos anhören und bedarf daher einer näheren Ausführung: Erzieher/-innen sind Fachfrauen einer speziellen Pädagogik, die auf die Entwicklungsbegleitung von Kindern in einer bestimmten Altersspanne ausgerichtet ist. So wie ein Schreiner es gelernt hat, seinen Hobel bei bestimmten Holzarbeiten zu führen, wie es ein Automechaniker gelernt hat, bestimmte Arbeitsschritte bei der Reparatur eines Pkw aufeinander abzustimmen, so muss es auch den elementarpädagogischen Fachkräften vorbehalten bleiben, dass sie die Schwerpunkte ihrer Arbeit auf der Grundlage fachorientierter Reflexionen und qualifizierter Fort-/Weiterbildung festlegen. Zwar besteht dabei *immer* die Aufforderung, Elternwünsche zu berücksichtigen und ihre Bedeutung für die Pädagogik abzuwägen, doch müssen Erzieher/-innen immer das Recht behalten können, ihre Entscheidungen fachabgesichert in den Kindergartenalltag einzuflechten.

Dem Autor des Buches ist kein Berufszweig bekannt, in dem so massive Außenerwartungen in ein eigenständiges Arbeitsfeld hineingetragen werden, und daher ist es auch nicht verwunderlich, wenn manche Erzieher/-innen sich deutlich abgrenzen – ein Merkmal im Übrigen, das grundsätzlich zu einer Profilvertiefung führt.

Unzufriedenheiten können durch Transparenz verringert werden und genau hierin besteht die Aufgabe des Kindergartens, Arbeitsvorhaben immer wieder zu verdeutlichen und durch aktive Öffentlichkeitsarbeit nach außen zu tragen.

Zum Schluss mag noch ein Punkt angesprochen werden: In vielen Kindergärten entstehen dadurch Irritationen zwischen Eltern und Erziehern/Erzieherinnen, wie/

bzw. wenn das Verhältnis untereinander im Hinblick auf „Nähe und Distanz" ungeklärt ist (bzw. bleibt).

Hier empfiehlt es sich, den Grad der Nähe bzw. die Notwendigkeit einer Distanz
zunächst in der Mitarbeiter(innen)gruppe offen und klar anzusprechen, um dann auch
diese Entscheidung (begründet) mit Eltern zu erörtern.

### 4.10.2 Brainstorming zum Schwerpunkt „Zusammenarbeit mit Eltern"

- Bedeutung der Zusammenarbeit mit Eltern (Voraussetzung für eine kindorientierte
  Arbeit)
- familien-/elternunterstützende Funktion der Kindertagesstätte (mit Eltern das
  Gespräch suchen/im Gespräch bleiben)
- Problematisierung des Begriffes „familienergänzende Funktion" (Abgrenzung von
  einer nicht zu leistenden Verantwortung)
- Abgrenzung zur Erwartung einer „familienersetzenden Instanz" (Ablehnung einer
  wie auch immer gearteten Ersatzfunktion)
- Transparenz der Arbeit und ihrer Schwerpunkte (Herstellung einer Durchschaubar-
  keit der Arbeit, was Inhalte, Ziele und ein methodisches Vorgehen betrifft)
- Klarheit im Umgang mit Eltern (Direktheit des Ansprechens von notwendigen
  Themen)
- Konflikte austragen und klären (Unstimmigkeiten identifizieren und Lösungs-
  ansätze suchen)
- agieren statt reagieren (Themen, Konflikte, Spannungen und Ereignisse als Erste
  ansprechen, um nicht in die Position des Rechtfertigens kommen zu müssen)
- Möglichkeiten der Elternmitarbeit klären (Elternhilfe bei bestimmten Projekten
  und Vorhaben)
- die Bedeutung der Elternbildung hervorheben (regelmäßige Information der
  Eltern)
- Elternabende durchführen (Gruppen- und Gesamtelternabende anbieten in möglichst regelmäßigen Zeitabständen)
- mit Eltern nach Lösungen bei bedeutsamen Fragen suchen (Verzicht auf Macht-
  und Direktionsgespräche)
- Kompetenzen klären (unterschiedliche Erwartungen und Handlungsmöglichkeiten
  offenlegen und Entscheidungen treffen)
- sich auf die Verständnisebenen der unterschiedlichen Eltern begeben und einlassen (*mit* Eltern statt an Eltern vorbei sprechen)
- Nähe und Distanz zu Eltern klären (die Problematik der Freundschaften mit Eltern
  auf dem Hintergrund einer entstehenden Rollenkonfusion erörtern)
- Besuche von Kindern und ihrer Eltern/Familien (Betonung der Bedeutsamkeit von
  Hausbesuchen)

- Eltern in ihrer Erziehungsfunktion stützen (fachliche Begleitung von Eltern/Familien in Fragen, die das Kind betreffen)
- Gestaltung der Kindergartenzeitschrift mit Eltern (Eltern bilden dabei den Redaktionsrat)
- Durchführung von Elternseminaren (Vertiefung bestimmter Inhaltsfragen mit Eltern an Wochenenden/Wochenendtagen/in eine Abendveranstaltungsreihe)
- Durchführung von Eltern-/Kindfreizeiten (gemeinsame Planung und Gestaltung von Ausflügen)
- Tür- und Angelgespräche in ihrer Bedeutung sehen (sich ergebende Kurzgespräche zur Vertiefung der Kontakte nutzen und pflegen)
- auf die Einhaltung von Bring- und Abholzeiten achten (Verdeutlichung der Gültigkeit von Zeitabsprachen)
- Freiräume neuer Gestaltungsmöglichkeiten mit Eltern entdecken (Schaffung einer Atmosphäre des Vertrauens als „Türöffner" eines gegenseitigen Erfahrungsaustausches)
- Den Eltern Hinweise auf Institutionen geben, die bei besonderen Fragestellungen weiterhelfen können (Kontaktaufnahme/-pflege der Mitarbeiter/-innen zu sozialen Institutionen wie Erziehungs- und Eheberatungsstellen, Schuldner- oder Suchtberatungsstellen, Psychologischen Diensten, ganzheitlich arbeitenden Logopäden/Logopädinnen oder Motopäden/Motopädinnen,...)
- Feste und Feiern mit Eltern planen und gestalten (Beteiligung der Eltern und Aufgreifen besonderer Wünsche)
- Hospitationen in den Kindergruppen ermöglichen (Eltern auf die Möglichkeit einer zeitbegrenzten Anwesenheit in der Kindergruppe hinweisen und Termine abstimmen)
- Initiierung von Elterngesprächskreisen/Hobbytreffs (Information der Mitarbeiter/-innen über Interessenschwerpunkte und Steckenpferde der Eltern)
- unterschiedliche Erziehungswerte und -normen thematisieren (sich auf das Lernen voneinander einlassen)
- Akzeptanz der Elternvorstellung, in der Zeit des Kindergartenbesuchs ihrer Kinder selber entlastet zu sein (Bejahung des Elternwunsches, die kinderfreie Zeit für eigene Wünsche und Bedürfnisse zu nutzen)
- Verantwortung einzelner Mitarbeiter/-innen für die Elternbücherei (Ergänzung des Buchbestandes und Aktualisierung der Themenschwerpunkte)
- Hinweise zum Ausleihen von Elternzeitschriften (Bereitstellung von Fachzeitschriften für Eltern)
- prozessorientierte Gestaltung der Zusammenarbeit mit Eltern (Richtziele in Feinziele zerlegen und Teilschritte einleiten)
- Eltern haben ein Recht darauf, sich ebenso wie Kinder als Gäste der Kindertagesstätte wohlzufühlen (Würdigung des Interesses der Eltern, mit den Mitarbeiter/-innen Kontakt aufzunehmen und sich in einen Lernprozess zu begeben)

- Probleme der Kinder als ein Problem der gesamten Familie begreifen (systemisches Denken entwickeln und eine ganzheitliche Sichtweise bei der Erörterung von Schwierigkeiten berücksichtigen)
- Reflexion von Lösungsversuchen durch kontinuierliche Treffen mit Eltern (Bestandsaufnahmen vornehmen und neue Schritte zur Umsetzung von Zielen beobachten und begleiten)
- Initiierung eines Elterndienstes bei Krankheiten der Eltern/der Kinder (Erkundung des Interesses von Eltern, ob bei Krankheiten gegenseitige Hilfen und Unterstützung durch andere Eltern möglich und erwünscht ist)
- Information der Eltern über die Funktion des Elternbeirates/der Elternversammlung (Verdeutlichung der Aufgaben anhand praktischer Beispiele)
- Eltern in die symbolische Bedeutung der kindlichen Ausdrucksformen einführen (Vermittlung fachlicher Kompetenz auf der Grundlage abgesicherter Aussagen aus Entwicklungspsychologie und -pädagogik)
- Schweigepflicht einhalten (Eltern auf die Schweigepflicht aller Mitarbeiter/-innen hinweisen, sodass sich Eltern ohne Ängste mitteilen können)
- Eltern auf die Bedeutung der Mitarbeit von Vätern hinweisen (Väter und Mütter sind gleichfalls an der Entwicklung ihres Kindes beteiligt und auch als solche zur Mitarbeit in der Kindertagesstätte eingeladen)
- bei entsprechender Kompetenz der Mitarbeiter/-innen können Elternberatungen in Zusammenarbeit mit anderen Fachleuten angeboten und durchgeführt werden (Durchführung von Beratungsangeboten unter dem Aspekt einer interdisziplinären Kooperation mit externen Fachleuten)

### 4.10.3 Literaturverzeichnis
### Themenbereich: „Zusammenarbeit mit Eltern"

Bernitzke, F., und Schlegel, P.: Das Handbuch der Elternarbeit. Bildungsverlag EINS, Troisdorf 2004

Blank, B. und Eder, E.: Zusammenarbeit mit Eltern in Kindertageseinrichtungen. Arbeitshilfen für die Praxis. Carl Link Verlag und Deutscher Kommunal-Verlag, Kronach 2. Aufl. 2000

Bort-Gsella, W.: Lebendige Elternarbeit. Ökotopia Verlag, Münster 1994

Dusolt, H.: Elternarbeit. Ein Leitfaden für den Vor- und Grundschulbereich. Beltz Verlag, Weinheim 2001

Eppel, H. et al.: Mit Eltern partnerschaftlich arbeiten. Elternarbeit neu betrachtet. Herder Verlag, Freiburg 1996

Hense, M.: Eltern engagieren sich. Zusammenarbeit mit Elternbeiräten, Elternräten und Elternvertretungen. Don Bosco Verlag, München 2001

Huth, A.: Gesprächskultur mit Eltern. Beltz Verlag, Weinheim 2006

Jansen, F., und Wenzel, P.: Von der Elternarbeit zur Kundenpflege. Kindertageseinrichtungen auf dem Weg zu Dienstleistungsunternehmen. Don Bosco Verlag, München 2000

Jeske, K.: Mit den Eltern und nicht für die Eltern. Zusammenarbeit für die Eltern und Erzieherinnen in Kindertageseinrichtungen. Vektor Verlag, Grafschaft-Birresdorf 1997

Knisel-Scheuring, G.: Interkulturelle Elterngespräche. Gesprächshilfen für Erzieherinnen in Kindergarten und Hort. Kaufmann Verlag, Lahr 2002

Krenzer, R.: Der Elternabend im Kindergarten. Anregungen und Vorschläge für Erzieherinnen. Verlag Ernst Kaufmann, Lahr 2001

Lühning, E., und Ringeisen-Tannhof, P.: Erziehungskurse für Eltern. Das Kursleiter-Programm Fit for Kids. Beltz Verlag, Weinheim 2003

Laewen, H.-J., Andres, B., und Hedervari, E.: Ohne Eltern geht es nicht. Die Eingewöhnung von Kindern in Krippen und Tagespflegestellen. Cornelsen Verlag Scriptor, Mannheim 4. unveränderte Aufl. 2006

Ministerium für Bildung, Jugend und Sport des Landes Brandenburg (MBJS) (Hrsg.): Elternmitwirkung in Tageseinrichtungen für Kinder. Potsdam 1998

Penthin, R.: ... Eltern sein dagegen sehr. Konzepte und Arbeitsmaterialien zur pädagogischen Elternschulung. Juventa Verlag, Weinheim und München 2001

Schlösser, E.: Zusammenarbeit mit Eltern – interkulturell. Informationen und Methoden zur Kooperation mit deutschen und zugewanderten Eltern in Kindergarten, Grundschule und Familienbildung. Ökotopia Verlag, Münster 2004

Schopp, J.: Eltern stärken – Dialogische Elternseminare. Ein Leitfaden für die Praxis. Verlag Barbara Budrich, Opladen 2006

Stürmer, G.: Neue Elternarbeit. Mitbestimmen und mitgestalten. Sonderheft der Zeitschrift „kindergarten heute". Herder Verlag, Freiburg 2003. Aufl. 2003

Textor, M. R.: Elternarbeit mit neuen Akzenten. Reflexion und Praxis. Herder Verlag, Freiburg 4. Aufl. 1998

Textor, M. R.: Kooperation mit den Eltern. Erziehungspartnerschaft von Familie und Kindertagesstätte. Don Bosco Verlag, München 2000

Textor, M. R.: Elternarbeit im Kindergarten. Ziele, Formen, Methoden. Books on Demand GmbH, Norderstedt o. J.

Tschöpe-Scheffler, S. (Hrsg.): Konzepte der Elternbildung – eine kritische Übersicht. Verlag Barbara Budrich, Opladen 2005

Verlinden, M., und Külbel, A.: Väter im Kindergarten. Anregungen für die Zusammenarbeit mit Vätern in Tageseinrichtungen für Kinder. Cornelsen Verlag Scriptor, Mannheim 2005

Weber-Röger, R.: Eltern fordern uns heraus. Herder Verlag, 3. Aufl. 1999

Weber, K., und Herrmann, M.: Erfolgreiche Methoden für die Team- und Elternarbeit. Sonderheft: kindergarten heute, Herder Verlag, Freiburg 2003

Wiedenmann, M.: Neue Wege zur Erziehungspartnerschaft. Zusammenarbeit von Kindergarten, Grundschule & Elternhaus. borgmann publishing, Dortmund 1997

Wünsche, M., und Reinecker, H.: Selbstmanagement in der Erziehung. Ein Training mit Eltern. Hogrefe Verlag, Göttingen 2006

Wolf, B.: Elternhaus und Kindergarten. Einschätzungen aus zwei Perspektiven (Eltern und Erzieherinnen). Shaker Verlag, Aachen 2002

## 4.11 Zusammenarbeit mit dem Träger

*Man gibt immer*
*den Verhältnissen die Schuld*
*für das, was man ist.*
*Ich glaube nicht*
*an die Verhältnisse.*
*Diejenigen,*
*die in der Welt vorankommen,*
*gehen hin und suchen sich die Verhältnisse,*
*die sie wollen.*
*Und wenn sie sie nicht*
*finden können,*
*schaffen sie sie sich selbst.*

(George B. Shaw)

### 4.11.1 Einführung

Die Zusammenarbeit mit dem Träger stellt ein deutliches Fundament in der Entwicklungs-möglichkeit einer Einrichtung dar. Einerseits ist es für Kindergärten und ihre Mitarbeiter/-innen notwendig zu wissen *und* zu erfahren, dass der Träger hinter der Einrichtung und den angestellten Fachkräften steht, andererseits ist es auch für den Träger bedeutsam zu erleben, dass die Mitarbeiter/-innen hinter der Trägerschaft der Einrichtung stehen. Beidseitiges Vertrauen schafft ein Klima der Verständigung und der Akzeptanz zueinander.

Praxisberichte vieler Erzieher/-innen machen dabei vor allem einen Umstand deut-lich: entweder es fällt die Aussage, dass sich Trägervertreter in viele Entscheidungen und Arbeitsprozesse des Kindergartens „einmischen" und an allen Vorhaben eine Mit-sprache wünschen, andererseits gibt es Träger, die sich kaum um die Einrichtung küm-mern und nur dann ihre Existenz ins Spiel bringen, wenn etwas nicht klappt oder Ärgernisse in der Öffentlichkeit zur Diskussion stehen. Beides ist bei einem Anspruch an eine qualitätsorientierte Zusammenarbeit wenig förderlich!

Bei einer Befragung unter Trägern zur Erwartung an Kindergärten fielen folgende Aus-sagen:

- Der Kindergarten soll bei kirchlichen Trägern ein deutliches religionspädagogisches Profil zeigen.
- Der Kindergarten soll möglichst den Bedürfnissen der Eltern und der Öffentlichkeit entsprechen, um in der Gemeinde/der Stadt zur Zufriedenheit aller beizutragen.

- Der Kindergarten soll mit dem bestehenden Haushaltetat – in Kenntnis notwendiger Kürzungen bei einzelnen Haushaltstiteln – sparsam umgehen und akzeptieren, dass Etaterweiterungen nicht möglich sind.
- Bei Unstimmigkeiten ist die Öffentlichkeit zu meiden, um nicht den Träger/den Kindergarten in Diskredit zu bringen.
- Der Freiraum zur einrichtungsinternen Arbeitsgestaltung kann so lange selbstständig und in den bestehenden Grenzen mit eigenen Impulsen genutzt werden, solange die Öffentlichkeit mit der geleisteten Arbeit zufrieden ist.

Aus dem Sichtfeld eines Trägers sind diese Erwartungen sicherlich verständlich und berechtigt, hat er doch ein berechtigtes Interesse daran, dass eine Einrichtung zum Wohle der Öffentlichkeit ihre Arbeit gestaltet. Dennoch wird es immer wieder dann zu Auseinandersetzungen kommen, wenn Trägerinteressen mit denen der pädagogischen Fachkräfte kollidieren. Das kann zum Beispiel bei einer Beantragung zur Aufstockung bestimmter Haushaltstitel für den Kindergarten geschehen, bei der Entscheidung zur Lösung/Aufhebung von Arbeitsverhältnissen, bei der Einstellung und dem Einstellungsverfahren von neuen Mitarbeiter/-innen, bei Anträgen zur höheren Eingruppierung bei Gehaltsfragen, bei der Durchsetzung und Festlegung bestimmter elementarpädagogischer Arbeitsansätze oder bei der Realisierung kindergartenspezifischer Arbeitsprojekte.

So berechtigt oder unberechtigt manche Trägererwartungen an die Mitarbeiter/-innen sind, so notwendig ist es für alle pädagogischen Fachkräfte, den Träger möglichst häufig und intensiv (quantitative und qualitative Ebene) am Arbeitsgeschehen teilhaben zu lassen. Nur ein Träger, der regelmäßig über bedeutsame Aspekte der Kindergartenpädagogik und des Kindergartens selbst informiert wird, kann sich ein Bild über die geleistete Arbeit verschaffen bzw. an Perspektivplanungen mit Hintergrundwissen teilhaben. Insofern ist es nicht zu verstehen, wenn Mitarbeiter/-innen des Kindergartens in manchen Fällen sich zufrieden äußern, „dass der Träger sich in gar nichts einmischt und daher schlafende Hunde auch nicht geweckt werden sollten". Solch eine Einstellung macht den Wunsch eines „Nebeneinanderlebens" offenkundig und wird spätestens dann zu einem Problem, wenn es darum geht, nicht zu verschiebende Lösungen für Probleme mit dem Träger zu diskutieren.

Insofern haben die Mitarbeiter/-innen eines Kindergartens die Aufgabe, ihren Träger kontinuierlich über bedeutsame Ereignisse, Vorhaben und Geschehnisse zu informieren, wobei der Träger sich dazu verpflichtet fühlen sollte, diese auch wahr- und ernst zu nehmen. Gleichzeitig hat der Träger die Aufgabe, sein Interesse am Kindergarten und den Mitarbeitern/Mitarbeiterinnen zu zeigen, um immer wieder aufs Neue zu verstehen, was die pädagogischen Fachkräfte zur Zeit beschäftigt und wie bei größeren Schwierigkeiten eine gemeinsame Problemlösung aussehen könnte. Vieles, was

Mitarbeiter/innen fordern, wird sich dabei nicht in erster Linie um die Verbesserung eigener Bedingungsmerkmale handeln, sondern vielmehr um eine Qualitätssicherung/-steigerung der Pädagogik, sodass sich Forderungen und Erwartungen auf einer inhaltlichen Ebene bewegen im Interesse von Kindern. Schnelle Entscheidungen und nachvollziehbare Wünsche können vor allem dann „auf dem kleinen Dienstweg" geregelt werden, wenn der Kontaktpflege zwischen den Trägervertretern und den Mitarbeitern/Mitarbeiterinnen ein entsprechender Stellenwert eingeräumt wurde. Viele Vorurteile und Alltagsvermutungen erweisen sich als ebenso hinderlich wie destruktiv, etwa wenn von *beiden* Seiten die weit verbreitete Vorstellung ausgeprägt ist, dass Arbeitnehmer/innen grundsätzlich „ausgebeutet" und „Arbeitgeber grundsätzlich kein Interesse am Wohlbefinden ihrer Angestellten haben und Ausbeuter sind". Solche Schlagwortsätze schaden einer notwendigen Kommunikationskultur immer mehr, als dass sie hilfreich sind. Wenn Kindergärten in der Kommunikationspflege mit ihrem Träger z. B. Wert darauf legen, ihm regelmäßig ein Exemplar der Kindergartenzeitschrift zukommen zu lassen, ihn zu Festen einzuladen oder ihm anbieten, periodisch an Mitarbeiterbesprechungen teilzunehmen, ihnen wesentliche Fachartikel in Kopie weiterreichen und bei (in)formellen Treffen aktuelle Berichte zur Situation des Kindergartens weitergeben, dann weiß ein Träger um das Bemühen der Fachkräfte, ihn in das Geschehen der Elementarpädagogik einbinden zu wollen. Selbstverständlich können dabei diskursive (= entgegengesetzte) Meinungen zum Ausdruck gebracht und diskutiert werden, wobei sich beide Seiten durchaus darum bemühen sollten, den *inhaltlichen* Wert einer Sachauseinandersetzung zu schätzen. Mitarbeiter/-innen wiederum sollten nicht zu schnell einer Entscheidung, hinter der sie nicht stehen können, halbherzig zustimmen, weil dadurch neue Konflikte und Rückzugstendenzen(!) fast vorprogrammiert sind.

Was nötiger denn je zu sein scheint – in Ableitung von ungezählten Praxisproblemen vergangener und gegenwärtiger Zeiten – ist die Forderung, dass *klare* Zielsetzungen diskutiert, unterschiedliche Sichtweisen offensiv erörtert und Zuständigkeiten deutlich zugeordnet werden müssen, damit sich sowohl die Mitarbeiter/-innen als auch der Träger strukturiert orientieren können. Eine Konzeption hilft dabei, Tätigkeitsmerkmale und Zuständigkeiten offenzulegen, um sorgsam zu prüfen, inwieweit diese hilfreich oder hinderlich für die Entwicklung einer zeitgemäßen Elementarpädagogik sind.

### 4.11.2 Brainstorming zum Schwerpunkt „Zusammenarbeit mit dem Träger"

- Kontaktpflege (regelmäßige Information zu besonderen Aktivitäten und Vorhaben der Kindertagesstätte)
- Klärung von Erwartungen (Offenlegung unterschiedlicher bzw. gemeinsamer Wünsche im Hinblick auf eine ständige Qualitätsverbesserung der Arbeit)

- Fragen der Zusammenarbeit, Mitsprache, Mitentscheidung klären
  (z. B.  bei Einstellungen neuer Mitarbeiter/-innen,
      bei Umbau-/Ausbaumaßnahmen in der Einrichtung,
      bei der Einstellung/Beurteilung von Praktikantinnen,
      bei Stundenreglungen – Über-/Mehrstunden,
      bei besonderen Aktionen und Vorhaben ...)
- Konflikte möglichst schnell ansprechen (Kontaktaufnahme bei besonderen Schwierigkeiten)
- regelmäßige Zusendung der Kindergartenzeitschrift
- Aussprechen einer Einladung bei Festen und Feiern
- Zusendung des Protokolls der Mitarbeiter(innen)sitzungen
- Information des Trägers über bedeutsame berufspolitische oder pädagogische Neuerungen in der Elementarpädagogik
- beteiligt sein bei Haushaltsberatungen
- Verantwortlichkeiten zwischen Leitung und dem Träger deutlich klären
- Informationen einholen zur Klärung offener Fragen
- Abgrenzungen zwischen Mitarbeitern/Mitarbeiterinnen und dem Träger dort vornehmen, wo es nötig erscheint
- Inhaltsfragen auf der inhaltlichen Ebene, nicht auf der Beziehungsebene austragen
- Restkonflikte thematisieren, um gebundene Kräfte durch Klärungen freisetzen zu können
- Möglichkeiten/Notwendigkeiten eines „Socialsponsoring" mit dem Träger erörtern
- berufliche Konflikte mit dem Träger und Vertretern der Arbeitnehmer/-innen klären
- das eigenständige Profil einer Kindertagesstätte herausstellen und sog. „faule Kompromisse" in Verantwortung vor den Kindern und einer Arbeitsqualität abwehren

### 4.11.3 Literaturverzeichnis
### Themenbereich: „Zusammenarbeit mit dem Träger"

Fthenakis, W. et al.: Träger zeigen Profil. Qualitätshandbuch für Träger von Kindertageseinrichtungen. Beltz Verlag, Weinheim 2003

# 4.12 Zusammenarbeit mit Fachdiensten und Institutionen

*Man will Sicherheiten
und keine Zweifel,
man will Resultate
und keine Experimente,
ohne darauf zu achten,
dass nur durch Zweifel
Sicherheiten
und nur durch Experimente
Resultate
entstehen können.*

(Carl Gustav Jung)

Der eigenständige Erziehungs-, Bildungs- und Betreuungsauftrag – ausgerichtet am Wohl der Kinder und an der ganzheitlichen Unterstützung ihrer Entwicklung – ist sicherlich nur dann einzulösen, wenn *alle* beteiligten Einrichtungen „an einem Strang ziehen". Nicht selten sind neben den Kindertagesstätten bei besonderen Frage- und Aufgabenstellungen hinsichtlich bestimmter Kinder mehrere Institutionen bzw. Fachdienste darum bemüht, Kindern und ihren Eltern zu helfen. So können vor allem das Jugendamt, die Erziehungs- und Lebensberatungsstelle, eine Logopädin, eine Motopädin, Kinderärzte/-ärztinnen oder Fachkräfte der Frühförderung an der gezielten Entwicklungsunterstützung *eines* Kindes mitarbeiten.

## 4.12.1 Einführung

Ein weit verbreitetes Merkmal unter den Fachdiensten ist darin zu entdecken, dass immer noch „Berührungsängste" untereinander bestehen. Diese bestehen aus einer Sorge heraus, in den eigenen Kompetenzen begrenzt zu werden, sei es aus der Angst heraus, eigene Zuständigkeiten aufgeben zu müssen oder vielleicht die eigene Arbeit zu begründen; sei es aus der Erfahrung heraus, dass eine bestimmte Zusammenarbeit in der Vergangenheit nicht klappte, oder sei es aus der Abneigung bestimmten Personen gegenüber. Immer scheinen es persönliche (= intrapersonale) oder beziehungsorientierte (= interpersonale) Schwierigkeiten zu sein, die eine enge und engagierte Kooperation erschweren bzw. unmöglich erscheinen lassen.

Unabhängig davon müssen sich alle Fachkräfte einmal deutlich vor Augen führen, dass fehlende oder eingeschränkte Kooperationsformen *immer* den Kindern schaden, *weil* keine Absprachen getroffen und damit auch keine gemeinsamen Zielsetzungen verfolgt werden können. In diesen Fällen haben Kinder und Eltern das Problem „aus-zutragen", wobei genau sie es sind, die einer gezielten Hilfe bedürfen. So mag man sich einmal vorstellen, dass z. B. bei der Diagnose „Wahrnehmungsstörung" ärztli-cherseits eine medikamentöse Behandlung begonnen wird, die Kindertagesstätte das soziale Umfeld des Kindes in den Vordergrund setzt und im Sinne eines gemeinwe-senorientierten Ansatzes Veränderungen im Umfeld unterstützt, die Beratungsstelle einerseits mit dem Kind eine „Spieltherapie" und mit den Eltern eine Ehetherapie durchführt, während die Frühförderstelle gezielte Funktionsübungen mit dem Kind gestaltet. Möglicherweise bemüht sich das Jugendamt darum, die Ursache in einer besonderen „familiären Deprivation" zu erkennen und für eine Pflegschaft zu plädie-ren. Wenn *jede* Einrichtung bzw. jeder Fachdienst seine/ihre eigenen „Diagnose" stellt und vom Wert des eigenen Standpunktes überzeugt ist, kann der Anspruch auf eine „ganzheitliche Zielorientierung" nicht gestellt und erreicht werden. So geraten Kinder und ihre Eltern „zwischen die Zahnräder unterschiedlicher, sogar sich widersprechen-der Kreise" und kommen in erneute Irritationen.

Die Frage, woran es liegt, dass immer noch Abgrenzungen vorgenommen und deut-liche Vernetzungen abgelehnt werden, ist zwar schon kurz angesprochen, aber noch nicht ausreichend beantwortet worden.

So kann es sein, dass ...
- unterschiedliche Fragestellungen aus unterschiedlicher Sicht beurteilt werden mit dem Anspruch, dass nur die eigene Einschätzung „richtig" sein kann;
- bestimmte Fragestellungen von bestimmten Fachdiensten im „Alleingang" gelöst werden sollen, weil die Meinung vertreten wird, dass Kinder und ihre Eltern mit genau dieser Frage-/Problemstellung am besten aufgehoben sind;
- immer noch ungenügende Kenntnisse über andere Fachdienste/Institutionen bestehen und aus einer Unkenntnis heraus bestimmten Einrichtungen erwartete Kompetenzen abgesprochen/nicht zugetraut werden;
- bestimmte Tätigkeiten aus dem Grunde nicht delegiert werden, weil damit auch eine Art von „Prestigeverlust" verbunden wäre;
- durch eine Zusammenarbeit bereits eingeschlagene Wege überdacht und korri-giert werden müssten und dadurch bestimmte Empfindungen von „Inkompeten-zen" erlebt werden könnten;
- aus reinen Kostengründen (und damit verbundenen Einnahmen) anstehende Ein-nahmeverluste abgewehrt würden;
- durch intensive Kooperationsmodelle unterschiedliche Träger die Sorge haben, das eigene Profil aufzugeben.

Gerade der Kindergarten kann durch die Zusammenarbeit mit Fachdiensten und anderen Institutionen die große Chance nutzen, nicht nur im Interesse von Kindern und ihren Eltern aktiv zu werden, sondern auch sein eigenes Profil deutlich heraus-zustellen als eine elementarpädagogische Institution, die familienunterstützende Aufgaben zu erfüllen hat, in der Fachkräfte mit einem qualifizierten Wissen aus dem Bereich der Entwicklungspsychologie und -pädagogik tätig sind, und die unter Nutzung ihrer unterschiedlichen Kompetenzen durchaus in der Lage sind, ihre Arbeit, ihre Vorhaben und Ziele, ihre Aufgaben und Schwerpunkte transparent zu machen.

Gleichzeitig – und das scheint besonders wichtig zu sein – sind auch die anderen Institutionen und Fachdienste aufgefordert, *ihre* Vorhaben und Projekte, Maßnahmen und einzelnen Arbeitsschritte zu verdeutlichen und zu begründen. Es kann nicht ange-hen, dass in der pädagogischen Landschaft in der Regel immer nur die Kindertages-stätten diejenigen Einrichtungen sind, die sich mit besonderen Außenerwartungen auseinandersetzen müssen, weil

- die Schule erwartet, dass Kinder gezielt in ihrer anstehenden Schulfähigkeit „zu fördern" sind,
- die Kinderärzte entweder vom Kindergarten „gar nichts erwarten" oder eine Akzeptanz ihrer Verordnungen an Eltern fortgesetzt sehen möchten,
- Logopäden/Logopädinnen, Ergotherapeuten/Ergotherapeutinnen oder Motopäden/ Motopädinnen ihre Arbeitspläne in dem Kindergartenalltag integriert haben wollen,
- das Jugendamt erwartet, dass von ihnen eingeleitete Schritte auch im Kinder-garten umgesetzt werden.

Stattdessen kann der Kindergarten als eine eigenständige Facheinrichtung durchaus erwarten, dass

- gerade die Grundschulen die Elementarpädagogik als eine autonome Fachdisziplin akzeptieren, der Kindergarten bei Einschulungsfragen gehört und seine Berichte beachtet werden,
- die Grundschule den Übergang vom Kindergarten deutlich mit unterstützt und vor allem in den ersten beiden Schuljahren ein „spielendes Lernen/entdeckendes Ler-nen" integriert,
- Kinderärzte die Zusammenarbeit mit den Kindergärten suchen und ihre Fachaus-sagen in der Behandlung der Kinder/in den Gesprächen mit Eltern deutlich berück-sichtigen und
- externe (= von außenkommende) Fachdienste ihre Arbeitsweise mit dem beson-deren Arbeitsansatz des Kindergartens verbinden sowie
- Jugendämter in regelmäßigen Treffen ihr Interesse an der Kindergartenpädagogik und an einer Zusammenarbeit verdeutlichen.

Durch die Transparenz der unterschiedlichen Arbeitsweisen können Widersprüche aufge-deckt und Kommunikationsschwierigkeiten geklärt werden, sodass eine in vielen Städten und Gemeinden vorhandene Hierarchisierung im Sinne einer Gleichwertigkeit hergestellt wird. Sollten Kindergärten durch ihren fachlichen Austausch die Erfahrung machen, dass eine Zusammenarbeit durch fachliche Widersprüche(!) belastet wird/ist, helfen erneute Aussprachen dabei, die weitere Zusammenarbeit zu klären und Konsequenzen zu ziehen.

## 4.12.2 Brainstorming zum Schwerpunkt „Zusammenarbeit mit Fachdiensten und Institutionen"

- Herstellung einer Vernetzung zwischen Einrichtungen mit unterschiedlichen Aufgabenschwerpunkten (Anspruch der Veränderung teilisolierter Aufgabenerfüllung)
- gegenseitige Information über Aufgabenschwerpunkte
- Kennenlernen der Mitarbeiter/-innen aus anderen Arbeitsfeldern (Kontaktaufbau und -pflege der Beziehungen)
- Nutzung der Möglichkeit, Vorurteile oder ungerechtfertigte Vermutungen abzubauen
- Planung und Durchführung gemeinsamer Arbeitsvorhaben (bei gleichzeitiger Berücksichtigung der eigenen Schwerpunkte)
- Transparenz des eigenständigen Profils der Einrichtung (Abgrenzung von unberechtigten Ansprüchen)
- gemeinsame Erörterung von Problemen (interdisziplinärer Gedankenaustausch zur Förderung des „Schauens über den eigenen Tellerrand")
- Absprechen von möglichen Hospitationen in anderen Einrichtungen
- Wahrung der Schweigepflicht (strikte Einhaltung der Nichtnennung von Namen)
- Bildung von Arbeitskreisen zu bestimmten Problem-/Fragestellungen
- miteinander und voneinander lernen
- Veränderungen von Hierarchien innerhalb des unterschiedlichen Stellenwertes sozialer Einrichtungen in der Öffentlichkeit
- gemeinsames Auftreten in der Öffentlichkeit
- Durchsetzen von berechtigten Ansprüchen gegenüber anderen Einrichtungen (z. B. gemeinsame Erörterung der Schulfähigkeiten der Kinder zwischen Grundschule, Kindergarten und Schularzt/-ärztin)

## 4.13 Öffentlichkeitsarbeit

*Das Außerordentliche geschieht nicht auf glattem, gewöhnlichem Wege.*

(J. W. v. Goethe)

Kindertagesstätten stehen in den letzten Jahren verstärkt im Rampenlicht der Öffentlichkeit, geht es zum einen um den „Anspruch auf einen Kindergartenplatz", zum anderen um die hohe Bedeutung im Bildungsbereich. Außerdem werden Diskussionen auf verantwortlicher Ebene zu den Schwerpunkten „Qualitätssicherung und -steigerung in der Kindergartenpädagogik" und „Notwenigkeit der Kostensicherung bzw. Zuschusserhöhung" geführt.

### 4.13.1  Einführung

Öffentlichkeitsarbeit ist ein Grundsatzmerkmal bei der Wertschätzung eines Produkts – dieser Satz aus der Wirtschaft kann ohne Schwierigkeiten auch auf den sozialen Bereich übertragen werden, heißt er doch in der Umkehrung, dass bei einer fehlenden Öffentlichkeitsarbeit eine Geringschätzung die Folge ist und Produkte – wie auch Einrichtungen – einer Meinung der Öffentlichkeit hilflos ausgesetzt sind, *weil* sie notwendig für die Entwicklung von Kindern und hilfreich für die Gestaltung von Lebensplänen der Eltern sind. Letzteres kann dann eine Eigendynamik entfalten, wenn es in erster Linie lediglich um die Unterbringung von Kindern zu bestimmten Zeiten geht. Das ist zwar aus der Sichtweise von Eltern verständlich, dennoch nicht hilfreich für die Diskussion um eine Qualitätssicherung/-steigerung geleisteter Arbeit. Kindertagesstätten haben dann für die Entwicklung der Kinder einen Wert, wenn sich die Mitarbeiter/innen um ihr eigenes, deutliches Profil ihrer Institution kümmern *und* ihre geäußerten Werte im Innenverhältnis zur Praxis werden lassen. Dasselbe gilt in einem umgekehrten Sinn: Eine deutlich kindorientierte Pädagogik wird auch im Außenverhältnis beachtet werden, *weil* die Mitarbeiter/-innen ihre Ansprüche und Schwerpunkte in die Öffentlichkeit bringen.

Leider hat es die Elementarpädagogik lange Zeit (und das teilweise noch bis heute) nicht in dem Maße geschafft, sich in ein öffentliches Bewusstsein zu bringen, wie es ihr inhaltlich und strukturell in einem hohen Maße zusteht. Öffentlichkeitsarbeit geschah/geschieht dadurch, dass in den Regionalzeitungen z. B. Folgendes zu lesen ist (die Überschriften und Kommentare sind der Presse entnommen):

„Kinderaugen leuchten – Laternenfest im Kindergarten"

„Kinder besuchen das Weihnachtsmärchen Hänsel und Gretel"

„Jan will einmal Baumeister werden" (Überschrift zu einem Bild, auf dem ein Junge aus dem Kindergarten bei der Umbaumaßnahme in einem Kindergarten zuschaut)

„Wer ist die Schönste im ganzen Land?" (Überschrift zu einem Artikel über ein Faschingsfest im Kindergarten, bei der ein Mädchen, Melanie, ein Prinzessinnenkleid trug)

„Aufführung im Altenheim – Kinder führen ein Stück auf"

„Spende über 250 Euro hilft dem Kindergarten"

„Jetzt können wir uns neues Spielzeug leisten" (Überschrift zu einem Kurzartikel über eine Spende in Höhe von 500 Euro für einen Kindergarten")

„Experiment im Kindergarten: Spielzeugfreie Räume"

„Kinder überraschen ihre Kindergärtnerin" (Überschrift zu einem Beitrag, in dem es um die Hochzeit einer Erzieherin ging und die Kinder ein Spalier vor dem Kirchenportal bildeten)

„Kindergartenbasar brachte ein gutes Ergebnis"

Solche oder ähnliche Presseveröffentlichungen in ganz Deutschland stehen an der Tagesordnung, *wenn* es etwas aus Kindergärten zu berichten gibt. Dabei wird deutlich:

1. Kinder werden in einer „Niedlichkeit" gepriesen.
2. Kinder haben es schön.
3. Kinder unternehmen etwas für andere.
4. Der Kindergarten freut sich auch über kleinste Spenden.
5. Der Kindergarten versucht etwas Neues.
6. Kindergärten basteln und freuen sich über Einnahmen.

Ohne die subjektive Bedeutung der o. g. Aktionen zu schmälern, ist aber festzuhalten, *dass* durch solche Öffentlichkeitsarbeit *keine* Fachlichkeit transportiert wird. Im Gegenteil: Der Kindergarten öffnet sich jeweils nur einen kleinen Spalt nach außen und prägt ein erwartetes Bild – öffentliche Anteilnahme bei besonderen, von außen bestehenden Erwartungen, Beruhigung im Hinblick auf eine „verwaltete Pädagogik", Freude über spontane oder geplante, kleine Goodwillaktionen finanzkräftiger Einrichtungen mit der Erwartung einer Dankbarkeit und Akzeptanz bei der „lieben Beschäftigung der Kleinen". Kindergartenpädagogik unterstützt damit ein Profil der fachlichen(!) Geringschätzung, zumal gegengewichtige Beiträge entweder nicht veröffentlich werden oder entsprechende Artikel von den Mitarbeitern/Mitarbeiterinnen nicht formuliert und an die Presse weitergegeben werden.

Öffentlichkeitsarbeit:

- beeinflusst Meinungen,
- schafft ein Interesse an Folgeinformationen,
- lässt Fachlichkeit in den Vorder-/Hintergrund rücken,
- unterstützt ein spezifisches Profil,
- unterstützt den Wert einer Einrichtung,

- schafft Verständnis für besondere Anliegen,
- provoziert Solidarität,
- problematisiert Widersprüche und
- klärt Uneindeutigkeiten.

Wenn also Öffentlichkeitsarbeit kaum oder gar nicht genutzt wurde/wird bzw. in einem Maße geschieht, dass Kindertagesstätten (und damit auch *immer* ihre Pädagogik) traditionellen Klischeevorstellungen entgegenkommen, dann bleibt die Werteinschätzung einer Einrichtung in einem unteren Bereich.

Kindertagestätten sollten sich darum bemühen, als eigenständige Facheinrichtung wahrgenommen zu werden und damit Beachtung finden.

Positive Beispiele aus der Praxis sprechen dabei für sich:

a) Einige Kindertagesstätten machen ihre Gesamtelternabende für alle interessierten Erwachsen offen, wenn es z. B. ein Themenabend ist und z. B. ein Fremdreferent/eine Fremdreferentin eingeladen wurde. Entsprechende Handzettel/Plakate wurden rechtzeitig verteilt bzw. gut sichtbar ausgehängt.

b) Einige Kindertagesstätten sind in Arbeitskreisen vertreten und belegen durch Fachbeiträge ihre deutliche Fachkompetenz.

c) Berichte aus Projekten werden mit Fachinformationen versehen und zur Veröffentlichung an die Presse weitergegeben.

d) Mitarbeiter/-innen aus anderen Kindertagesstätten wiederum nutzen mitinitiierte Podiumsdiskussionen, um fachliche Anliegen und Notwendigkeiten auf den Punkt zu bringen.

e) Einige Kindertagesstätten stellen mit der Beilage ihrer Konzeption eine Präsentationsmappe der Einrichtung zusammen und geben sie an Arztpraxen, Beratungsstellen, Jugendämter und andere Sozialträger aus, um zu informieren und präsent zu sein.

Eine gute und sachgerechte Öffentlichkeitsarbeit verlangt von den Mitarbeitern/Mitarbeiterinnen, Ziele und Vorstellungen, Inhalte und Vorhaben zu strukturieren *und* für eine Aufgabenteilung zu klären, damit dieser eher „ungeliebte Punkt" auch in der Praxis umgesetzt wird. Notwendige Klärungsfragen lauten:

> *Wer*
> *macht was*
> *mit wem*
> *und welchem Ziel*
> *bis wann*
> *wie?*

Eine der besten Formen der Öffentlichkeitsarbeit ist (arbeitsbegleitend) die, *dass* der Kindergarten sich in der Öffentlichkeit zeigt, etwa beim Besorgen notwendiger Arbeitsmittel, bei der Durchführung von Aktionen, bei Ausflügen im Gelände, beim (projektbesetzten) Besuch öffentlicher Einrichtungen, bei der Kontaktpflege im Gemeinwesen und bei besonderen Aktivitäten, die mit Kindern gemeinsam geplant werden. Allerdings reicht es nicht aus, sich in der Öffentlichkeit zu zeigen, weil dabei die zuvor erwähnte Fachlichkeit einer gesonderten Hervorhebung bedarf.

## 4.13.2 Brainstorming zum Schwerpunkt „Öffentlichkeitsarbeit"

- Kontakt und Imagepflege (Darstellung des eigenen Profils und der soziale Bedeutung im Gemeinwesen)
- Teilnahme an öffentlichen Diskussionen zur Pädagogik der Kindertagesstätten
- Transparenz der Arbeit, Ziele und Aufgaben durch die Darstellung/Vermittlung entsprechender Fachinformationen
- Öffentlichkeitsarbeit als Kommunikationsförderung (Unterstützung interdisziplinärer Zusammenarbeit)
- Ausgabe/Verkauf eines Teils der Kindergartenzeitungen in benachbarten Geschäften
- Presseberichte über Themenelternabende, Projekte und besondere Aktivitäten
- Anspruch auf Herstellung einer Vermittlung deutlicher Fachinformationen (Kindertagestätten als eigenständige Einrichtungen im deutschen Bildungssystem)
- Veränderungen des Images der Kindertagesstätten (von der „Kleinkindschule"/„Basteleinrichtung" zur fachprofilierten Institution)
- Aufwertung des Berufsbildes der Erzieher/-innen (von der „Basteltante" zur Fachfrau in der Elementarpädagogik)
- Notwendigkeit der Außenrepräsentanz (Veränderung des Bildes einer „stillen Pädagogik" zur „aussagekräftigen Pädagogik")
- Demonstration einer Selbstständigkeit (Öffentlichkeitsarbeit als aktives Instrument der Selbstdarstellung, unabhängig von gewünschten oder erwarteten Bedürfnissen der Zurückhaltung übergeordneter Instanzen)
- Öffentlichkeitsarbeit als vertrauenschaffende Maßnahme (Offenheit durch Öffnung der Kindertagesstätte)
- Unterstützung des Bekanntheitsgrades der Einrichtung
- Veränderung von Vorurteilen gegenüber der Kindertagesstätte
- Erarbeitung einer Präsentationsmappe (analog: Konzeption) über die Kindertagesstätte (zur Nutzung bei öffentlichen Kontakten)
- Nutzung und regelmäßige Aktualisierung eines Schaukastens
- Initiierung und Durchführung von Ausstellungen in öffentlichen Gebäuden (Themenbeispiele: Kindheiten heute/Veränderung des Berufsbildes der Erzieher/-innen/ Projektbeispiele aus der Arbeit ...)
- Feste und Feiern mit allen Bezugspersonen der Kinder

- Nachbarschafts-/Straßenfeste (zur Information der Nachbarschaft und Pflege des Kontaktes)
- Öffnung der Themenelternabende für die interessierte Öffentlichkeit (Erörterung der Möglichkeiten, anteilige Eintrittsgelder bei Veranstaltungen zu erheben)
- Einladungen für andere soziale Einrichtungen aussprechen (Unterstützung des Kennenlernens anderer Institutionen, z. B. im Hinblick auf den Abbau von Vorurteilen)
- Übernahme von Patenschaften (aus der Gemeinde, für besondere Projekte außerhalb des direkten Umfeldes)
- Mitwirkung bei Gottesdiensten und Gemeindefesten
- Durchführung von Flohmärkten, Basaren (Nutzung der Einnahmen für besondere Anschaffungen, für die im Haushaltsplan keine Gelder zur Verfügung stehen)
- Erarbeitung eines einrichtungsinternen Logos (Nutzung des „grafischen Zeichens" zur unverwechselbaren Identifikation der betreffenden Institution)
- Mitarbeit/Mitgestaltung bei entsprechenden Beiträgen in regionalen Radiosendungen
- Nutzung der Öffentlichkeitsarbeit durch das Schreiben von Leser(innen)briefen
- Verteilen von Handzetteln/Flugblättern (bei Veranstaltungsprogrammen, Aktionen, Einladungen)
- Gestaltung und Aushang von Plakaten (als Einladungen für besondere Veranstaltungen)
- Teilnahme an Demonstrationen zur Verbesserung der Lebens- und Arbeitsbedingungen in Kindertagesstätten (Verzicht auf eine Funktionalisierung von Kindern!)
- Infostände (Vorstellung der Kindertagesstättenarbeit)

## 4.13.3 Literaturverzeichnis Themenbereich: „Öffentlichkeitsarbeit"

Arlt, H. J.: Kommunikation, Öffentlichkeit, Öffentlichkeitsarbeit. PR von gestern, PR für morgen. Das Beispiel Gewerkschaft. Westdeutscher Verlag, Wiesbaden 2001

Brauer, G.: Econ Öffentlichkeitsarbeit. Econ Verlag, München 1993

Bürger, J. H.: Arbeitshandbuch Presse und PR. Tipps und Tricks eines PR-Profis. Stam Verlag, Essen 1998

Deutscher Bundesjugendring (Hrsg.): Reden ist Silber – Schweigen ist Schrott. Handbuch der Öffentlichkeitsarbeit. Votum Verlag, Münster 2001

Fesenfeld, B.: Presse und Öffentlichkeitsarbeit für Kinderrechte. Ein Praxisbuch. Verlag an der Ruhr, Mühlheim 1997

Koschnick, W. J.: Standard-Lexikon Werbung, Verkaufsförderung, Öffentlichkeitsarbeit. 2 Bände. Schäffer-Poeschel Verlag, Stuttgart 1996

Krenz, A.: Handbuch Öffentlichkeitsarbeit. Professionelle Selbstdarstellung für Kindergarten, Kindertagesstätte und Hort. Verlag Herder, Freiburg 4. Aufl. 2002

Luthe, D.: Öffentlichkeitsarbeit für Non-Profit-Organisationen. Maro Verlag, Augsburg 1994

Pfannendörfer, G.: Kommunikationsmanagement. Das ABC der Öffentlichkeitsarbeit für soziale Organisationen. Nomos Verlagsgesellschaft, Baden-Baden 1995

Reichardt, I.: Erfolgreiche Öffentlichkeitsarbeit. Falken Verlag, Niedernhausen 2002

Reineke, W., und Eisele, H.: Taschenbuch der Öffentlichkeitsarbeit. Sauer Verlag, Heidelberg 3. Aufl. 1999

Rossmann, E.: Öffentlichkeitsarbeit und Kampagnenplanung. Über den richtigen Umgang mit Medien. ÖGB-Verlag, Wien 2000

# 4.14 Anleitung und Beratung von Praktikanten/innen

*Ich möchte es lernen:*
*Ich möchte es lernen,*
*dir Halt geben,*
*dich aber nicht zwingen;*
*dir Stütze sein,*
*dich aber nicht hemmen;*
*dir Hilfe sein,*
*dich aber nicht abhängig machen;*
*dir nahe sein,*
*dich aber nicht einengen;*
*dir Raum geben,*
*dich aber nicht ängstigen;*
*dir Geborgenheit geben,*
*dich aber nicht festhalten.*
*Ich möchte lernen,*
*für dich da zu sein.*
*Nur so kannst du wachsen,*
*wirklich wachsen.*
*Wie ich auch.*

(M. Feigenwinter)

## 4.14.1 Einführung

Praktikanten/Praktikantinnen können – unabhängig von der Praktikumsform – eine ausgesprochen große Hilfe oder auch eine deutliche Belastung für die Kindertagesstätten darstellen. Die einen sind fleißig, motiviert und interessiert, neugierig und aktiv, die anderen sind demotiviert und erleben ihr Praktikum als ein ärgerliches „Muss", sind eher unselbstständig und inaktiv, desinteressiert oder gelangweilt. Diese (und sicherlich viele andere) Verhaltensweisen haben ebenso viele Hintergründe und Auslöser wie bei Arbeitnehmern/Arbeitnehmerinnen in einem festen Arbeitsverhältnis. Auf der einen Seite trägt die Ausbildungsschule einen hohen Anteil daran, wie Praktikanten/Praktikantinnen ihre Vorbereitung auf den Beruf erlebt haben und gestalten. So hat es etwas zu tun mit:

- der Aktualität der Themen in den einzelnen Fächern,
- den unterschiedlichen Methoden der Unterrichtsgestaltung,
- den Erwachsenen – oder einer schülerorientierten Umgangsform,
- dem (aktuellen) Fachwissen der Lehrkräfte,
- der gesamten Umgangskultur in der Ausbildungsschule,
- einer interdisziplinären und fächerübergreifenden Arbeit,
- der aktuellen Erfahrung der Lehrkräfte aus den Arbeitsfeldern,
- der Innovationsfreude im Hinblick auf Themen und Schwerpunkte,
- der Ablösung von alten, überflüssigen Inhalten,
- der Berücksichtigung persönlichkeitsbildender Grundlagen.

Auf der anderen Seite tragen aber auch Praktikanten/Praktikantinnen selbst dazu bei, wie deutlich oder undeutlich, klar oder unklar, motiviert oder demotiviert sie ihr Praktikum gestalten. Das Praktikum selbst erfährt durch Praktikanten/Praktikantinnen ihre eigentliche Bedeutung, sodass der Selbstverantwortung ein hoher Wert zukommt. Mut und Risikofähigkeit stehen dabei Ängsten und gewünschten Sicherheiten entgegen, eine intrinsische (in der Person liegende) Motivation lässt eine extrinsische Motivation (durch die Anleiter/innen) überflüssig werden, eigene Wahrnehmungsoffenheit provoziert Fragen und eine Bereitschaft zur Reflexionsfähigkeit schließt das Abblocken von Diskussionen über geleistete Arbeit/anstehende Vorhaben aus. Oftmals werden Klagen über Praktikanten/Praktikantinnen laut, sie seien „noch so jung". Aus inhaltlicher Sicht betrachtet kann es sowohl Nachteile als auch Vorteile mit sich bringen. Junge Frauen und Männer haben in einer Einrichtung durchaus die Möglichkeit, gerade mit ihrer Lebendigkeit und ihrer teilweise unkonventionellen Sichtweise bestimmter Dinge Schwung und Elan in verhärtete Strukturen (Verhaltensmuster und unausgesprochene Regeln) zu bringen, wenn die Mitarbeiter/-innen es zulassen können, auch sich selbst als Lernende zu begreifen. Junge Frauen und Männer sind aber auch noch in weiten Teilen in ihrer eigenen „Entwicklung", so dass ein Praktikum zur Findung persönlicher und beruflicher Identität dient. Es wird erst dann kritisch, wenn Praktikanten/innen ihre eigenen Entfaltungsmöglichkeiten nicht nutzen (wollen/können) und damit ihre Entwicklung selber hemmen. An dieser Stelle könnten ungezählte Beispiele aus der Praxis aufgeführt werden, wo auch ältere, fertig ausgebildete Mitarbeiter/innen ähnlich problematische Verhaltensweisen offenbaren.

Praktikanten/innen haben ebenso wie ausgebildete Erzieher/innen das Recht und die Pflicht, sich auf Lernprozesse einzulassen, weil es darum geht, Handlungen zu hinterfragen und neue Handlungsentwürfe fachkompetent zu entwickeln. Praktikanten/innen brauchen dazu feste Anleitungskräfte (aus dem Kindergarten und ihrer Ausbildungsschule), die verlässlich und zuversichtlich eine Begleitung gestalten. Dabei kommt der Anleitung und Beratung eine besondere Bedeutung zu im Hinblick auf eine

- Ermunterung zum Probieren,
- strukturierte Planung von Vorhaben,
- kritische Begleitung der Umsetzung,
- person- und fachbezogene Auswertung von durchgeführten Projekten,
- durchdachte Neuplanung bei auftauchenden Schwierigkeiten,
- person- und inhaltsorientierte Diskussion über den Erfolg/Missverfolg des Praktikums.

Und genau hier liegt möglicherweise das dritte Merkmal für den erfolglosen/ erfolgreichen Praktikumsbesuch: sowohl die Einrichtung selbst als auch die Mitarbeiter/innen tragen dazu bei, ob ein Praktikum für Praktikanten/innen deutliche Lernzuwächse bringen. Praktikanten/innen haben das (unausgesprochene) Recht,

- strukturiert begleitet zu werden,
- feste Reflexionszeiten angeboten zu bekommen,
- an dem Aufbau und der Gestaltung ihres Praktikums mitzusprechen,
- deutliche Hilfen bei Schwierigkeiten zu erhalten,
- spezifische Rückmeldung auf ihr Verhalten/ihr Handeln zu hören,
- eigene Ideen einzubringen und mit den Notwendigkeiten abzuwägen.

Da Praktikanten/innen die Erzieher/innen von morgen sind, besteht für die Anleiter/ innen zugleich die Pflicht, das Praktikum als eine Probezeit anzusehen. *Kein* Praktikum trägt in sich ein Recht auf „eine positive Beurteilung", zumal Praktikanten/innen ihre Leistungen unter Beweis stellen müssen. Praktika bereiten auf den Beruf vor, und da die spätere Tätigkeit eine Erzieher/in immer dadurch gekennzeichnet ist, in einem Spannungsverhältnis unterschiedlicher Erwartungen zu stehen, spontane Anforderungen aufzugreifen und sich ihnen zu stellen, plötzliche Notwendigkeiten zu sehen und aktiv zu werden, Belastungen auszuhalten und nach Möglichkeit zu verändern sowie sich und ihre Arbeit täglich aufs Neue zu hinterfragen, darf und sollte auch das Praktikum kein „Schonklima" sein – wenn auch eine Probezeit!

Neben den längeren Praktikumszeiten gibt es auch immer wieder Kurzzeitpraktika. Jede Einrichtung sollte genau abwägen, ob sie sich darauf einlassen will, weniger im Hinblick auf eine eigene Belastung als vielmehr im Hinblick auf Kinder. Das große Thema heißt u. a. „Beziehungslosigkeit der Kinder".

Kurzzeitpraktika lassen nun für Kinder *kurze* Beziehungen aufkommen und werden schon nach kurzer Zeit wieder abgebrochen, weil das Praktikum zu Ende ging. Es ist bedauerlich, dass in der Pädagogik einerseits Dinge beklagt werden (siehe „Beziehungslosigkeit"), auf der anderen Seite destruktive Strukturen unterstützt werden (siehe „Kurzzeitpraktika"). Gerade bei der Erstellung einer Konzeption und der Festlegung ihrer Eckwerte bietet es sich an, gemeinsam mit allen Mitarbeitern/Mitarbeiterinnen Überlegungen darüber anzustellen, ab *welcher* Zeitspanne Praktikanten/-innen aufgenommen werden (Mindestpraktikumszeit). Das Argument „...und wenn sich nun alle Praktikumsstellen weigern würden..." ist dabei sekundär, geht es doch primär um Kinder! Eine ähnliche Entscheidung ist in einer Mitarbeiter(innen)diskussion zu führen, was zu machen ist, wenn z. B. Praktikanten/-innen mit vorgedachten oder vorgeplanten Themenschwerpunkten in die Einrichtung kommen und dabei funktionsorientierte Übungen „durchziehen" wollen/müssen. Es gibt eine Reihe an Kindertagesstätten, die sich inzwischen deutlich weigern, so etwas zuzulassen, zumal es z. B. auch bestimmten Aussagen einer Konzeption deutlich widersprechen würde, gäben Kindertagesstätten dafür Zeit und Raum. Gleichzeitig würden im letzteren Fall Kontakte zu der entsprechenden Fachschule/Fachakademie aufgenommen werden, um die unterschiedlichen Vorstellungen zu thematisieren und Lösungen zu finden, ohne dass die Kindertagesstätten einen sogenannten „faulen Kompromiss" eingehen würden. Ausbildungsstätten haben schon in der Vergangenheit gelegentlich ihr „Konzept" ändern *müssen, weil* sie ihre Praktikanten/-innen nicht mehr unterbringen konnten und damit ein Schulabschluss in Frage gestellt war.

Besonders günstig ist es, wenn die Zeit des Praktikums anhand eines „individuellen Praktikanten/Praktikantinnenplans" strukturiert wird – wohlgemerkt in Zusammenarbeit mit den Praktikanten/Praktikantinnen.

Die Zeit des Praktikums kann grundsätzlich in drei Phasen aufgeteilt werden:

- die Phase der Erprobung,
- die Phase der Reflexion und
- die Phase der Vertiefung.

Nun werden die Schwerpunkte
- Beobachtung einzelner Kinder/Gruppen,
- Hilfe bei der Zusammenarbeit mit Eltern,
- Wege der Öffentlichkeitsarbeit,
- Umgang mit Fachliteratur,
- Schwerpunkte der Arbeit mit Kindern,
- Teilnahme bei der Zusammenarbeit mit anderen Fachkräften,
- Wege der Persönlichkeitsbildung,
- Unterstützung der Entwicklung des Teams,
- Identifikation eigener Schwer- und Schwachpunkte,
- berufspolitische/-pädagogische Fragen

auf die drei o. g. Phasen übertragen und inhaltlich differenziert sowie mit Zeitphasen versehen. Ein solcher „individueller Praktikanten/Praktikantinnenplan" gibt sowohl den Praktikanten/Praktikantinnen Halt und Orientierung als auch den Anleitern/ Anleiterinnen Struktur und Selbstverpflichtung.

Es versteht sich beinahe von selbst, dass im Anschluss an ein absolviertes Praktikum schriftliche Kriterien einer Beurteilung zum Ausgangspunkt der Ergebnisbewertung zu Hilfe genommen werden, um Praktikanten/Praktikantinnen und ihre Arbeit einzuschätzen und die Bewertungsmaßstäbe offenzulegen. Gerade diese Transparenz ist in einer gemeinsamen und abschließenden Diskussion ein weiterer Schritt fachlicher Reflexion, um Entscheidungen nachvollziehbar zu machen. Praktikanten/Praktikantinnen können dies nutzen, um Konsequenzen für die weitere Zukunftsplanung zu ziehen.

### 4.14.2 Brainstorming zum Schwerpunkt „Anleitung und Beratung von Praktikanten und Praktikantinnen"

- Aufschlüsselung der unterschiedlichen Praktika
- Entscheidung der Mitarbeiter/innen, welche Praktikanten/Praktikantinnen grundsätzlich in der Kindertagesstätte ihr Praktikum absolvieren können (Festlegung einer Mindestpraktikumszeit)
- Erörterung der Möglichkeit/Notwendigkeit, dass Praktikanten/Praktikantinnen vor einer Praktikumszusage sich allen Mitarbeitern/Mitarbeiterinnen/den Kindern vorzustellen haben (in der Mitarbeiter(innen)runde/dem Mitarbeiter(innen)kreis, in der Kinderkonferenz)
- Verdeutlichung der Erwartungen an einen Praktikanten/eine Praktikantin (Aufstellung eines Erwartungsprofils)
- Verdeutlichung der Erwartungen an die Ausbildungsschule (Aufbau des Praktikums, Inhalte und methodische -didaktische Vorgehensweisen)
- Erarbeitung eines Praktikanten-/Praktikantinnenplans (entsprechend einem Drei-Phasen-Modell: Erproben, Reflexion, Vertiefung)
- das Recht von Praktikanten/Praktikantinnen auf einen festen Ansprechpartner in der Kindertagesstätte (Delegation einer Person zur Anleitung und Beratung)
- gemeinsame Planung von Projekten mit Praktikanten/Praktikantinnen (Einbeziehung von Praktikanten/Praktikantinnen in die laufenden Projekte)
- Akzeptanz der Rolle von Praktikanten/innen, Lernende zu sein (Bejahung der Notwendigkeit, dass ein Praktikum ein Bestandteil der Ausbildung ist)
- Unterstützung festgelegter Praktikanten/Praktikantinnentreffs (ohne Beteiligung der Anleiter/-innen)
- Ideen der Praktikanten/Praktikantinnen zulassen und sich selber als Mitlernende verstehen (Akzeptanz eines gegenseitigen Lernprozesses)
- Probleme der Praktikanten/Praktikantinnen offen und direkt ansprechen (Reflexion persönlicher Schwierigkeiten unter dem Aspekt einer Persönlichkeitsbildung)

- Erörterung der Vorerfahrungen eines Praktikanten/einer Praktikantin (an den Erfahrungen von Praktikanten/Praktikantinnen anknüpfen, um Lernbrüche zu vermeiden)
- Vermittlung von Informationen über das soziokulturelle Umfeld des Kindergartens, seiner Bedingungen und Geschichte (Hinführung zu einer Institutionsanalyse)
- Thematisierung der Beziehung zwischen Praxisanleiter/-in und Praktikanten/Praktikantinnen (Abbau von gegenseitigen Vorurteilen und Hinwendungen zu einer tragfähigen Beziehung)
- Klärung der Rollen von Anleiter/in und Praktikanten/in (Offenlegung eigener und fremder Erwartungsmuster)
- gemeinsame Festlegung der unterschiedlichen Ziele des Praktikums (Vermeidung von Missverständnissen)
- Offenlegung von Handlungsgrenzen und ihrer Hintergründe (aus den Fehlern lernen)
- Thematisierung der Begriffe „Nähe" und „Distanz" (sowohl im Hinblick auf die Mitarbeiter/-innen als auch im Bezug auf Eltern und Kinder)
- Klärung der Möglichkeit, an Fortbildungen/Seminaren teilzunehmen (Absprachen in der Mitarbeiter(innen)runde treffen unter Beachtung aller Argumente)
- Krisen der Praktikanten/Praktikantinnen als Chance nutzen (persönliche/fachliche Irritationen als Findungsprozess begreifen)
- Bekanntgabe institutionsinterner Regelungen und Umgangsformen („duzen/ siezen", Abmeldungen bei Krankheit, Beteiligung am Mittagstisch usw.)
- Nutzung von (Arbeits)Materialen (Hinweise und Absprachen treffen)
- Anleitungsgespräche und Protokollierung inhaltlicher Absprachen (die Bedeutung der Anleitungsgespräche herausstellen)
- Beurteilung der Praktikantin/des Praktikanten (Klärung der Beurteilungskriterien)
- beim Nichtbestehen eines Praktikums Mut beweisen (fachkompetente Beurteilung von Praktikanten/Praktikantinnen weisen auch immer die Möglichkeit auf, ein Praktikum als nicht erfolgreich besucht zu dokumentieren)
- Praktikanten/Praktikantinnen haben ein Recht darauf, nicht als Ersatzkräfte ausgenutzt zu werden (Herstellung klarer Schwerpunktbildungen in der Arbeit)

### 4.14.3 Literaturverzeichnis
### Themenbereich: „Anleitung und Beratung von Praktikanten und Praktikantinnen"

Ellermann, W.: Das sozialpädagogische Praktikum. Cornelsen Verlag Scriptor, Mannheim 2007

Jochmann, H., und Schulz, S.: In die Praxis starten. Praxisleitfaden für Erzieher/innen in Heim und Jugendarbeit. Cornelsen Verlag, Berlin 2003

Marona-Glock, K., und Höhl, U.: Praxisanleitung. Anleiter/-innen-Qualifikation in sozialpädagogischen Berufen. Cornelsen Verlag Scriptor, Mannheim 2007

## 4.15    Fort-, Weiter- und Zusatzausbildung

*Lernen*
*ist wie das Rudern*
*gegen den Strom.*
*Sobald man aufhört,*
*treibt man zurück.*

(unbekannter Verfasser)

*Wenn wir bei einem Kind*
*etwas ändern wollen,*
*sollten wir zunächst prüfen,*
*ob es sich nicht um etwas handelt,*
*das wir an uns selbst ändern müssen.*

(Carl Gustav Jung)

Die Qualität der geleisteten Arbeit ist unmittelbar von den Kompetenzen abhängig, die Mitarbeiter/-innen in Kindertagesstätten besitzen. Dabei kommt der Fachhochschulausbildung/Akademieausbildung zwar eine Grundbedeutung zu, doch besteht in der Fachöffentlichkeit Einigkeit darüber, dass die Berufsausbildung selbst „nur" Grundlagen vermitteln kann. Das schmälert aber nicht ihren Wert. Vielmehr haben die Ausbildungsschulen dafür Sorge zu tragen, dass zukünftige Erzieher/-innen mit einem Basiswissen in die Praxis einsteigen können.

### 4.15.1   Einführung

Die Aufgabe der Fort-, Weiter- und Zusatzausbildung besteht nun darin, einzelne Schwerpunkte zu vertiefen *oder* durch zusätzliche Qualifikationen die Handlungskompetenzen der Erzieher/-innen zu erweitern.

Schwerpunkte einer Fortbildung können etwa folgende sein:

- Vertiefung der Kenntnisse über bestimmte pädagogische Ansätze;
- Anleitung und Beratung von Praktikanten/-innen;
- Entspannungsverfahren mit Kindern;
- Musik und Bewegung auf der Grundlage einer ganzheitlichen Pädagogik;
- Sprachbegleitung von Kindern;
- Psychologie der Märchen und ihre Bedeutung für die Entwicklung;
- Psychologie der Kinderzeichnungen und -bilder;

- Gesprächsführung in schwierigen Situationen;
- Rhetorik für Erzieher/-innen;
- psycho-sexuelle Entwicklung im Kindergartenalter;
- darstellendes Spiel mit Kindern;
- neue Formen der Zusammenarbeit mit Eltern;
- Planung und Gestaltung fachkompetenter Elternabende;
- Kulturpädagogik mit Kindern;
- Nutzung und Einsatz von Medien im Kindergartenalltag;
- pädagogisches und therapeutisches Puppenspiel mit Kindern;
- Tanz und szenisches Spiel in der Elementarpädagogik;
- Selbstverständnis der Mitarbeiter/innen zum Bild des Kindes;
- Spielen und Lernen – der Zusammenhang von Spiel- und Schulfähigkeit;
- Sinn und Unsinn unterschiedlicher Regeln im Alltag mit Kindern;
- Kinderrechte und ihre notwendigen Auswirkungen auf die Praxis;
- Konflikte im Team – Strategien zur Veränderung;
- Grundlagen für die Erstellung/Überarbeitung einer kindorientierten Konzeption;
- Kinder haben Schwierigkeiten – wie kann der Kindergarten helfen?
- Dokumentation von Bildungsprozessen der Kinder.

Diese und viele andere Themen können Mitarbeitern/Mitarbeiterinnen in Kindertagesstätten eine deutliche Unterstützung darin geben, wenn aktuelle Fragen in der Praxis anstehen und vorhandene Mittel nicht ausreichen, Fragen zu beantworten oder Schwierigkeiten zu verändern.

Weiter- und Zusatzausbildungen sind im Unterschied zu Fortbildungsseminaren umfangreicher und können entweder in Vollzeitform oder in berufsbegleitenden Blocks besucht werden. Dabei geht es vor allem um folgende Schwerpunkte:

- Zusatzausbildung für Erzieher/-innen in Leitungsfunktion;
- Management im Kindergarten;
- Musikpädagogik und Musiktherapie;
- personzentrierte Gesprächsführung und Beratungspsychologie;
- Zusatzausbildung in „Spielpädagogik";
- themenzentrierte/therapeutische Theaterpädagogik;
- integrative Pädagogik;
- Kunstpädagogik und Kunsttherapie;
- Weiterbildung zum Rollenspielleiter/zur Rollenspielleiterin;
- Zusatzausbildung zur Arbeit mit (sexuell)misshandelten Kindern;
- Zusatzausbildung in „Rhythmischer Erziehung";
- pädagogische und psychotherapeutische Arbeit mit Kindern;
- Poesie und Bibliopädagogik in der Elementarpädagogik;

- Zusatzausbildung in Motopädagogik;
- Gestaltpädagogik mit Kindern;
- Feldenkreis-Pädagogik;
- Zusatzausbildung in „kindzentrierter Spieltherapie";
- Zusatzausbildung in „Tanz und Bewegungstherapeutik";
- Ausbildung zur Märchenerzählerin/zum Märchenerzähler;
- heilpädagogische Zusatzausbildung;
- Zusatzausbildung zur Supervision für die Elementarpädagogik;
- Zusatzausbildung zur Qualitätsbeauftragten/zum Qualitätsbeauftragten.

Neben dem externen Besuch unterschiedlicher Veranstaltungen, bei denen einzelne Mitarbeiter/-innen sich fort- oder weiterbilden, gibt es auch die Möglichkeit, als Gesamtgruppe der Kindertagesstätte ein Seminar *gemeinsam* zu belegen. Dazu werden Referentinnen/Referenten in die Einrichtung eingeladen, so dass *alle* Mitarbeiter/innen an *einem* Thema arbeiten. Der Vorteil ist offensichtlich: jede Mitarbeiterin ist dadurch auf dem gleichen Kenntnisstand wie ihre Kollegin, sodass der Gewinn für die Einrichtung häufig weitaus höher ist, als es bei dem Besuch vereinzelter Veranstaltungen durch Einzelne der Fall ist. Nicht zuletzt kann der Prozess einer Teamentwicklung dadurch eine zusätzliche Unterstützung erfahren, Diskussionen können inhaltsorientierter geführt und Veränderungen können gezielter aufgegriffen werden. Der Trend eines „In-house-Seminars" ist in den letzten Jahren deutlich angestiegen und immer mehr Einrichtungen entscheiden sich dafür, „miteinander und durch einander" zu lernen.

Fort- und Weiterbildungsseminare initiieren Lernprozesse auf allen drei Kompetenzebenen: der Selbst-, Sach- und Sozialkompetenz.

Dadurch, dass Fort- und Weiterbildung nie dazu beitragen darf, dass lediglich neue Informationen aufgenommen werden, sondern vielmehr darüber hinaus der Themenschwerpunkt auch einen persönlichen Bezug zu den Semiarteilnehmern/Seminarteilnehmerinnen herstellt, entsteht auch eine Form der „Persönlichkeitsbildung". Wertvorstellungen und Normen werden berührt und in Beziehung zu Inhalten gesetzt, eigene Grenzen erfahren und Ressourcen neu entdeckt. In dieser Hinsicht kommt es zu einer Erweiterung der Reflexionsfähigkeit, getroffene oder neu zu treffende Entscheidungen werden immer wieder aufs Neue abgewogen und dabei in Verbindung mit dem „Können und Wollen" gebracht. Dadurch, dass Lernprozesse auch mit anderen gesucht und erlebt werden, dass Wahrnehmungsoffenheit zum Tragen kommt und prozessorientiert vorgegangen wird, dass diskursive Diskussionen geführt werden und deutliche Aussagen zum gegenseitigen Verstehen beitragen, kommt es zum Aufbau/Ausbau neuer Sozialkompetenzen, die Kinder und Eltern gleichsam bei eigenen Entwicklungen unterstützen.

Unbestritten ist der Zuwachs einer neuen Fachkompetenz, wenn Fort- und Weiterbildungsveranstaltungen eine entsprechende Qualität aufweisen. Gerade die Erweiterung des Wissens, indem z. B. neue Forschungsergebnisse oder Erkenntnisse aus der Elementarpädagogik vermittelt und aufgenommen werden, trägt zu einer größeren Sicherheit im Umgang mit Eltern und anderen Erwachsenen bei, lässt Informationen hinterfragbar werden und die Gestaltung der gesamten Arbeit auf einem qualitätsorientierten Fundament stehen.

Zwei Anmerkungen scheinen in diesem Zusammenhang notwendig: Zum einen darf es auch bei einer angespannten Finanzlage der verschiedenen Träger nicht dazu führen, dass Fort- und Weiterbildungshaushalte noch weiter gekürzt werden, zum anderen müssen Mitarbeiter/-innen in vielen Fällen noch deutlicher als bisher die unterschiedlichen Möglichkeiten zur Fort- und Weiterbildung einfordern. Beides ist ein fester Bestandteil der Berufstätigkeit und unterstützt den Anspruch einer kompetenten und professionellen Arbeitsgestaltung. Fort- und Weiterbildung bringt Erzieher/-innen darüber hinaus das Faktenwissen, das notwendig ist, sich auch von anderen sozialen Einrichtungen und ihren unterschiedlichen Erwartungen unabhängig zu machen und z. B. in eine Fachdiskussion zu treten, durch die elementarpädagogisches „Know-how" möglicherweise auch in diesen Institutionen Berücksichtigung finden kann (z. B. in Grundschulen oder in der Spielpädagogik/-therapie in Beratungsstellen für Kinder).

Fortbildung wird aber nicht nur durch Seminare wahrgenommen, sondern auch durch das regelmäßige Lesen von Fachbüchern und Fachzeitschriften, in denen meist eng umrissene Themen behandelt werden. Diese Fachkenntnis verhilft dabei in entscheidendem Maß, gerade mit Eltern und Kollegen/-innen in fachliche Unterhaltungen einzutreten, um anstehende Probleme sorgsam zu lösen. Beispiele aus einigen Kindergärten zeigen, dass selbst Eltern von Kindern im Kindergartenalter, die nicht ihre eigenen Kinder in dieser Kindertagesstätte haben, durch Freundinnen/Freunde (Eltern aus diesem Kindergarten) auf die Fachkompetenz der betreffenden Erzieher/-innen hingewiesen wurden und nun als „externe Eltern" um einen Gesprächstermin gebeten haben.

Doch zurück zur Fachliteratur: In einigen Mitarbeiter(innen)runden ist es üblich, dass jede Mitarbeiterin/jeder Mitarbeiter über ihr Leseergebnis eine Zusammenfassung schreibt und in einer gemeinsamen Sitzung über die Inhalte eines Buches referiert. Dabei können Verständnisfragen ebenso gestellt wie Anmerkungen zur Umsetzbarkeit getroffen werden.

Fort-, Weiter- und Zusatzausbildungen dienen nicht zuletzt der eigenen Karriereplanung im Hinblick auf die Fragestellung, wie es mit zunehmenden Jahren bezüglich des Arbeitsfeldes aussehen wird/soll („Derzeit kann ich mir noch gut die Arbeit im Kindergarten vorstellen, doch in späterem Alter würde ich ganz gerne in die Fortbildungsarbeit gehen").

Es gibt eine ganze Reihe guter Zusatzausbildungen, um auch in Zukunft einen anderen Arbeitsschwerpunkt zu besetzen. Selbstverständlich müssen dabei persönliche Bedingungen und berufliche Notwendigkeiten miteinander abgewogen werden. Eine rechtzeitige Planung und klare Zielvorstellungen lassen erhoffte Wege bei einer gezielten Vorbereitung durchaus zur Realität werden, entsprechend dem Motto, dass der Weg das Ziel ist.

## 4.15.2 Brainstorming zum Schwerpunkt „Fort-, Weiter- und Zusatzausbildung

- Fortbildung als ein fester Bestandteil der Arbeit (regelmäßiger Besuch entsprechender Seminare)
- Fortbildung als ein Recht und eine Pflicht zugleich (die eigene Motivation zur Fortbildung ist ebenso notwendig wie die gespürte Verpflichtung, sich fachlich aktuell zu halten)
- Besitz von Kenntnissen zu „neuen Strömungen in der Pädagogik" (Kennen von bildungspolitischen Tendenzen und Auseinandersetzung mit ihren Inhalten)
- Erweiterung des eigenen, „fachlichen Bewusstseins" (Aufbau/Ausbau eines vernetzten Denkens auf der Grundlage eines abgesicherten Wissens)
- Kenntnisbesitz über entsprechende Fort-/Weiter-/Zusatzausbildungsangebote regionaler und überregionaler Anbieter (regelmäßige Information über Fortbildungsträger und ihre Bildungsschwerpunkte)
- regelmäßiges Lesen von Fachbüchern (Auswahl und Kaufentscheidung aus Buchbesprechungen ableiten)
- regelmäßiger Austausch über neue Fachinformationen (fester Bestandteil in den Mitarbeiter(innen)sitzungen)
- Vorstellung der Bildungsinhalte in der Mitarbeiter(innen)gruppe nach dem Besuch eines Seminars (Teilhabe aller an den Fortbildungsschwerpunkten)
- gemeinsame Fortbildungsplanung am Ende eines Jahres für das kommende Jahr (Verteilung/Delegation im Hinblick auf Fortbildungsinteressen einzelner Mitarbeiter/-innen und Finanzzuordnung aus dem Etat)
- Erörterung der Notwendigkeit/Zweckmäßigkeit eigener finanzieller Beteiligungen (bei einem ausgeschöpften Etat/einem zu geringem Etat)
- freie Auswahl des Fortbildungsträgers (Nutzung eines Arbeitnehmer(innen)rechts)
- freie Entscheidung im Hinblick auf die Auswahl eines Referenten/einer Referentin für die Einrichtung (Durchsetzung von Qualitätsansprüchen)
- Supervision als eine Form der Fortbildung (Erörterung der Vor-/Nachteile einer supervidierten Arbeitsbegleitung)
- Erörterung der Vor-/Nachteile eines sog. „In-house-Seminars" (Einladung eines Referenten/einer Referentin in die Kindertagesstätten, um mit allen Mitarbeitern/Mitarbeiterinnen an einem Thema zu arbeiten)
- aktives Einbringen von Themenvorschlägen für eine gemeinsame Fortbildung (unter Berücksichtigung inhaltlicher oder persönlichkeitsorientierter Schwerpunkte)

- Einbringen von Begründungen für Teilnahmewünsche bei Weiter- und Zusatzausbildungen (rechtzeitige Kostenregelung erörtern; Vergleich ähnlicher Angebote unterschiedlicher Anbieter; Abwägung der Kosten-Nutzen-Aspekte)
- rechtzeitige Planung einer weiterqualifizierenden Berufslaufbahn (Karriereentwurf und Information über kompetenzerweiternde Maßnahmemöglichkeiten)
- Stärkung des Selbstwertgefühls durch den Ausbau eigener Fachkompetenzen (Erleben von Sicherheit durch Faktenwissen)
- Fachkompetenz als notwendige Brücke für Elternfragen (Eltern Antworten geben können)
- für neue Fachlichkeit aufgeschlossen sein („Jeder, der aufhört, besser zu sein, hört auf, gut zu sein.")
- neue Kraft aus Fortbildungsseminaren schöpfen (neue Arbeitsmotivation aus besuchten Veranstaltungen ziehen)
- Führen von interdisziplinären Diskussionen (aktuelle Fachlichkeit im Austausch mit Kollegen/Kolleginnen aus anderen pädagogischen Fachrichtungen zeigen)
- Fachwissen trägt zur inhaltlichen Abgrenzung unberechtigter Erwartungen bei (Fachlichkeit hilft zur weiteren Profilierung des eigenständigen Erziehungs-, Bildungs- und Betreuungsauftrags der Kindertagesstätten)
- Fachwissen kann in Arbeitskreisen eingesetzt und genutzt werden (Initiierung von Arbeitsgruppen zu bestimmten Fragestellungen)
- Fachwissen hindert Mitarbeiter/-innen daran, inhaltliche Fragen auf der Beziehungsebene auszutragen (Fachlichkeit gibt den Mitarbeitern/Mitarbeiterinnen ein hohes Maß persönlicher Stärke)
- Fachwissen kommt in bedeutendem Maße den Kindern zugute (Schaffung von Möglichkeiten einer neuen Schwerpunktsetzung in der Arbeit)
- Fort-, Weiter-, Zusatzausbildungen unterstützen die eigene Persönlichkeitsentwicklung (Fachwissen lässt Verhaltensmuster erkennen und hilft bei der Neustrukturierung der eigenen Identität)

### 4.15.3 Anbieter von Fort-, Weiter- und Zusatzausbildungen (Auswahl)

In der folgenden Übersicht wird allen interessierten elementarpädagogischen Fachkräften eine Auswahl von Anbietern aufgelistet, die Fort-, Weiter- und Zusatzausbildungen für Erzieher/-innen in ihrem Programm haben.

Diese Auswahl wurde nach bestem Wissen und sorgfältiger Recherche des Autors erstellt. Dennoch kann keine Gewähr für die aktuellen Angaben übernommen werden, da die Veranstalter u. U. kurzfristige Änderungen in ihrem Programm vorgenommen haben können. Es ist aus diesem Grunde empfehlenswert, sich bei Interesse an den Veranstalter zu wenden und nach dem aktuellen Seminarangebot zu fragen.

| Veranstalter | Angebotsschwerpunkte |
|---|---|
| afw – Arbeitszentrum Fort- und Weiterbildung im Elisabethstift Darmstadt Stiftstr. 14 64287 Darmstadt Tel.: 06151-403348 | Fortbildung für Kindertagesstätten und Hort |
| Akademie für Jugend- und Sozialarbeit Deutscher Verein für öffentliche und private Fürsorge Michaelkirchstr. 17/18 10179 Berlin Tel.: 069-5803283 | Praxisberatung, Fortbildung Kindertagesstätten |
| Akademie für Menschliche Begleitung, Dr. J. Canacakis Goldammerweg 9 45134 Essen Tel.: 02101-442469 | Trauerbegleitung, Seminare zum Thema Tod und Sterben |
| Akademie für Motopädagogik und Mototherapie Kleiner Schratweg 32 32657 Lemgo Tel.: 05261-72321 | Weiterbildung in Motopädagogik, Seminare in Motopädagogik und -therapie |
| Akademie für personenzentrierte Psychologie gGmbH Abteilung Gordon Training Deutschland Bonner Talweg 149 53129 Bonn Tel.: 0228-225867 | Seminare zur interpersonellen Kommunikation, zu Problemlösungs- und Konfliktlösetechniken, zur Gruppendynamik und zu Führungsstilen |
| Akademie Remscheid für musische Bildung und Medienerziehung e. V. Küppelstein 34 42857 Remscheid Tel.: 02191-7940 | Zusatzausbildungen u. a. in Rhythmischer Erziehung, Spielpädagogik Fortbildung für Erzieherinnen |
| Alfred-Adler-Colleg Neuss Vereinsstr. 44 41472 Neuss Tel.: 02131-590370 | zertifizierte Weiterbildungen, z. B. Dreikurs-Diplom für Erziehungspsychologie zum individualpsychologischen Berater |
| ALH – Akademie für ganzheitliche Lebens- und Heilweisen Memeler Str. 25 42781 Haan Tel.: 02129-94020 | staatl. zugel. Fernlehrgänge (Kombination Fern- und Direktunterricht) in den Bereichen Gesundheitsberatung, psychologische(r) Berater(in), heilkundl. Psychotherapie, Schriftpsychologie |

| Veranstalter | Angebotsschwerpunkte |
|---|---|
| Arbeiter-Samariter-Bund Deutschland e.V. – Bildungswerk – Sülzburgstr. 140 50937 Köln Tel.: 0221-47605274 | Seminare und Weiterbildungen für Mitarbeiter in Kindertageseinrichtungen Zusatzausbildung „Kindertagesstätten lebendig leiten" |
| Arbeiterwohlfahrt Bundesverband Oppelner Str. 130 53119 Bonn Tel.: 0228-66850 | Zusatzausbildungen u. a. in systemischer Beratung, Gesprächsführung, Leitung von Kindertagesstätten, Fortbildung für Erzieherinnen |
| Arbeitsgemeinschaft für klientenzentrierte Therapie und humanistische Pädagogik Hans-Kruse-Str. 17 57074 Siegen Tel.: 0271-334862 | Zusatzausbildungen u. a. in klientenzentrierter Spieltherapie und -pädagogik, Fortbildung u. a. Kommunikation, Ausdrucksmalen, Familienkonstruktion |
| Arbeitskreis Soziale Bildung und Beratung e. V. Grevener Str. 89 48159 Münster Tel.: 0251-297343 | Fortbildung u. a. in Familien-, Krisen-, Scheidungs- und Trennungsberatung; Spielpädagogik |
| ASEK – Akademie für Soziale und Emotionale Kompetenz Weidenfeld 13 51545 Waldbröl Tel.: 02291-3044 | Zusatzausbildung in sozialem und emotionalem Lernen Fortbildungen in Beratung, Bewegung, Familiendynamik, Gesprächsführung, Gestaltarbeit, Kommunikationstraining, Musik, Verhaltenstraining, Psychodrama |
| Baggage, Pädagogische Ideenwerkstatt e. V. Habsburgerstr. 9A 79104 Freiburg Tel.: 0761-555752 | Spielraumplanung, Teamberatung |
| Berufsbildungsseminar Pfalz e. V. Kanalweg 1 76829 Landau Tel.: 06341- 919382 | Fortbildungen in Baden-Württemberg, Rheinland-Pfalz, Hessen, Niedersachsen, Saarland, NRW, Bayern. Veranstaltungen zu aktuellen Themenbereichen in den Kategorien: Pädagogik und Psychologie, Natur und Wissen, Computer und Co, Sprache und Kommunikation, Kreativität und Spiel, Körper und Bewegung |
| Bildungswerk für Ganzheitliche Therapien Kölner Str. 40 58285 Gevelsberg Tel.: 02332–149269 | berufsbegleitende Weiterbildungen: Seminarleiterin Entspannungsverfahren für Erw.-/Kind-Gruppen Seminarleiterin Bewegungsverfahren für Erw.-/Kind-Gruppen (je 6 Monate) |

| Veranstalter | Angebotsschwerpunkte |
|---|---|
| Bildungswerk für therapeutische Berufe<br>Burgerstr. 221<br>42859 Remscheid<br>Tel.: 02191-931593 | berufsbegleitende Aus- und Weiterbildung:<br>Ernährungsberater/-in, Entspannungs-<br>pädagoge/-in, Feng-Shui-Berater/-in,<br>Psychotherapeut/-in HPG,<br>Heilpraktiker/-in |
| Bildungswerk Rhythmik e. V.<br>Mathunisstr. 3<br>80686 München<br>Tel.: 089-5801444 | berufsbegleitende Lehrgänge<br>„Qualifikation für rhythmische Erziehung" |
| Bildungswerkstatt – Fortbildungsinstitut<br>für pädagogische und therapeutische<br>Fachkräfte –<br>Eppendorfer Weg 213<br>20253 Hamburg<br>Tel.: 040-4229646 | Seminarschwerpunkte:<br>neue Arbeitsformen mit Kindern,<br>Grundlagen pädagogischer Arbeit,<br>Kulturpädagogik, Leitungshandeln und<br>Kommunikation, Kreativität und<br>Entspannung |
| Bundesakademie für<br>musikalische Jugendbildung<br>Hugo-Herrmann-Str. 22<br>78647 Trossingen<br>Tel.: 07425-94930 | berufsbegleitender Lehrgang<br>„Rhythmische Erziehung/Lernen<br>mit Bewegung und Musik" |
| Bundesdeutsches Kolleg<br>für Therapeutik<br>des erew-Instituts<br>Prof. Dr. K.-J. Kluge<br>Postfach 10 04 36<br>41704 Viersen<br>Tel.: 02162-24606 | Zusatzausbildung u. a.<br>in Erziehungstherapeutik,<br>Kinder- und Jugendtherapeutik,<br>Kunsttherapie,<br>Sprachtherapie,<br>Spieltherapeutik |
| Bundesverband<br>Jugend und Film e. V.<br>Kennedyallee 105 a<br>60596 Frankfurt a. M.<br>Tel.: 069-6312723 | Fortbildung in Medienarbeit<br>und Medienpädagogik |
| Bundesverband<br>Rhythmische Erziehung<br>Küppelstein 34<br>42857 Remscheid<br>Tel.: 02191-794257 | Fortbildung in Rhythmik |
| Burckhardthaus e. V.<br>Evang. Institut für Jugend-<br>und Sozialarbeit<br>Herzbachweg 2<br>63571 Gelnhausen<br>Tel.: 06051-890 | Fortbildungen u. a.<br>in Gesprächsführung,<br>Maskenbau, Psychodrama,<br>Spielpädagogik,<br>Supervision |

| Veranstalter | Angebotsschwerpunkte |
|---|---|
| Deutsche Gesellschaft für therapeutisches Puppenspiel e. V. Sebastian-Rinz-Straße 20 60323 Frankfurt am Main Tel.: 069-593467 | Fortbildungsseminare zum therapeutischen Puppenspiel |
| Deutsche Gesellschaft für Baby- und Kindermassage e. V. Küfergasse 5 77652 Offenburg Tel.: 0781-9702822 | Ausbildung zur Kindermassage-Kursleiterin/zum Kindermassage-Kursleiter – die Angebote finden in unter-schiedlichen Städten Deutschlands statt – |
| Deutsche Montessori-Gesellschaft e. V. Butterblumenweg 5 65201 Wiesbaden 0611-2054871 | Zusatz- und Fortbildung in Montessori-Pädagogik |
| Deutsche Paracelsus Schulen für Naturheilverfahren Frauenlobplatz 2 55118 Mainz | berufsbegleitende Ausbildungen u. a. zum/zur Gesundheits- und Präventionsberater/-in, Kom-munikationstrainer/-in, Kinder-, Jugend und Fami-lienberater/-in, Heilpraktiker/in, Ernährungsbera-ter/in, Massagetherapeut/in, Entspannungsthera-peut/in, Yoga-Übungsleiter/in, Mediator/in-Coach, Managementtrainer/in, Kinderheilpraktiker/in |
| Deutscher Caritasverband e. V. Bundesverband Karlstr. 40 79104 Freiburg Tel.: 0761-200-0 | Zusatzausbildung u. a. zur Leitung sozialer Institutionen, Fortbildung u. a. in Bibliodrama, Öffentlichkeitsarbeit, Kindertagesstättenpolitik |
| Deutscher Verein für öffentliche und private Fürsorge Michaelkirchstr. 17/18 10179 Berlin Tel.: 030-629800 | Fortbildung in den Bereichen: fachliche Entwicklungen, Kindheit und Kindertagesstätten, methodische Grundlagen, Leitung, Personal- und Organisationsentwicklung |
| Deutsches Institut für Tanztherapie und Ausdruckstherapie (tiefenpsychologische Orientierung) Rilkestr. 103 53225 Bonn Tel.: 0228-467900 | Ausbildungen: Pädagogische Psychotherapie, Tanz- und Ausdruckstherapie, Fortbildungsseminare für Erzieher/innen |
| Deutsches Kuratorium für therapeutisches Reiten e. V. Bundesgeschäftsstelle Freiherr-von-Langen-Str. 8a 48231 Warendorf Tel.: 02581-9279191 | Zusatzausbildungen in therapeutischem Reiten, heilpädagogischem Voltigieren, Hippotherapie |

| Veranstalter | Angebotsschwerpunkte |
|---|---|
| Deutsches Rotes Kreuz<br>Bundesschule – Generalsekretariat –<br>Auf dem Steinbüchel 22<br>53340 Meckenheim-Merl<br>Tel.: 0541-541-2292 | Zusatzausbildungen u. a. in<br>Themenzentrierter Interaktion<br>Fortbildungen u. a.<br>in Erwachsenenbildung<br>und Eltern-Kind-Gruppen |
| Diakonische Akademie<br>Stafflenbergstr. 76<br>70184 Stuttgart<br>Tel.: 0711-21590 | Zusatzausbildungen u. a.<br>in Gesprächsführung,<br>Heilpädagogik,<br>Familienberatung,<br>Leitungsaufgaben,<br>Praxisberatung,<br>Sozialmanagement,<br>Fortbildung für Erzieher/-innen |
| Die Spinnen e. V.<br>Beratungs- und Bildungszentrum<br>für Frauen zur Erwerbssituation<br>Bäuminghausstr. 46<br>45326 Essen<br>Tel.: 0201-311071 | Seminare zur Existenzgründung,<br>Leitung sozialer Institutionen,<br>Rhetorik,<br>Selbstbehauptung |
| Dortmunder Berufskolleg<br>für Motopädie GmbH<br>Victor-Toyka-Str. 6<br>44139 Dortmund<br>Tel.: 0231-103870 | staatl. gepr. Motopädin/Motopäde<br>(Vollzeit: ein Schuljahr,<br>berufsbegleitend: 2 Schuljahre) |
| Europäische Märchengesellschaft e. V.<br>Schloss Bentlage<br>Postfach 1322<br>48403 Rheine<br>Tel.: 05971-918420 | Wochenendseminare zu unterschiedlichen<br>Schwerpunkten der Märchen,<br>Erzählausbildung |
| Evang. Akademie Nordelbien<br>Esplanade 15<br>20354 Hamburg<br>Tel.: 040-3550560 | Zusatzausbildungen u. a.<br>in Psychodrama<br>und Trauerbegleitung<br>Fortbildung für Erzieherinnen |
| Fachschule für Motopädie<br>Bewegungstherapie –<br>Victor-Toyka-Str. 6<br>44139 Dortmund<br>Tel.: 0231-103870 | Ausbildung in Motopädagogik |
| Familien- und Weiterbildungszentrum<br>Haus Buchberg<br>Hornisgrindestr. 15<br>75305 Neuenbürg<br>Tel.: 07082-6500 | Zusatzausbildungen u. a. in systematischer<br>Familienberatung, Gruppendynamik,<br>Leitung sozialer Institutionen,<br>Fortbildungen in den Themen<br>„Märchen", „Aggressivität", „Entspannung" |

| Veranstalter | Angebotsschwerpunkte |
|---|---|
| Figurentheater-Kolleg am Deutschen Institut für Puppenspiel e. V. Hohe Eiche 27 44892 Bochum Tel.: 0234-284080 | Zusatzausbildungen: Figurentheater, therapeutisches Puppenspiel, Fortbildungsseminare: Bewegung, Clownstraining, Plastizieren, Sprecherziehung, Tanz, Körperarbeit |
| FIPP Fortbildungsinstitut für die pädagogische Praxis Wolliner Str. 18/19 10453 Berlin Tel.: 030-4495989 | einrichtungsbezogene Teamfortbildungen, Seminare zum Situationsansatz |
| Forum Berufsbildung Charlottenstr. 2 10969 Berlin Tel.: 030-2590080 | Fernstudium zur/zum Sozialmanager/-in und als Verwaltungsfachkraft für Non-Profit-Organisationen |
| Frankfurter Institut für Gestaltung und Kommunikation Sebastian-Rinz-Str. 20 60323 Frankfurt Tel.: 069-593467 | zweijährige, berufsbegleitende Ausbildung zum/zur Puppenspieltherapeut/-in, Wochenendseminare zum therapeutischen Puppenspiel |
| Gemeinschaftswerk der Evang. Publizistik e. V. Emil-von-Behring-Str. 3 60439 Frankfurt/Main Tel.: 069-58098-0 | Studiengang Öffentlichkeitsarbeit |
| Gesellschaft für analytische Gruppendynamik (GaG) Rankestr. 4 80796 München Tel.: 089-305305 | Zusatzausbildungen: Gruppenleitung Fortbildung: humanistische Psychologie |
| Gesellschaft für wissenschaftliche Gesprächspsychotherapie – GwG – Fachverband für Psychotherapie und Beratung Melatengürtel 125 a 50825 Köln Tel.: 0221-925908-26 | Zusatzausbildungen – angeboten in ganz Deutschland durch Ausbilder der GwG in: Gesprächsführung, pädagogischer und psychotherapeutischer Arbeit mit Kindern und Jugendlichen |
| GTF – Gruppendynamik, Training und Fortbildung Hinterwaldweg 52 63069 Offenbach/Main Tel.: 069-843590 | Trainings, Workshops und gruppendynamische Weiterbildungen zum Bereich Person/Gruppe/Leitung/System |

| Veranstalter | Angebotsschwerpunkte |
| --- | --- |
| Gustav-Stresemann-Institut in Niedersachsen e. V. Europäische Akademie Klosterweg 4 29549 Bad Bevensen-Medingen Tel.: 05821-9550 | Seminare zu unterschiedlichen Schwerpunkten der Elementarpädagogik |
| Heimvolkshochschule Stephansstift Kirchröder Str. 44 30625 Hannover Tel.: 0511-5353315 | Zusatzausbildungen: Sozialmanagement für Fachkräfte in sozialen Arbeitsfeldern; klientenzentrierte Gesprächsführung; integrative Gestaltpädagogik |
| HIGW – Hamburger Institut für gestaltorientierte Weiterbildung Holzhäuser 2 21079 Hamburg Tel.: 040-7686442 | berufsbegleitende Weiterbildungen in Gestaltberatung, Kunsttherapie, Tanz-/Bewegungstherapie, Theatertherapie |
| IGMF – Internationale Ges. für musikpädagogische Fortbildung e. V. Johannes-Hummel-Weg 1 57392 Schmallenberg Tel.: 02974-9110 | Fortbildungsseminare in den Bereichen Musik, Spiel, Tanz, Rhythmik |
| Institut für angewandte Psychologie und Pädagogik Legienstr. 16 24103 Kiel Tel.: 0431-93450 | Fortbildungsseminare für Erzieher/-innen (z. B. Rhetorik, Psychologie der Kinderzeichnungen, Qualitätssicherung in Kindertagesstätten, Entwicklungspsychologie, Teamentwicklung) Seminardurchführung für Mitarbeiter(innen)teams **ausschließlich** als In-House-Seminare; Zusatzqualifikation „Fachkraft für den Situationsorientierten Ansatz" Erstellung von Konzeptionen, Supervision, Coaching |
| Institut für analytische Kinder- und Jugendlichenpsychotherapie für das Land Niedersachsen Geibelstr. 104 30173 Hannover Tel.: 0511/80049714 | Zusatzausbildungen in analytischer Kinder- und Jugendlichenpsychotherapie |
| Institut für angewandte Psychologie und Psychosomatik Kaiserstr. 46 40479 Düsseldorf Tel.: 0211-4920314 | Fernstudium (staatl. zugel.) zur Psychologischen Beraterin |

| Veranstalter | Angebotsschwerpunkte |
|---|---|
| Institut für den Situationsansatz/INA GmbH Freie Universität Berlin Königin-Luise-Str. 24–26 14195 Berlin Tel.: 030-838-52031 | Fort- und Ausbildungsschwerpunkt: Situationsansatz |
| Institut für Familientherapie – Ausbildung und Entwicklung – Buchenweg 7 69469 Weinheim Tel.: 06201-65952 | Zusatzausbildungen u. a. in Familientherapie, Fortbildung im Bereich der Kommunikation |
| Institut für humanistische Psychologie Schubbendenweg 4 52249 Eschweiler Tel.: 02403-4726 | Zusatzausbildungen u. a. in pädagogischer Psychotherapie, Spieltherapie, Bioenergetik, Gestaltpädagogik, Kunsttherapie Fortbildungen in Theaterpädagogik, Arbeiten mit Früherinnerungen |
| Institut für klinische Heilpädagogik Dr. I. Milz Mainstr. 157 63065 Offenbach Tel. : 069-8003130 | Fortbildungen in Sensomotorik und in den Arbeitsfeldern auditive/visuelle Teilleistungsstörungen |
| Institut für Musiktherapie Waldhüterpfad 38 14169 Berlin-Zehlendorf Tel.: 030-8135080 | Zusatzausbildungen in heilpädagogischer Musikarbeit und Musiktherapie, musiktherapeutische Praxis |
| Institut für pädagogische Weiterbildung, Kinder und Jugendarbeit e. V. Rottendorfer Str. 32 97072 Würzburg Tel.: 0931-12111 | Fortbildungsseminare zu verschiedenen Themen der EE-Pädagogik |
| Institut für personenzentrierte Psychologie Heidelberg Kleingemünder Str. 37 69118 Heidelberg Tel.: 06221-800366 | Zusatzausbildungen in Gesprächsführung und interkultureller Kommunikation |
| Institut für Sexualpädagogik Dortmund des Vereins zur Förderung der Sexualpädagogik e. V. Huckarder Str. 12 44147 Dortmund Tel.: 0231-144422 | Zusatzausbildungen in Sexualpädagogik, Fortbildungsseminare zum Thema Sexualberatung, Sexualpädagogik, sexueller Missbrauch |

| Veranstalter | Angebotsschwerpunkte |
|---|---|
| Institut für sozialpädagogische berufliche Bildung Hauptstr. 8 42349 Wuppertal Tel.: 0202-247620 | Zusatzausbildung u. a. in Kinder- und Jugendlichen-Psychotherapie, Sozialtherapie Fortbildungen u. a. zur Mitarbeiterführung, Verhandlungsführung, Tanztherapie |
| Internationale Gesellschaft für musikpädagogische Fortbildung Postfach 1443 57319 Bad Berleburg Tel.: 02759-7921 | Fortbildungsseminare: Musik, Musikpädagogik, Musiktherapie, Tanztheater, Theaterpädagogik, Instrumentenspiel, rhythmisch-musikalische Erziehung |
| Internationale Gesellschaft für erzieherische Hilfen Schaumainkai 101–103 60528 Frankfurt Tel.: 069-6339860 | Fortbildung: erzieherische Hilfen, pädagogische Handlungskonzepte |
| IPF – Institut für Pädagogik und Fortbildung Wentorfstr. 11 22959 Linau Tel.: 04154-7091883 | Fortbildungsseminare Kursleiter/-in in Entspannungspädagogik, Bewegungspädagogik, Yoga für Kinder |
| IPF – Interdisziplinäres Pädiatrisches Forum Wilhelmitorwall 33a 38118 Braunschweig Tel.: 0531-13613 | Wochenlehrgänge/Wochenendkurse in den Schwerpunkten: Psychomotorik, Grafomotorik, sensorische Integrationstherapie, Kinesiologie |
| IPSO – Institut für personenzentrierte Supervision und Organisation Postfach 1626 65536 Limburg Tel.: 06431-932219 | Weiterbildungen: Kindergartenfachwirt/-in, WB Kindergartensupervisor/-in, WB Beratungserzieher/-in Fortbildungen: EDV für den KiGa, Entspannungsarbeit mit Kindern, Zukunftswerkstatt Kindergarten |
| ISKA – Institut für Soziale und Kulturelle Arbeit Gastenhofer Hauptstr. 61 90443 Nürnberg Tel.: 0911-272998-0 | einjährige, berufsbegleitende Zusatzqualifikation in Mediation (Vermittlung bei familiären Konflikten) |
| Jugendhof Vlotho Oeynhausener Str. 1 32602 Vlotho Tel.: 05733-9230 | Ausbildung in Bioenergetik Fortbildungsseminare: Ausländerfragen, Familienberatung, Gestaltpädagogik, Gesundheitserziehung, Kulturpädagogik, Multikulturelle Bildung, Medienarbeit, Musik, Theater, Tanz |

| Veranstalter | Angebotsschwerpunkte |
|---|---|
| Katholische Akademie für Jugendfragen Ludwig-Wolker-Str. 10 51519 Odenthal Tel.: 02174-4900-23 | Zusatzausbildungen: Bibliodrama, Gruppenberatung; Themenzentrierte Interaktion Fortbildungsseminare u. a. in Leitung sozialer Institutionen, Religionspädagogik |
| KIK – Kölner Institut für Kulturarbeit und Weiterbildung Hamburger Str. 17 50668 Köln Tel.: 0221-1390551 | berufsbegleitende Weiterbildungen: Qualitätssicherung in Kindertageseinrichtungen; Ästhetische Erziehung im Vorschulalter; WB Kunstpädagoge/-pädagogin |
| Landesakademie für Jugendbildung Postfach 1240 71256 Weil der Stadt Tel.: 07033-5269-0 | berufsbegleitende Zusatzausbildung „Spiel- und Theaterpädagogik" |
| Landesarbeitsgemeinschaft Kreativitätspädagogik NRW e. V. An der Wolfsmaar 11 51427 Bergisch-Gladbach Tel.: 02202-257408/02204-67913 | Fortbildungsseminare/Teamfortbildungen im Bereich der Reggio-Pädagogik |
| Landesarbeitsgemeinschaft Spiel und Theater NRW e. V. Klarastr. 9 45663 Recklinghausen Tel.: 02361-81601 | Zusatzausbildung: Spielleiter/-in in Theatergruppen Fortbildung: Spielpädagogik, Theaterpädagogik |
| Ludwig-Windthorst-Haus Katholische Akademie und Heimvolkshochschule Gerhard-Kues-Str. 16 49808 Lingen-Holthausen Tel.: 0591-6102-0 | Fort- und Weiterbildungsseminare für pädagogische und sozialpflegerische Berufe |
| Management-Institut Dr. A. Kitzmann Julius-Hart-Str. 9 48147 Münster Tel.: 0251-202050 | Seminare: Führungsverhalten, Konfliktmanagement, Rhetorik, Transaktionsanalyse |
| Montessori-Vereinigung e. V. Xantener Str. 99 59733 Köln Tel.: 0221-7606610 | Ausbildung in Montessori-Pädagogik |
| Moreno-Institut für Psychotherapie und Sozialpädagogik Gebelsbergerstr. 9 70199 Stuttgart Tel.: 0711-606707 | Ausbildungen in „Psychodrama-Gruppentherapie mit Kindern"; psychodramatisches Rollenspiel, Seminare: Atemarbeit, Erziehungsberatung, Kommunikation, Krisenintervention, Märchen, Sandspiel, Soziodrama, Theaterpädagogik, Traumarbeit |

| Veranstalter | Angebotsschwerpunkte |
| --- | --- |
| Museum Kindertagesstätten in Deutschland-KiTa-Museum e. V. Seeburger Chaussee 2 14476 Potsdam OT Groß Glienicke Tel.: 033201-40847 | Eintages- und mehrtägige Seminare zu aktuellen Fragen der Kindertagesstättenarbeit |
| Musik + Tanz + Erziehung Orff-Schulwerk Gesellschaft Deutschland e.V. Hermann-Hummel-Str. 25 82166 Lochham Tel.: 089-8542851 | Veranstaltungen von unterschiedlichen Kursen und Fortbildungsseminaren in den Bereichen Musik (päd.) und Tanz |
| Off-Theater e. V. – Institut für Theater und Tanzpädagogik Salzstr. 55 41460 Neuss Tel.: 02131-83319 | zweijährige Fortbildungen zur Theaterpädagogin/ zum Theaterpädagogen und zur Tanzpädagogin/ zum Tanzpädagogen |
| Pädagogische Aktion/ SPIELkultur e. V. Augustenstr. 47 80333 München Tel.: 089-2609208 | Zusatzausbildungen: Geschichtswerkstätten, Kulturarbeit, Kulturpädagogik, Museumspädagogik, Spiel-, Tanz-, Theaterpädagogik Fortbildungen: s. o. |
| Prager-Eltern-Kind-Programm PEKIP e.V. Verein für Gruppenarbeit mit Eltern und ihren Kindern im 1. Lebensjahr Am Bölkert 7 44269 Duisburg Tel.: 0203-712330 | Fortbildung zur PEKIP-Gruppenleiterin Fortbildung für Mitarbeiter/-innen im Arbeitsfeld der EE-Pädagogik |
| Praxis für Entspannungspädagogik und Kreativität Graf-Adolf-Str. 33 42119 Wuppertal Tel.: 0202-401761 | berufsbegleitende Ausbildung zur Entspannungspädagogin/ zum Entspannungspädagogen für ganzheitliche Entspannungspädagogik |
| Progressiver Eltern- und Erzieherinnenverband e. V. Hohenstaufenallee 1 45888 Gelsenkirchen Tel.: 0209-204558 | Seminare: Altersgemischte Gruppen im Kindergarten; interkulturelle Erziehung, Sexualpädagogik, Spielpädagogik |
| Psychotherapeutisches Institut Bergerhausen Rheinstr. 24 47198 Duisburg Tel.: 02066-469500 | Zusatzausbildung u. a. in Psychodrama-Pädagogik Fortbildung in Bibliodrama, Kindertherapie, sozialpädagogischer Familienhilfe, Theaterpädagogik |

| Veranstalter | Angebotsschwerpunkte |
|---|---|
| Rhythmikon. Institut für rhythmische Erziehung Pickelstr. 13 80637 München Tel.: 889-52314210 | Zusatzausbildung in rhythmisch-musikalischer Erziehung Fortbildung: improvisierte Bewegungsbegleitung, Selbsterfahrung |
| Rhythmisch-Musikalische Erziehung e. V. Akademie Drosselweg 10 65527 Niedernhausen Tel.: 06128-72826 | Fortbildungsseminare: Rhythmik und Musikerziehung, Rhythmik in der Allgemeinpädagogik, Rhythmik in spezieller Pädagogik, Musik und Theater, berufsbegleitende Fortbildung „Elementare Musikerziehung" |
| Spiel- und Theaterwerkstatt Beratungsstelle für Gestaltung Markgrafenstr. 14 60487 Frankfurt am Main Tel.: 069-71379 und 06151-20007 | Ausbildungen in Spiel- und Theaterpädagogik, Fortbildungen: Bibliodrama, Jugendtheater, Maskenspiel, Tanztheater, Spielpädagogik |
| Spielwerkstatt Rhinozeros Eickelkamp 19 45276 Essen Tel.: 0201-513494 | Fortbildungsseminare im Bereich der Spiel- und Theaterpädagogik; Spielraumgestaltung und Beratung; Spielaktionen und Elternarbeit |
| St. Elisabeth Innovative Sozialarbeit Herrmann-Jacobsohn-Weg 2 35039 Marburg Tel.: 06421-94642-22 | 1,5-jährige, berufsbegleitende Weiterbildung „die Kindertages-stätteneinrichtung als soziale Institution" |
| Symbolon-Institut für Gestalttherapie e. V. Pappenheimer Str. 16 90451 Nürnberg Tel.: 0911-645640 | 4-jährige, berufsbegleitende Zusatzausbildung in Gestalttherapie und Kinderpsychotherapie |
| Tanzimpulse – Institut für Tanzbildung Folwiese 20 51069 Köln Tel.: 0221-683691 | einjährige, berufsbegleitende Zusatzausbildung in Tanzpädagogik |
| tba Studienakademie Mußstr. 28 96047 Bamberg Tel.: 0951-50989300 | Ausbildung mit staatlicher Überprüfung und Zulassung zur Psychotherapie (HpG) durch die zuständige Kreisverwaltungsbehörde/ SupervisorIn (mit staatlicher Überprüfung zur Zulassung zur Ausübung der Psychotherapie/ Qualifizierung zum Management-Coach/ Businessconsulter) |

| Veranstalter | Angebotsschwerpunkte |
|---|---|
| Thüringer Sozialakademie<br>Am Stadion 1<br>07749 Jena<br>Tel.: 03641-3030 | Fortbildungsseminare zu<br>unterschiedlichen Schwerpunkten<br>der Elementar- und Primärpädagogik |
| Trobadour-Märchenzentrum<br>Bretthorststr. 140<br>32602 Vlotho<br>Tel.: 05733-877331 | Zusatzausbildung zur Märchen-<br>erzählerin/Märchentherapie<br>Fortbildung: Märchenerzählen,<br>Märchentherapie |
| Universität Dortmund<br>Zentrum für Weiterbildung (ZfW)<br>Emil-Fligge-Str. 50<br>44227 Dortmund<br>Tel.: 0231-7552164 | Aus- und Fortbildungsangebote<br>in der „Lernwerkstatt Psychomotorik" |
| Werkstatt für Kunst und Therapie<br>Soester Str. 32<br>48155 Münster<br>Tel.: 0251-792705 | berufsbegleitende Ausbildung<br>Kunsttherapie<br>(in Münster, Kiel, Berlin) |
| Wildwasser Marburg e. V.<br>Fachberatungsstelle zu sexueller<br>Gewalt in der Kindheit<br>Wilhelmstr. 40<br>35037 Marburg<br>Tel.: 06421-14466 | Seminare zum Thema:<br>sexueller Missbrauch |
| Zentrales Studiensekretariat<br>Akademie Schönbühl<br>Am Schönbühl 1<br>88131 Lindau/Bodensee<br>Tel.: 8382-96730 | Fernlehrgang zur<br>Sozialwirtin/zum Sozialwirt (in Kooperation<br>mit der FHS Ravensburg/Weingarten)<br>(mit Präsenzphasen) |
| Zentrum für Artistik und Theater<br>Kapellenweg 1<br>79261 Oberspitzenbach Freiburg<br>Tel.: 07682-909601 | berufsbegleitende Ausbildung<br>in Zirkus- und Theaterpädagogik |
| Zentrum für Weiterbildung (ZWB)<br>der Universität Bremen<br>Postfach 330440<br>28334 Bremen<br>Tel.: 0421-218-3409 | Tages- und Zweitagesveranstaltungen,<br>z. B. Musikerziehung, Sprachförderung,<br>Naturwissenschaftliche Grundbildung,<br>Elternarbeit, Medienerziehung;<br>weiterbildendes Studium:<br>Frühkindliche Bildung |
| Zukunftswerkstatt Therapie Kreativ<br>Balderbruchweg 35<br>47506 Neukirchen-Vluyn<br>Tel.: 02845-944974 | berufsbegleitende Fortbildungen in kreativer<br>Sozialtherapie mit den Schwerpunkten Tanz,<br>Musik, Gestaltung |

## 4.16    Rahmenbedingungen und Organisation

*Hineingehen in das,*
*was Unbehagen bereitet,*
*veranlasst letztlich Wachstum*
*und die Erfahrung,*
*wer und was ich bin.*

(Neale Donald Walsch)

### 4.16.1  Einführung

Zum Schluss einer Konzeption können bestimmte Eckwerte der Rahmenbedingungen zur Einrichtung genannt werden, etwa

- die Gruppengröße (Anzahl der Kinder),
- die Personalbesetzung und Ausbildung der Fachkräfte,
- Aufnahmekriterien oder
- Hinweise zur Kindergartenordnung.

Dadurch erhalten die Leser/-innen der Konzeption einen Einblick in „formale Gegebenheiten" und können auf diese Weise auch einen Vergleich zu anderen elementarpädagogischen Einrichtungen herstellen, unabhängig davon, ob für sie persönlich eine Auswahlmöglichkeit besteht oder nicht.

Entscheidend ist der Aussagewert, der dazu beiträgt, dass ein Eindruck vermittelt wird.

Da eine Konzeption einen Aufforderungscharakter für Leser/-innen haben soll, um zur Beschäftigung mit den Inhalten zu motivieren, ist es eher günstig, die Rahmenbedingungen an den Schluss einer Konzeption zu legen. Es ist nicht interessant oder spannend, als Leser/-in gleich zu Beginn einer Konzeption mit „trockenen Daten" gefüttert zu werden und es scheint in der Praxis auch so zu sein, dass eine Verlagerung dieser Daten an erster Stelle einer Konzeption auch etwas über die Umgangskultur dieser Institution aussagt, ob nämlich „Formalien" die Arbeit bestimmen oder die Mitarbeiter/-innen sich als Gastgeber/-innen verstehen, Eltern und Kinder für eine Pädagogik und eine Auseinandersetzung darüber einzuladen.

In manchen Konzeptionen haben die Mitarbeiter/-innen z.B. eine Hausskizze aufgezeichnet anstatt die Räume numerisch aufzuzählen. In anderen Konzeptionen wurde – bei einem konstanten Team – ein Foto der Mitarbeiter/-innen eingeklebt und mit den entsprechenden Namen versehen. Hier sind der Gestaltung – auch zu den sogenannten „trockenen Daten" sicherlich keine Grenzen gesetzt, und es entspricht der Fantasie und Kreativität der Mitarbeiter/-innen, selbst diesen Punkt aufgelockert und bunt auszufüllen.

## 4.16.2 Brainstorming zum Schwerpunkt „Rahmenbedingungen und Organisation"

- Anzahl und Ausstattung der Räume
- Anzahl der Kinder pro Gruppe und die Zusammensetzung der Gruppe (Verhältnis Jungen/Mädchen)
- Personalbesetzung der Gruppen
- Ausbildung der Mitarbeiter/-innen
- Träger der Einrichtung und ggf. prozentuale Finanzierungsanteile (bei Mischfinanzierungen)
- Aufnahmekriterien
- Hinweise auf eine Kindertagesstättenordnung
- Hinweise auf Altersmischung der Kinder,
          Offenheit des Kindergartens für alle Eltern,
          unabhängig von einer bestimmten Religions-
          oder Kulturzugehörigkeit
- Hinweise zum Außengelände
- Lage des Kindergartens
- Nennung der Zeitspannen zum Bringen und Abholen der Kinder
- Hinweise zur Entscheidung, dass kranke Kinder das Recht haben, zu Hause zu bleiben
- Nennung möglicher Kriterien zur Aufnahme von Kindern mit besonderen Handicaps (Behinderungen)

## 4.16.3 Literaturverzeichnis
## Themenbereich: „Rahmenbedingungen und Organisation"

Cramer, M.: Arbeitszeitmodelle und Dienstplangestaltung. Wie Kindergärten TOP werden. Beltz Verklag, Weinheim 2003

Ellermann, W. (Hrsg.): Organisation und Sozialmanagement für Erzieherinnen und Erzieher. Cornelsen Verlag Scriptor, Mannheim 2007

Lamberti, M.-A., und Sommerfeld, V.: Strategische Personalentwicklung. Beltz Verlag, Weinheim 2003

Mürbe, M. et al.: Politik, Sozial-, Gesetzes- und Berufskunde. Cornelsen Verlag Scriptor 2007

Prott, R.: Rechtshandbuch für Erzieherinnen. Luchterhand Verlag, Neuwied/Kriftel 7. Aufl.

# Kapitel 5

## Die Konzeption und ihre Konsequenzen für Mitarbeiter/-innen, Eltern, den pädagogischen Alltag und den Träger

*Jede lebendige Situation hat wie ein Neugeborenes,*
*trotz ihrer Ähnlichkeit*
*ein neues Gesicht,*
*nie da gewesen,*
*nie wiederkehrend.*
*Sie verlangt eine Äußerung von dir,*
*die nicht schon lange*
*bereit liegen kann.*
*Sie verlangt Gegenwart,*
*Verantwortung,*
*Dich.*

(Martin Buber)

Wie im Kapitel 1 erwähnt, stellt eine Konzeption weder eine bloße Absichtserklärung, in bestimmter Art und Weise arbeiten zu wollen, noch ein unverbindliches Arbeitspapier dar, an das sich die Mitarbeiter/-innen halten können oder nicht.

Jede Konzeption wird vom Träger, den Elternvertretern und -vertreterinnen sowie den Mitarbeiter/-innen unterschrieben und ist damit ein **Teil des Dienstvertrages**, der so lange Gültigkeit besitzt, bis die Konzeption in vorliegender Form aufgehoben/gekündigt oder verändert wird.

Als Text für den Träger kann es z. B. wie folgt heißen:

„Die vorliegende Konzeption der Kindertagesstätte
_____ wurde von uns zur Kenntnis genommen
und genehmigt. Sie ist Teil des Dienstvertrages."
(Darunter folgt das Dienstsiegel und die Unterschrift des Trägervertreters.)

Als Text für die Elternvertreter kann es z. B. wie folgt heißen:

„Die vorliegende Konzeption wurde von den Elternvertretern/-
vertreterinnen der Kindertagesstätte _____ gelesen.
Die Elternvertretung erteilt hiermit ihre Zustimmung."
(Darunter folgen die Unterschriften.)

Als Text für die Mitarbeiter/-innen kann es z. B. wie folgt lauten:

„Diese vorliegende Konzeption der Kindertagesstätte
_____ wurde von den Mitarbeitern/Mitarbeiterinnen erarbeitet
und wird durch die Unterschriften als verbindlich für die Arbeit anerkannt."
(Darunter folgen die Unterschriften der Mitarbeiter/-innen).

Als **Teil des Dienstvertrages** hat die Konzeption damit einen **rechtsverbindlichen Charakter**, sodass sich alle Mitarbeiter/-innen – ebenso wie der Träger – an den formulierten Inhalten zu orientieren haben. Damit sind **Rechte und Pflichten** schriftlich fixiert und geben allen Beteiligten ein hohes Maß an Sicherheit.

Angenommen, bestimmte Mitarbeiter/-innen missachten die Ziele und Aufgaben der selbst gesetzten Inhalte, so besteht die Möglichkeit, auf die Rechtsverbindlichkeit hinzuweisen und Mitarbeiter/-innen in gleichem Maße auf mögliche Konsequenzen anzusprechen. Das erscheint im Interesse einer kindorientierten Arbeit durchaus gerechtfertigt und notwendig.

Damit eine individuelle Einrichtungskonzeption auch ihren individuellen Charakter behält, ist es ratsam, die Konzeption mit einem selbst ausgesprochenen **Copyright** zu versehen. Dieses kann z. B. auf der Innenseite der Konzeption unter/über der vollständigen Anschrift der Einrichtung abgebildet werden.

Als Text für das Copyright kann z. B. folgender Inhalt gewählt sein:

„Diese Konzeption ist Eigentum der Kindertagesstätte

_____ .

Jedwede Übernahme von Formulierungen, Sätzen, Kapiteln oder
Teilen dieser Konzeption ist verboten.
Dieses gilt für jede Form der Fotokopie oder einer anderen Form der Nutzung."

Vor dem ersten Satz wird dann das Copyright-Zeichen – ein C in einem Kreis – gesetzt: ©

Manches Mal taucht die Frage auf, ob ein Copyright nicht bei irgendeiner Behörde oder besonderen Amtsstelle beantragt/eingereicht werden muss: das ist nicht der Fall. Die Urheber einer Schrift – in diesem Falle die Mitarbeiter/-innen der Einrichtung – haben selber das **Recht**, ihr Eigentum auf diese Art durch Missbrauch Dritter zu schützen.

Ein Hinweis am Rande: Wenn neue Mitarbeiter/-innen ihre Arbeit in der Kindertagesstätte aufnehmen, ist es durch den zurückliegenden Konzeptionsdruck nicht möglich/ notwendig, die Konzeptionsdrucke zu unterschreiben. Vielmehr wird im Arbeitsvertrag ein Satz aufgenommen in dem es z. B. heißt:

„Der Mitarbeiterin/dem Mitarbeiter _____ wurde die Konzeption der Kindertagesstätte _____ zur Kenntnis und Zustimmung vorgelegt. Frau/Herr _____ verpflichtet sich, die Inhalte der Konzeption mitzutragen. Sie ist Teil des Dienstvertrages."

Die Konsequenzen, die Eltern aus den Inhalten der Konzeption ableiten können, sind kurz auf den Punkt zu bringen: Sie können anhand der getroffenen Aussagen von den Mitarbeitern/Mitarbeiterinnen (und durch die Genehmigung des Trägers bzw. die Akzeptanz der Elternvertreter/innen) verlangen, dass die Praxis mit den Konzeptionsausführungen übereinstimmt; gleichzeitig können sie durch die Akzeptanz der Konzeption – sie wird ihnen z. B. auch bei den Neuanmeldungen ihrer Kinder vorgelegt – von den Mitarbeitern/Mitarbeiterinnen auf bedeutsame Inhalte hingewiesen werden, um Missverständnisse aus dem Wege zu räumen.

Der Träger wiederum hat mit seinem Siegel und den Unterschriften dokumentiert, dass diese Konzeption von ihm genehmigt wurde. Forderungen/Erwartungen, die den Inhalten widersprechen würden, können erst dann von den Mitarbeitern/Mitarbeiterinnen erfüllt werden, wenn sie diesen entsprechen möchten und entsprechende Änderungen in der Konzeption vorgenommen wurden – selbstverständlich in Zustimmung der Elternvertreter/-innen.

# Kapitel 6

## Anschriften von Kindertagesstätten mit qualitätsgeprägten Konzeptionen

*Im Grunde*
*sind es immer*
*die Verbindungen mit Menschen,*
*die dem Leben seinen Wert geben.*

(Wilhelm von Humboldt)

Manchen elementarpädagogischen Fachkräften fällt es schwer, überhaupt einen Anfang für die Erarbeitung einer Konzeption zu finden, weil die Mitarbeiter/-innen sich kaum vorstellen können, *wie* eine fertige Konzeption aussehen *könnte*.

Auf der einen Seite ist schon erwähnt worden, *dass jede* Einrichtungskonzeption ein *individuelles* Spiegelbild der betreffenden Institution darstellt und in dieser Einmaligkeit auch ihre Konzeption aufbaut und zu Papier bringt. Auf der anderen Seite soll aber auch nicht dem Erzieher/der Erzieherin der Weg versperrt bleiben, eine inhaltlich klare und fachkompetent geschriebene Konzeption mit der eigenen in Beziehung zu setzen. Unter diesem Aspekt werden im folgenden Teil Anschriften von Kindertagesstätten genannt, die sich der mühevollen Arbeit gestellt haben, über viele Tage, Wochen und Monate hinweg eine anspruchsvolle, kindorientierte Konzeption zu planen, zu entwerfen und schließlich fertigzustellen.

Obgleich es schon erwähnt wurde, erscheint im Sinne der Praxiserfahrung der Hinweis nötig, dass wegen des „Copyright" keine Übernahme der Texte oder Teile hieraus zugelassen sind. Es wäre auch – aus dem Verständnis des Autors und der beteiligten Erzieher/-innen heraus – verwerflich, wenn Textstellen aus vorhandenen Konzeptionen abgeschrieben und damit für eigene Zwecke genutzt würden.

Ein Beispiel soll dies unterstreichen: Stellen Sie sich vor, ein Bäckerteam würde in großer Anstrengung und mit viel Fleiß, Engagement und hohen Kosten einen königlichen Kuchen backen, um ihn mit den eingeladenen Kindern und Eltern zu betrachten und zu genießen. Während eines unbewachten Augenblicks kämen nicht eingeladene

Menschen und würden sich Teile dieses Kuchens nehmen oder sogar die ganze Torte stehlen und für sich selber in Anspruch nehmen: Der Ärger des Bäckerteams wäre verständlich und für alle gedanklich nachvollziehbar.

Bei der Nennung der Anschriften kann es passieren, dass vielleicht viele Leser/-innen des Buches sofort zu Stift und Papier greifen, um eine Konzeption anzufordern. Hilfreich kann der Wunsch sicherlich dann sein, wenn man vor allem selbst auf der Suche nach „Eindrücken" ist, um beispielsweise zu schauen, wie unterschiedlich die Layouts gestaltet sein können und wie unterschiedlich deren Wirkung sein kann. Gerade Layouts (Gestaltung, Schriftgröße, Schriftfarbe, die Größe der Seitenränder, die unterschiedliche Wirkung von eingeklebten oder gescannten Farbfotos...) sprechen das Auge an und können – je nach Gestaltung – einen lesemotivierenden Charakter haben oder auch ein Lesen unattraktiv werden lassen.

Vor jeder Konzeptionsanforderung ist zu empfehlen, die entsprechende Kindertagesstätte anzuschreiben oder anzurufen, ob noch Konzeptionen zum Versand zur Verfügung stehen oder ob das Abgabekontingent schon ausgeschöpft ist. Im letzteren Fall lohnt es sich vielleicht dennoch, mit der Leitungskraft oder den Teamkolleginnen/-kollegen ein Gespräch zu führen, um wichtige Erfahrungshinweise zur Praxis für die eigene Konzeptionserarbeitung zu erhalten bzw. aktuell bedeutsame Fragen während der Erstellung gemeinsam klären zu können.

Es versteht sich von selbst, bei einer Konzeptionsanforderung eine Briefmarke im Wert von 1,45 EUR (Großbrief), einen schon im Vorwege adressierten Großbriefumschlag sowie 5 EUR (durchschnittlicher Selbstkostenpreis für eine qualitativ hochwertig hergestellte Konzeption) beizulegen.

Die Konzeptionen der u. g. Kindertageseinrichtungen sind in ihrer inhaltlichen Ausformulierung sowie in ihrer äußeren Gestaltung sehr unterschiedlich. Das entspricht der Konsequenz, dass jede Konzeption ein „individuelles Spiegelbild" der Einrichtung ist – wohlgemerkt bei ähnlich inhaltlichen Ausgangswerten!

- Städtischer Kindergarten Im Brinkmannsfeld, Im Brinkmannsfeld 40, 46242 Bottrop. Tel.: 02041-52356
- Evangelische Kindertagesstätte „Arche", Kiefernweg 8, 57610 Altenkirchen. Tel.: 06281-70371
- Heilpädagogische Kindertagesstätte „Lebensgarten", Pastor-Frankeser-Str., 47589 Uedem. Tel.: 02825-6617
- Kindergarten Rethen, Am Sportplatz 8, 38533 Vordorf. Tel.: 05304-5625
- Kindertagesstätte Kleeblatt des Kreisverbandes der Volkssolidarität Gera e. V., Mühlweg 01, 07570 Hohenölsen. Tel.: 036603-62605

- Evangelischer Kindergarten Schulstraße, Schulstr. 2, 47179 Duisburg.
  Tel.: 0203-490120
- Kindertagesstätte der Stadt Quickborn, Kampstr. 6, 25451 Quickborn.
- Gemeindlicher Kindergarten Erlstätt, Die Mäusebande, Kaltenbachweg 15,
  83355 Erlstätt
- Evangelische Kindertagesstätte St. Marien, Kirchplatz 4, 23795 Bad Segeberg.
  Tel.: 04551-955226
- Kindertagesstätte Bad Salzuflen e. B., Schießhofstr. 21, 32105 Bad Salzuflen.
  Tel.: 05222-58786
- Kindergarten Schlehdorf, Kocheler Str. 20, 82444 Schlehdorf. Tel.: 08851-1744
- Kindergarten St. Laurentius, Schluerweg 19, 46286 Dorsten. Tel.: 02369-77222
- Kindertagesstätte Klinker, Georg-Fischer-Str. 21, 65474 Bischofsheim.
  Tel.: 06144-6222
- Kommunaler Kindergarten Westerrönfeld, Am Busbahnhof 14b,
  24784 Westerrönfeld. Tel.: 04331-8419-0
- St. Katharinen Kindergarten, Wolterkamp, 23738 Lensahn. Tel.: 04363-703
- Kommunaler Kindergarten „Goldwiese", 57612 Eichelhardt
- Kindergarten Kuens, Kuenserstr. 44, I-39010 Kuens (Italia).
  Tel.: (Vorwahl Italien) + (0)473-241203
- Städtischer Schülerhort Angergasse, Angergasse 20, A-6020 Innsbruck (Austria).
  Tel.: (Vorwahl Österreich) + (0)512-282826

# Kapitel 7

## Schlusswort

*Ich wünsche dir:*
*Dass du arbeitest,*
*als würdest du kein Geld brauchen.*

*Dass du liebst,*
*als hätte dich noch nie jemand verletzt.*

*Dass du tanzt,*
*als würde keiner hinschauen.*

*Dass du singst,*
*als würde keiner zuhören.*

*Dass du lebst,*
*als wäre das Paradies auf Erden.*

*(Indisches Sprichwort)*

Nun haben Sie, verehrte Leserin und verehrter Leser, den – vielleicht – mühevollen Weg auf sich genommen, das Buch zur Erstellung bzw. Überarbeitung einer Einrichtungskonzeption zu lesen. Sicherlich sind Ihnen viele Gedanken gekommen, vor allem dann, wenn Sie bestimmte Aussagen zu Ihrer eigenen Praxis vor Ort in Beziehung gesetzt haben. Manche Anregungen mögen für Sie sehr hilfreich gewesen sein, bei anderen Aussagen werden Sie vielleicht den Kopf geschüttelt habe und bei neuen Hinweisen kann es sein, dass Sie u. U. Begeisterung spüren konnten.

Eines ist jedoch allen Auswirkungen gleich: Gedanken im Hinblick auf eine Konzeptionserstellung oder eine veränderte Überarbeitung sprechen nicht nur den Intellekt, sondern immer auch die Emotionen an. Dort, wo eine Konzeption erarbeitet bzw. modifiziert wurde und wo gleichzeitig alle Mitarbeiter/-innen von den Gedanken und Gefühlen ergriffen wurden, etwas Neues zu kreieren, etwas Eigenes für die Einrichtung (für sich, die Kinder, die Eltern und die breite Öffentlichkeit) zu schaffen und die Freude zu spüren, stolz auf einen anstrengenden Arbeitsprozess sowie auf ein gutes Arbeitsprodukt zurückblicken zu können, dort ist etwas entstanden, was sich sehen lassen kann: eine **individuelle Einrichtungskonzeption**. Es ist an dieser Stelle schwer

– ja fast unmöglich –, die entspannte Atmosphäre und gleichzeitig den zufriedenen Genuss derjenigen Fachkräfte wiederzugeben, die sich auf den Weg einer solchen Er-/Überarbeitung gewagt haben. So, wie das Buch mit wortgetreuen Zitaten einiger Erzieher/-innen begonnen hat, so soll auch an dieser Stelle denjenigen Fachkräften die Möglichkeit gegeben werden, sich über ihre Arbeit selber zu äußern:

„Ich kann es einfach nicht fassen! Vorgestern dachte ich noch, alles bricht zusammen und wir kommen nie zum Punkt. Und heute erlebe ich, dass alle Mitarbeiter/-innen ihren Teil dazu beigetragen haben, dass unsere Konzeption steht. Das hat uns zusammengeschweißt und unsere Teamarbeit deutlich nach vorne gebracht." (Anke, Hamburg)

„Wenn ich auf die ersten Tage zurückblicke, dann verstehe ich gar nicht, dass wir heute so viel geschafft haben. Erst war mir nicht klar, worauf überhaupt geachtet werden musste. Dann hat es mich erschlagen, als ich sehen musste, was alles mit der Erarbeitung einer Konzeption verbunden war. Umso zufriedener bin ich, dass durch eine deutliche Strukturierung auf einmal Boden unter den Füßen zu spüren war. Und nun halten wir als Team unsere erste Fassung der Konzeption in Händen. Welch ein befreiendes Gefühl." (Theresa, München)

„Das Beste an der Konzeptionserarbeitung war sicherlich, dass wir ab sofort mit einer neuen Klarheit umgehen können. Mir – und ich glaube, uns allen – ist nun deutlich geworden, was wir wollen und was nicht, welche Erwartungen wir erfüllen möchten und wo wir uns nach außen abgrenzen werden. Das gibt Sicherheit und befähigt uns, fachkompetentere Aussagen zu treffen." (Britta, Köln)

„Eigentlich hatte ich ganz starke Angst davor, mich auf eine Konzeptionserarbeitung einzulassen. Mir fällt es einfach schwer, mich in Fachfragen zu äußern. Das war schon damals in der Fachschule so. Dadurch, dass wir aber alle an der Konzeption gearbeitet haben, ist mir deutlich geworden, dass jeder von uns einerseits auf der Suche nach Antworten war, andererseits auch alle mit irgendwelchen Dingen bisher unzufrieden gewesen sind. Für mich beginnt ein neues, gutes Kapitel im Kindergarten." (Johanna, Osnabrück)

„Ich hatte in unserem Team immer das Gefühl, dass sich jede von uns irgendwie nicht in die Karten schauen ließ. Zwar wurde stets betont, dass Offenheit und Neugierde bei allen vorhanden war, doch irgendetwas hatte uns daran gehindert, z. B. gegenseitige Gruppenbesuche zuzulassen. Ich glaube, es war die Angst, dass Fehler auf den Tisch gekommen wären und wir uns dann zu rechtfertigen hätten. Jetzt, nach der Konzeptionserarbeitung, erlebe ich unseren Umgang miteinander völlig anders. Durch die Beteiligung aller konnten wir uns noch besser kennenlernen, Vorurteile konnten entkräftet werden und alte Spannungen sind geklärt. Ich freue mich schon auf die neue Arbeit." (Mona, Bremen)

„Ehrlich gesagt hat früher jeder von uns nur nach seinem eigenen Gefühl gearbeitet – aus dem Bauch heraus, wie manche sagen würden. Die Probleme waren damit vorprogrammiert: Jeder von uns berief sich auf die individuelle Freiheit, gleichzeitig erwartete aber auch jede Kollegin von der anderen ein gewisses Maß an Teamarbeit, Rücksicht und Verständnis. Heute weiß ich, dass wir uns alle etwas vorgemacht haben. Unser Rufen nach persönlicher Eigenständigkeit war nichts anderes als ein Alibi für den Versuch, uns nicht fachlich preiszugeben und deutliche Stellungnahmen abzugeben. Im Grunde genommen herrschte ein Chaos. Durch die Konzeptionserarbeitung haben wir gesehen, dass Absprachen und Fachkompetenz eine professionelle Arbeit ausmachen." (Marita, Braunschweig)

„Es ist schwer, in Kürze zu formulieren, was die Konzeptionserarbeitung wirklich gebracht hat. Es war ein intensiver und inhaltsorientierter Austausch über wichtige Themen, unsere Sichtweise der Arbeit und unser Verständnis von Teamarbeit. Ich glaube, dass wir erst bei der Veröffentlichung und Aushändigung unserer Konzeption richtig merken, wie hilfreich unsere festgelegten Gedanken sind. So strukturiert haben wir bisher noch nicht gearbeitet. Gleichzeitig weiß ich auch, dass meine Arbeit nun kontrollierbar ist. Obwohl es mir etwas unangenehm ist, glaube ich trotzdem, dass es sein muss." (Corinna, Hannover)

„Zum *ersten* Mal sehe ich eine rote Linie in unserer Arbeit. Das ist wichtig und gibt mir das Gefühl, dass wir zielorientiert arbeiten. Das brauche ich ebenso wie meine Kollegen und Kolleginnen. Mit Sicherheit kommt es auch den Kindern zugute." (Pia, Ulm)

„Schon jetzt habe ich gespürt, dass unsere Diskussionen konstruktiver und weitaus inhaltsorientierter sind. Wie oft haben wir die so wichtige Zeit regelrecht ‚verplempert' und sind auf Nebenthemen abgerutscht. Jetzt, wo vor allem Begriffe aus der Entwicklungspädagogik klarer sind, können wir viel schneller Probleme erörtern und auf Fragen Antworten finden. Das befriedigt mich mehr als ‚um den heißen Brei herumzureden'." (Jennifer, Münster)

**Individuelle Einrichtungskonzeptionen** schaffen es offensichtlich, die **persönliche** und **fachliche** Zufriedenheit zu verbessern. Das wird den Kindern und Eltern zugutekommen und sich förderlich auf die gesamte Atmosphäre der Kindertageseinrichtungen auswirken.

**Klarheit**, **Struktur** und **Deutlichkeit** von inhaltlichen Aussagen sind allerdings nicht *nur* mit angenehmen Seiten verbunden. So ist es auch schon geschehen, dass Mitarbeiter/-innen im Anschluss an eine Konzeptionserarbeitung gemerkt haben, dass sie sich mit diesem **Verständnis von Arbeit** bzw. dieser **Ausrichtung** nicht (mehr) identifizieren konnten/können.

„Mir ist deutlich geworden, dass ich so nicht arbeiten möchte. Zwar hat das Team entschieden, dass die abgesprochenen und nun gültigen Schwerpunkte wie erörtert gültig werden, doch habe ich eine ganz andere Meinung. Mir ist im Laufe der Arbeitswoche aufgefallen, dass ich diese Richtung nicht mittragen will, sodass meine Entscheidung der Kündigung feststeht. Ich sage das ohne(!) Wut oder Trauer. Eigentlich habe ich immer schon gemerkt, dass ich in diese Einrichtung nicht hineinpasse. Meine Ausbildung liegt schon 25 Jahre zurück und da waren andere Inhalte gesetzt. Umstellen werde ich mich nicht. Bestimmt gibt es andere Kindergärten, wo ich zufriedener sein werde." (Bente, Lübeck)

Bei der Erarbeitung von individuellen Einrichtungskonzeptionen kommt es schon vor, dass **durch die klaren Inhaltsbestimmungen** verdeckte, schon längere Zeit zurückliegende „Geheimnisse" aufgedeckt werden. Dies ist sicherlich im Sinne einer **Klärung** nicht schlimm – im Gegenteil: Es kommt nicht darauf an, eine Harmonie zu pflegen, sondern Auseinandersetzungen an den Stellen zu führen, wo sie notwendig sind. Dadurch entwickelt eine Einrichtung *ihr Profil* – unverwechselbar und klar. Und dieses Profil – griffig und fassbar – ist in der Einrichtungskonzeption niedergeschrieben.

Ich wünsche Ihnen allen eine hohe Motivation, das Wagnis einer Konzeptionserarbeitung/-überarbeitung einzugehen, die Bereitschaft einer konstruktiven Anstrengung zu spüren, die Freude an einer inhaltlichen Auseinandersetzung zu erleben und den Stolz, eine gelungene KONZEPTION zu lesen, in der SIE zur Autorin/zum Autor geworden sind.

# Kapitel 8

## Literaturangaben zum Themenbereich „Konzeptionserarbeitung"

Becker-Textor, I.: Stichworte Pädagogische Konzepte – Entscheidungskriterien – gesetzliche Grundlagen. In: KiTa aktuell (Ausgabe Baden-Württemberg), Heft 11/1994

Bergst, A.: Konzeptionserstellung – gemeinsam haben wir es geschafft. In: KiTa aktuell (Ausgabe Niedersachsen, Schleswig-Holstein, Hamburg, Bremen). Heft 12/1994

Beuchert, H.: So arbeiten wir. Methodische Hilfen zur Konzeptionserstellung. In: Wehrfritz Wissenschaftlicher Dienst (WWD), Heft 62/63/1996

Bostelmann, A., und Fink, M.: Pädagogische Prozesse im Kindergarten – Planung, Umsetzung, Evaluation. Cornelsen Verlag Scriptor, Mannheim 2. Aufl. 2007

Caritasverband München – Referat Kindertagesstätten – Team der Fachberater (Hrsg.): Konzeption für Kindertagesstätten – Jahresthema 1988/89 III. Unveröffentlichte Broschüre, München 1988

Colberg-Schrader, H., und Krug, M.: Arbeitsfeld Kindergarten. Pädagogische Wege, Zukunftsentwürfe und berufliche Perspektiven. Juventa Verlag, München/Weinheim 1999

Erath, P., und Amberger, C.: Das KiTaManagementKonzept. Kindertagesstätten auf dem Weg zur optimalen Qualität. Herder Verlag, Freiburg/Basel/Wien 2000

Evangelischer Landesverband – Tageseinrichtungen für Kinder – in Württemberg e. V. Stuttgart in Zusammenarbeit mit dem Verein Evangelischer Ausbildungsstätten für Sozialpädagogik e. V. Stuttgart (Hrsg.): Konzeptionelle Überlegungen für die Arbeit in Tageseinrichtungen für Kinder. Stuttgart 1994

Fichtner, H.-L.: Bausteine für eine Konzeption. Erster Baustein: Zehn Schritte zum Ziel (1). In: KiTa aktuell (Ausgabe Niedersachsen, Schleswig-Holstein, Hamburg, Bremen). Heft 2/1993

Fichtner, H.-L.: Bausteine für eine Konzeption. Zweiter Baustein: Aufbau und Gliederung (2). In: KiTa aktuell (Ausgabe Niedersachsen, Schleswig-Holstein, Hamburg, Bremen). Heft 1/1994

Fichtner, H.-L.: Bausteine für eine Konzeption. Dritter Baustein: Aufbau und Gliederung (3). In: KiTa aktuell (Ausgabe Niedersachsen, Schleswig-Holstein, Hamburg, Bremen). Heft 5/1994

Fichtner, H.-L.: Bausteine für eine Konzeption. Vierter Baustein: Methodisches Arbeiten in der KiTa. In: KiTa aktuell (Ausgabe Niedersachsen, Schleswig-Holstein, Hamburg, Bremen). Heft 9/1994

Füg, R.: Konzeptionen mit Respekt. In: Entdeckungskiste – Fachliteratur für Vorschul-Pädagogik. Heft 1/1996

Gerstner, M.: Von der „Bewahranstalt" zum „Ort des Miteinanders". Wie Konzepte den Kindergarten verändern. In: Entdeckungskiste – Fachliteratur für Vorschul-Pädagogik. Heft 1/1996

Gerstner, M.: „Man nehme ..." – Konzept und Planung in der Kindergartenarbeit. In: Entdeckungskiste – Fachliteratur für Vorschul-Pädagogik. Heft 1/1996

Gilibert, A. A.: „A never ending story" – Konzeptionserarbeitung im Team. Wichtige Stationen auf dem Weg durch eine unendliche Geschichte. In: Entdeckungskiste – Fachliteratur für Vorschul-Pädagogik. Heft 1/1996

Graebig, K.: Wer sind „wir"? Häufig ungeklärt: Die Identität der Organisation. In: QZ – Qualität und Zuverlässigkeit. Heft 3/2005

Graf, P.: Konzeptionsentwicklung. Sandmann Verlag, Alling 2. Aufl. 1996

Grah, A.; Horn, H.A.; Zimmer, J.; Weiss-Zimmer, E.; Trescher, S.: Unterschiedliche Konzeptionen der Kindergartenpädagogik. In: Theorie und Praxis der Sozialpädagogik (TPS), Heft 5/1985

Herrmann, M., und Weber, K.: basiswissen kita – Das eigene Profil finden. Konzeptionsentwicklung. Sonderheft: Kindergarten heute, Herder Verlag, Freiburg 2001

Hollmann, E., und Benstetter, S.: In sieben Schritten zur Konzeption. Wie Kindertageseinrichtungen ihr Profil entwickeln. Ein Arbeitsbuch. Kallmeyer'sche Verlagsbuchhandlung, Seelze-Velber 2000

Huppertz, N.: Wir erstellen eine Konzeption. Anleitungen und Beispiele aus der Kindergartenpraxis. Don Bosco Verlag, München, 2. Aufl. 1998

Huppertz, N.: Schwarz auf weiß. Praktische Hilfen zur Erstellung einer Konzeptionsschrift. In: Kindergarten heute, Heft 9/1995

Irskens, B., und Preissing, Chr.: Damit wir wissen, was wir tun. Methoden zur Erstellung eines pädagogischen Konzepts im Team. Materialien für die sozialpädagogische Praxis (MSP) 15. Deutscher Verein für öffentliche und private Fürsorge, Frankfurt a. M. 1987

Keller, A.: Grenzen – Rahmenarbeit in der Konzeptionserstellung. In: Entdeckungskiste – Fachliteratur für Vorschul-Pädagogik. Heft 1/1996

Kokigei, M.: An einem Strang ziehen. Konzeption – wozu denn eigentlich? In: Theorie und Praxis der Sozialpädagogok, Heft 3/1999

Kokigei, M., und Teigeler, U.: Wie entsteht eine Konzeption. Handreichung für die Erarbeitung einer Kindertagesstätten-Konzeption. Arbeitsmaterialien Haus am Rupenhorn, Berlin 1991

Krenz, A.: Qualitätssicherung in Kindertagesstätten. Kieler Instrumentarium für Elementarpädagogik und Leistungsqualität, K.I.E.L. Ernst Reinhardt Verlag, München 2001

Krenz, A.: Erarbeitung einer Einrichtungskonzeption. Eine Entscheidung, die sich immer lohnt. In: kindergarten heute, Heft 3/1993

Krenz, A.: Erarbeitung einer Konzeption für Kindergärten und Tagesstätten – ein mühevoller Weg, der sich immer lohnt. In: Handbuch für Erzieher/-innen in Krippe, Kindergarten, Vorschule und Hort. Moderne Verlagsgesellschaft mbH, München. 14. Nachlieferung 1987

Menges-Weber, I.: Bilanz ziehen. Was bei einem Konzeptions-Entwicklungsprozess herauskommen kann. In: Theorie und Praxis der Sozialpädagogik, Heft 3/1999

Meyer, B., und Jung, M.: Tipps zur Organisation einer Konzeptionsentwicklung. In: Entdeckungskiste – Fachliteratur für Vorschul-Pädagogik. Heft 1/1996

Müller-Schöll, A.: Das Konzept „Sozialmanagement" als Grundlage der Befähigung für Organisationsentwicklung. In: Schönig, W., und Brunner, E. J.(Hrsg.): Organisationen beraten. Lambertus Verlag, Freiburg 1993

Scheile, H.: Den Wandel gestalten. Konzeptionsentwicklung in Kindertagesstätten als Organisations- und Personalentwicklung. In: kindergarten heute, Heft 4/1996

Schlummer, B.: Leitbilder schaffen Orientierung/Mit Konzeptionen Position beziehen/Ein Fragenkatalog zur Konzeptionsentwicklung. In: Watermann, R., und Hugoth, M. (Hrsg.): Unternehmen Kindergarten & Co. Management und Führungsaufgaben erfolgreich umsetzen. mvg, Landberg/Lech 2001

Schlummer, B., und Schlummer, W.: Erfolgreiche Konzeptionsentwicklung in Kindertagesstätten. Ernst Reinhardt Verlag, München 2003

Schlummer, B. & Schlummer, W.: Professionalisierung im Kontext von Konzeptionsentwicklung in Tageseinrichtungen für Kinder. Ergebnisse einer quantitativen und qualitativen Untersuchung. In: Unsere Jugend, Heft 3/2003

Seyer-Sauke, K.: Persönliche Gedanken zur Konzeptionserstellung. In: Entdeckungskiste – Fachliteratur für Vorschul-Pädagogik. Heft 1/1996

Walther, H.: Wenn ich genauer weiß, was ich will, bin ich weniger abhängig. Vom langen, aber lohnenden Weg zu einer eigenen Konzeption. In: Theorie und Praxis der Sozialpädagogik (TPS). Heft 5/1995

Wegschneider, E.: Wir brauchen eine Konzeption. In: kinder – das Journal des Kindergartens. Hamburg, Heft 4/1995